"知中国·服务中国"南开智库系列报告

南开大学周恩来政府管理学院学者文丛

2021—2022

ZHONGGUO QUYU ZHILI

YANJIU BAOGAO

中国区域治理研究报告

府际网络关联中的环境共治

锁利铭 ◎ 著

南开大学出版社

天　津

图书在版编目(CIP)数据

中国区域治理研究报告.2021—2022：府际网络关联中的环境共治 / 锁利铭著. —天津：南开大学出版社，2024.2. —（南开大学周恩来政府管理学院学者文丛）. —ISBN 978-7-310-06631-5

Ⅰ. D630.1

中国国家版本馆 CIP 数据核字第 20249CB473 号

中国区域治理研究报告 2021—2022：府际网络关联中的环境共治
ZHONGGUO QUYU ZHILI YANJIU BAOGAO 2021—2022：
FUJI WANGLUO GUANLIAN ZHONG DE HUANJING GONGZHI

南开大学出版社出版发行

出版人：刘文华

地址：天津市南开区卫津路 94 号　　　邮政编码：300071
营销部电话：(022)23508339　营销部传真：(022)23508542
https://nkup.nankai.edu.cn

天津泰宇印务有限公司印刷　全国各地新华书店经销
2024 年 2 月第 1 版　　2024 年 2 月第 1 次印刷
260×185 毫米　16 开本　13 印张　3 插页　268 千字
定价：98.00 元

如遇图书印装质量问题,请与本社营销部联系调换,电话:(022)23508339

本书由

国家自然科学基金面上项目"基于'网络关联'的
城市治理功能协同：机理、结构与迭代"（72074129）

南开大学文科发展基金科学研究类项目"面向网络型城市群的
协同治理机制、结构与模式创新研究"（ZB21BZ0219）

南开大学亚洲研究中心资助研究课题"后疫情时代
中国区域治理的动态化模式转型研究"（AS2221）

资助出版

序　一

锁利铭教授多年来在区域治理方面深耕，连续发表了高水平的研究成果，在区域治理和区域公共管理领域研究居于前沿地位。其前沿性体现在两个方面：一是引入了社会网络等研究方法，二是把区域治理的研究对象进行了尺度上的扩展。首先，他的区域合作研究深入到都市圈、城市群、合作区等尺度，发表了系列成果；他首次组织了对相邻区合作治理研讨会。其次，锁教授率先引入制度性集体行动理论，深化了地方政府合作的动机和约束条件的研究。在都市圈、城市群、合作区区域治理的案例研究中，他充分利用和发掘数据，使用量化的方法，得出更为客观的结论。今天呈现给各位读者的这本书是他从区域的角度，使用量化方法研究环境治理的成果。环境治理的区域性特征明显，需要从区域的角度进行研究；环境治理的效果体现为环境评价的数值上，需要使用量化方法处理相关的数据。锁教授在这方面的系列研究成果在国内得到学术界较高的评价。

本书对区域治理研究的另外一个重要贡献，是梳理了区域治理研究的各种理论。南开大学周恩来政府管理学院的团队研究区域治理是从国内政治经济和行政管理的现实问题入手，最初缺乏区域治理方面的理论储备，后来从台湾地区同行引入了府际关系理论，对国内政府间合作有了分析工具。随着我们的经验研究逐步推进到对国内区域战略和区域政策的整体性研究以后，又使用了政策分析和政策过程理论，分析区域政策的整体结构，对不同层次和不同范围的区域战略和区域政策分别研究，研究经济区、功能区之间的关系，但是对区域合作中各相关方互动的微观动机分析，还缺乏理论工具。锁利铭教授在本书中梳理了关于区域合作的各种理论，比较了整体性治理理论和制度性集体行动理论，重点介绍了制度性集体行动理论，引入合作风险、合作收益、合作机制选择、机制成本等概念，建立起制度性集体行动（ICA）分析框架，解释了理性的地方政府为什么有动力与他人合作，为区域治理中集体行动的形成和持续提供了理论分析工具。

本书是南开大学周恩来政府管理学院区域治理研究团队出版的《中国区域治理研究报告》中的第五部。系列报告的前几部分别为《中国区域治理研究报告2016——区域政策与区域合作》《中国区域治理研究报告2017——对口支援政策》《中国城市群治理报告2018—2019》《中国区域治理研究报告2020——区域治理与府际关系》，这几部收录了我们团队多年来对区域治理的主要研究成果，其中既有理论研究，也有案例分析；既有专题研究，也有整体性研究。专题研究中有从尺度角度进行的，也有对专项区域政策的研究，本书则是从问题出发的一种专题研究，是专题研究的一个深入。

随着中国城市化率的提高，城市在国家现代化过程中的作用越来越重要，同时城市与区域的联系也日趋紧密，"中心城市—城市群—区域"的区域治理结构正在形成。紧扣中国式现代化发展的新趋势，锁教授对区域的研究扩展到超大城市与区域的研究，他开始从治理单元角度研究超大城市，关注超大城市在区域治理乃至国家治理中的作用，我们期待他在这方面有新的作为。

最后做个"广告"，由南开大学周恩来政府管理学院马学广等著的《中国区域治理研究报告 2023——新国家空间与国家尺度重构》（系列报告中的第六部）也会在近期出版。该书以新国家空间理论和国家尺度重组为切入点，研究中国的区域治理，使用尺度、尺度政治、尺度重组、尺度治理、新国家空间理论以及国家尺度重组等概念，对区域治理实践进行了解释，是一种不同的研究视角，有助于丰富区域治理研究。

杨　龙

南开大学周恩来政府管理学院教授

序　二

　　十余年前，我在美国工作期间的一个国际学术交流活动中，有幸初次遇见本书的作者锁利铭教授。当时，他的研究聚焦于地方政府间的正式与非正式协议达成的共识关系，以及宏观层面上地方政府合作网络的构建，这一领域在当时无疑是前沿且引人关注的。由于研究兴趣与领域的高度契合，作为小同行的我们在学术上的交往和合作日益增多。尤其是在过去五年里，通过基金项目申请、联合举办学术工作坊等多种形式，我对利铭教授的学术思想和研究理论有了进一步的了解。他对地方政府治理网络的形成、结构与演变规律的探索，显示出其对学术问题的敏锐洞察力和专业深度。锁教授提出了诸如地方政府的"双边-多边""正式-非正式""意愿-风险"等网络结构的选择机理，为理解中国地方政府合作网络的微观基础提供了宝贵的视角。近年来，他又创新性地结合复杂网络的相关命题提出了运用超网络及网络疏离来解释治理共同体等新的学术思想，显示了其研究的前瞻性和可持续性。《中国区域治理研究报告 2021—2022：府际网络关联中的环境共治》更是集中展示了他在在地方政府间合作网络的理论探讨和经验分析，体现出他专注的学术态度和深厚的学术积累。

　　网络的研究是一个广阔的研究领域，在社会科学和自然科学的学者眼中，网络既可以是实体的，也可以是虚拟的，涵盖了互联网络、物联网络、能源网络、社会网络、政策网络、治理网络等不同的形态和属性，具有独特的研究魅力。网络研究于公共管理与政策研究而言，具有极为重要的作用。学术史的演进一再证明人类社会对于广泛的社会互动，追求一种良好的"治理"结构，蕴含着对主体间关系结构网络化转型的内在要求。这种需求催生了网络治理的学术流派，深刻影响着公共管理的理论与实践。本书着重探讨府际网络，这是一个包含或部分包含政府间纵向与横向关系的网络，它在解决公共事务中展现出了优于单一政府的效率。本书即探讨这个府际网络的形成机制及其结构特征，试图揭示其背后的动力与逻辑。特别值得一提的是，在书中第六章对大气污染共治网络的界定及分类中，锁教授不仅对中国在处理跨界公共事务时的组织形态进行了类型学划分，还通过与 Provan 等学者提出的三种网络治理模式的比较，总结出具有中国特色的网络治理模式。第七章提出的治理的多重边界假设，打破了以往网络研究中对边界单一性的限制，拓宽了研究视野，增强了理论对现实世界的解释力和应用价值。

环境管理中的网络治理模型的理论与经验是国际学术界关注的焦点之一，我们对此也做出了许多努力。也正因此，我看到了本专著的特色所在，并荣幸为之作推荐序。总之，本书是一部贯穿网络思想、网络模型和网络方法的特色学术著作，为读者展现了不同领域、不同主体、不同结构、不同属性的公共管理网络形态，加深了我们对治理网络多样性和复杂性的理解，提升了我们对中国的地方政府环境协同共治经验和特点的认知。我特此向国内外学者推荐这部学术佳作。

王小虎

香港城市大学人文社会科学院教授

目　录

前　言

　　本书的整体结构性思路沿着呈现进展、空间递进、专题深入和未来探索四个部分展开，具体安排如下：第一、第二两章通过文献分析与理论探索形成了相关研究的进展报告，为本书的后续开展提供理论与经验支撑；第三、第四、第五三个部分基于中国区域环境合作共治的空间层次，从圈、群、区逐步拓展了地方合作治理的实践场域，建立起宏观、立体化的分析体系；第六、第七两个研究专题从组织与边界的视角深度探讨了区域环境合作共治的微观机制与内部结构；最后，基于上述分析明确了未来中国区域环境合作治理研究的未来议题，搭建起一般化的理论路径。

　　第一章主要关注了现有区域环境治理的研究进展，在文献计量分析中，重点关注了既有研究的文献数量、期刊分布、研究机构、学科概况、领域统计以及关键词共现，初步识别了相关研究的数量特征；在文献内容分析中，主要从法治体系研究、行动模式研究以及合作效果研究三个层次进行梳理，其中重点关注了区域环境治理的集体行动、公共政策、组织模式以及演化博弈，并展开了工作机制、政策协同、信息共享、公众参与以及多元共治五个路径的讨论。

　　第二章主要基于区域环境合作的集体行动问题，在理论上明确了研究范式，进而讨论了环境共治集体行动问题的起源，并指出环境共治的网络化本质。在理论铺垫方面，引入了协同治理、整体性治理、制度性集体行动框架以及网络关联等理论，具化了区域环境共治的基本理论途径，探讨了治理、集体行动等关键概念以及微观个体（城市）、集体行动（区域）以及行为结构（环境共治）三个层面，奠定了后续研究的主题。

　　第三章重点研究了都市圈环境污染的多元共治过程，其中重点分析了共治网络的构成成员、行为特征与治理动机。通过对杭州都市圈和合肥都市圈的分析，研究发现杭州都市圈与合肥都市圈多元主体协同治理的模式逐步向共享型演变，并体现出"去政府中心化"的趋势。在这其中核心城市影响了协同治理的效应发挥，政府也确立了网络核心地位。而针对目前多元协同存在的问题，最终从强化社会资本等方面提出了对策建议。

　　第四章以长三角城市群府际合作数据为样本，研究发现城市群内部合作网络由初期"小圈子"演变成双中心形态，这体现了环境治理网络形成的复杂性以及驱动力转换对网络地位的影响。同时，跨省的边界对于协作仍具有一定的阻碍作用，因此在政策设计上需要创新区域管理体制，打通跨省链接，强化环境治理中的自组织协调，降低跨省沟通的制度成本。

第五章从泛珠三角区域大都市带入手，基于相关环保府际协议，构建了相应的省份（城市）的隶属网络矩阵以及省份（城市）-省份（城市）关系矩阵，并分析了多层次的环境共治网络。在具体内容上，重点探讨了多层次网络的共治路径与困境，同时通过网络结构图揭示了多层次的环境共治结构特征以及对于合作路径的理性选择。最后利用 QAP（社会网络分析方法）探讨了影响多层环境共治网络的驱动因素。

第六章讨论大气污染协同治理组织的现状、结构与发展方向，指出现有困境及解决思路。首先，目前大气污染协同治理组织在国内形成多样性组织体系，基于职能与周期，可以分为综合常设类、常设单一类、单一应急类以及应急事件类，并在"战略-政策"双重作用下实现组织结构的变迁优化。其次，目前国内联席类、牵头类和支持类组织反映出了差异化的网络特征，但依旧存在权责与结构等方面的困境，需要通过结构优化、功能耦合以及系统提升的路径实现优化。

第七章以长三角环境治理为案例，讨论了单一边界下区域公共事务治理困境以及多重边界的交互作用。在行政边界、治理边界与地理边界影响机理的基础上，选择大气污染治理领域进行单领域的多边界分析，继而提炼了功能边界中资产专用性与绩效可测量难度对于协同网络的影响机理，并比较了大气污染与水污染协同治理领域的差异。此外，从制度安排、治理机制等角度，围绕边界影响提出优化区域环境治理的路径，并从面向"多重边界"的公共事务治理创新讨论了边界形成、强弱、范围及耦合等研究重点。

第八章主要基于前述的分析提出了区域环境共治网络议题的未来走向，未来我国区域环境共治研究可以从理论构建、实践指导、动态比较、信息化治理、网络治理等方面进行更为深入的发展。在具体的议题上，需要关注正式制度安排与共治网络、识别网络主体异质性的影响、探讨迈向共同体的共治网络以及融合社会系统与生态系统的复合型共治网络，并关注环境共治网络绩效的传导过程。

第1章 区域环境治理的研究进展

1.1 引 言

改革开放以来，我国工业化、城镇化、全球化等水平迅速提升，经济社会发展也取得举世瞩目的历史性成就。相关数据显示，2010 年我国的经济规模就已经超过日本成为世界第二大经济体，2021 年，中国继续稳固自己在全球供应链的优势地位，经济增速强劲反弹至 8.1%，GDP 一年暴涨 3 万亿美元，从 2020 年的 14.7 万亿美元增至 17.7 万亿美元，占全球比重超过 18%。与此同时，我国也产生了各类环境污染问题，由于早期环境治理意识不足，部分地区为了追求经济发展出现了严重的环境破坏问题，加剧了我国环境污染的严峻性。此外，生态环境污染的空间扩散性、流动性与我国生态环境保护属地管理模式之间的不完全适配（张国磊、张新文，2018），又进一步导致跨界环境污染严重，由此引发了一系列区域环境治理问题。

随着我国经济社会发展不断深入，生态文明建设的地位和作用日益凸显。党的十八大以来，以习近平同志为核心的党中央把生态文明建设摆在全局工作的突出位置，纳入中国特色社会主义事业"五位一体"总体布局，明确提出大力推进生态文明建设，把生态文明建设融入经济建设、政治建设、文化建设、社会建设各方面和全过程，努力建设美丽中国，实现中华民族永续发展。2022 年 2 月 23 日，生态环境部 2 月例行新闻发布会中，生态环境部综合司司长孙守亮指出，"生态文明建设仍处于压力叠加、负重前行的阶段，生态环境保护工作面临诸多挑战：一是生态环境保护结构性压力仍然较大，产业结构调整和能源转型发展任重道远。二是生态环境改善基础还不稳固。重点区域、行业污染问题仍然突出，生态环境质量从量变到质变的拐点还没有到来。三是生态环境治理能力和水平有待提高。环境基础设施存在突出短板，基层治理和执法监管能力有待加强，一些地方和企业依法治污的自觉性需要着力提高"。①生态环境重要地位持续凸显，生态环境治理也进入了新阶段，尤其是经济发展的流动性和生态系统的循环性，使得生态环境问题突破行政区界限制，生态环境问题的区域性进一步深化。

对区域的理解一般有三种类型：一是根据环境属性定义的自然区域，例如非洲大湖地区或萨赫勒地区；二是根据社会属性定义的社会区域，例如欧盟；三是根据环境属性和社会属性的共同组合定义的区域，例如斯堪的纳维亚。这三种类型的区域可能位于行政边界之内或者跨越行政边界。区域活动也可理解为两个以上国家或者国家尺度之下的多区域合作（杨江敏等，2022）。区域治理最早因解决西欧大都市区行政区域边界碎片化与功能经济区域空间的不匹配问题而提出，但是大都市治理并没有解决地方政府行政效率低下和资源配置不均的问题，对区域整体利益的关注度也不足；20 世纪 90 年代中后期，随着元治理理论的发展，区域层面的治理被定义为：国家和非国家行动者对超越行政边界的区域范围内的转型过程进行纵向和横向协调的状态（Willi et al.，2018），是中央政府领导与社会市场驱动下自上而下的区域主义和自下而上的区域化结合的过程，追求区域治理产生协同效应。多元行动主体对区域经济、政治、社会等不同领域的治理形成了区域治理的基本框架与内容（Hamilton，2010）。

区域环境治理是在区域尺度对环境问题的治理。理解区域环境治理，要从环境污染自身的特征出发，环境污染具有外部性特征，其负面影响所能到达的最远界限，是一个边界相对模糊且难以准确衡量的地域性范畴。当前我国环境治理模式是"中央政府纵向领导，地方政府属地治理责任制"，行政辖区内的环境污染问题由于行政责任的直接导向往往会收到迅即、高度重视（刘厚凤、张春楠，2001）。从公共经济学的角度来看，环境污染问题是一个典型的公地悲剧，空气污染、土壤破坏、河流污染等环境问题，是典型的"公共品"，对这些公共品的使用，往往会遭遇公地悲剧的陷阱（何雪松，1999）。区域环境污染往往涉及两个或者两个以上的政府主体管辖治理单元，区域性环境污染治理必然需要多主体触发高效的"合作""协同""跨界""共治"等行为。然而，由于不同区域的环境污染问题以及区域经济能力存在差异，这给地方政府按照上级的指示进行战略决策部署带来了一定的难度，导致经济落后地区和经济发达地区的环境治理效果差异明显。为了解决这一问题，以区域为单元进行环境治理规划逐渐成为趋势，从区域的视角系统推进环境治理的理念正在深化。区域环境治理要求充分考虑本区域具体现状，结合生态环境和经济发展水平，合理制定切实可行的防治措施和目标，促进区域环境效益和经济效益的完美结合。

区域环境治理的学术关注度持续攀升，学者们也取得了一定的研究成果，为了全面了解我国区域环境治理领域研究的发展现状并探索未来发展方向，有必要对国内学者在区域

① 生态环境部召开 2 月例行新闻发布会[EB/OL]．（2022-02-23）［2024-04-15］，https://www.mee.gov.cn/ywdt/zbft/202202/t20220223_969793.shtml.

环境治理领域的学术成果进行系统的梳理分析。本文基于 2016—2021 年中国知网收录的区域环境治理文献从发文数量、期刊分布、研究机构、学科分布、关键词共现等角度对区域环境治理研究文献进行知识图谱分析；进一步从区域环境治理宏观战略层、中观执行层、微观评价层三个维度，分析区域环境治理过程中的法治体系研究、行动模式研究、合作效果研究，对国内学者区域环境治理研究内容进行系统性梳理。

1.2　文献计量分析

1.2.1　文献数量特征

在经过人工阅读筛选后，获取 2016—2021 年间国内学者区域环境治理相关研究文献共 200 余篇，图 1-1 展示了筛选的国内区域环境治理研究文献的年度分布趋势。

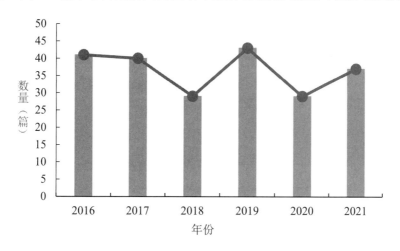

图 1-1　国内区域环境治理文献年度分布图

资料来源：作者自绘。

年度平均发文数量为 36 篇，发文数量峰值出现在 2019 年，共筛选出 43 篇区域环境治理研究文献，2020 年区域环境治理文献数量出现了近 33% 的减幅，其后于 2021 年又波动上升，整体来看国内区域环境治理研究热度整体呈现稳步发展态势，并将持续上升。

1.2.2　载文期刊分布

表 1-1 统计了截至 2021 年 12 月国内区域环境治理载文数量 3 篇以上的学术期刊。其中《中国人口·资源与环境》《中国行政管理》《改革》《环境保护》《软科学》《公共管理与

政策评论》《北京行政学院学报》《南通大学学报（社会科学版）》《河北大学学报（哲学社会科学版）》《青海社会科学》等刊物载文数量为 72 篇，在筛选的区域环境治理研究文献中占三分之二以上，其中《中国人口·资源与环境》《中国行政管理》是高度关注区域环境治理研究议题的学术期刊。

表 1-1　国内区域环境治理载文期刊分布（发文数 3 篇及以上）

期刊名称	数量（篇）	占比（%）	期刊名称	数量（篇）	占比（%）
中国人口·资源与环境	16	15.38	中国特色社会主义研究	4	4.81
中国行政管理	13	12.50	中国环境管理	4	4.81
改革	6	5.77	城市发展研究	4	4.81
环境保护	6	5.77	河北学刊	4	4.81
软科学	6	5.77	行政论坛	4	4.81
公共管理与政策评论	5	4.81	东北大学学报（社会科学版）	3	2.89
北京行政学院学报	5	4.81	中国管理科学	3	2.89
南通大学学报（社会科学版）	5	4.81	华南师范大学学报（社会科学版）	3	2.89
河北大学学报（哲学社会科学版）	5	4.81	河北法学	3	2.89
青海社会科学	5	4.81			

资料来源：作者依据从中国知网搜集的文献资料整理。

1.2.3　主要研究机构

截至 2021 年 12 月，区域环境治理发文数量 3 篇以上的发文机构分布如下图 1-2 所示。南开大学周恩来政府管理学院（13 篇）、中央财经大学政府管理学院（12 篇）、西安交通大学经济与金融学院（8 篇）、南通大学江苏长江经济带研究院（7 篇）、河海大学商学院（7 篇）、盐城师范学院商学院（6 篇）六个机构发文总数占比筛选的区域环境治理发文机构的发文总数约 43.44%。目前国内该领域的研究机构相对较为分散，区域环境治理得到了高校科研院所及科研机构的普遍关注。

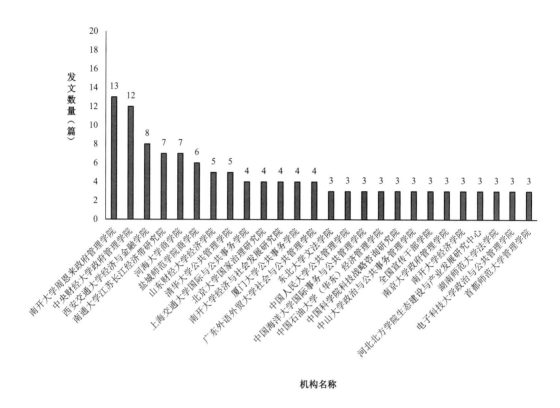

图 1-2　国内区域环境治理主要研究机构分布图（发文数 3 篇及以上）

资料来源：作者自制。

1.2.4　学科分布概况

结合区域环境治理文献中图分类号信息，构建区域环境治理研究中图分类号共现矩阵，绘制区域环境治理学科交叉知识网络，如下图 1-3 所示。区域环境治理研究文献在环境科学（X）领域主要分布在 X1 环境科学基础理论、X2 社会与环境、X3 环境保护管理、X5 环境污染及其防治、X8 环境质量评价与环境监测；在工业技术领域（T）主要分布在 TU98 区域、城乡规划、TV21 水资源调查与水利规划；在经济（F）领域主要分布在 F127 地方经济、F124.5 资源开发利用、F205 资源环境与生态管理、F206 能源管理、F427 地方工业经济、F299 城市市政经济；在政治、法律领域（D）主要分布在 D922.6 自然资源与环境保护法、D922.1 行政法、D996.9 国际环境保护法、D926 司法制度、D625 地方各级人民政府、D630 国家机关工作与人事管理等。目前区域环境治理学科交叉主要集中在环境科学（X）、经济（F）、政治法律（D）三大领域，且学科交叉以学科内部合作为主，跨学科研究内容仍然较少。

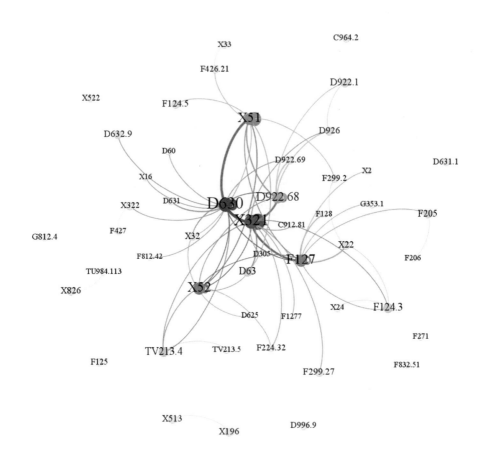

图 1-3　区域环境治理研究学科分布

资料来源：作者自制。

1.2.5　领域统计分析

区域环境治理文献关注的领域分布现状，如下表 1-2 所示。根据研究领域指向性的明确程度把区域环境治理研究文献划分为具体类和综合类两个类别，具体类占比 51.22%，综合类占比 48.77%。大气污染防治类文献占比 33.66%；水污染防治类文献占比 17.07%；固体废弃物污染占比仅 0.49%，关注度不足；今后研究中可以在水污染及固体废弃物污染领域展开进一步探索。生态环境保护类文献占比 30.24%，该类文献涵盖内容较为宽泛，主要包括生态区规划、环境治理尤其是地方政府环境治理行政方式等；生态环境发展类文献占比 10.73%，主要探讨生态环境保护与地方经济、科技创新、城市规划之间的相互作用关系；生态环境法制类文献占比 7.80%，主要探讨在生态环境保护过程中立法、司法、监察等法制型问题；结合上述区域环境治理学科分布分析结果，可以发现区域环境治理研究的几个基础性模块为：宏观战略层——区域环境治理法治体系、中观执行层——区域环境治理行政方式、微观评价层——区域环境治理社会影响，在下文区域环境治理核心内容分析模块将进一步依据这个逻辑展开详细的研究内容回顾。

表 1-2 区域环境治理研究领域分布①

类别	领域	领域选取规则	数量（篇）	占比（%）	合计（%）
具体	大气污染防治	指向各类大气污染问题	69	33.66	51.22
	水污染防治	指向流域水体污染问题	35	17.07	
	固体废弃物污染	指向固体废物污染问题	1	0.49	
综合	生态环境保护	探讨生态环境保护规划、战略、行政方式等	62	30.24	48.77
	生态环境发展	探讨生态环境与经济社会发展关系	22	10.73	
	生态环境法制	探讨生态环境立法、司法等问题	16	7.80	

资料来源：作者依据从中国知网搜集的文献资料整理。

1.2.6 关键词共现分析

关键词能集中反映研究论文的核心内容，通过高频次关键词可以有效追踪国内区域环境治理领域研究的重要模块，高频关键词统计如下表 1-3 所示。为了更加清晰地展示国内区域环境治理研究的现状，利用 Citespace 获得 2016—2021 年国内区域环境治理研究文献关键词共现矩阵，并绘制了区域环境治理研究关键词共现网络图图谱（如图 1-4 所示）。

表 1-3 国内区域环境治理研究高频关键词

关键词	频次	占比（%）	关键词	频次	占比（%）
协同治理	33	3.63	城市群	5	0.55
京津冀	26	2.86	生态补偿	5	0.55
大气污染	21	2.31	跨域治理	5	0.55
环境治理	14	1.54	长三角	5	0.55
生态环境	14	1.54	雾霾污染	5	0.55
地方政府	10	1.10	雾霾治理	5	0.55
长江经济带	10	1.10	高质量发展	5	0.55
合作治理	9	0.99	京津冀区域	4	0.44
联防联控	9	0.99	协同发展	4	0.44
大气污染治理	8	0.88	演化博弈	4	0.44
府际合作	8	0.88	环境司法	4	0.44
京津冀地区	7	0.77	环境合作	4	0.44
协作治理	7	0.77	环境污染	4	0.44
府际关系	7	0.77	社会网络分析	4	0.44
京津冀协同发展	6	0.66	粤港澳大湾区	4	0.44
区域合作	6	0.66	跨行政区	4	0.44

---

① 表格中的数据统计按四舍五入法保留小数点后两位。

关键词	频次	占比（%）	关键词	频次	占比（%）
区域治理	6	0.66	京津冀大气污染联防联控	3	0.33
政策工具	6	0.66	制度性集体行动	3	0.33
黄河流域	6	0.66	协作机制	3	0.33
区域环境	5	0.55	大气污染防治	3	0.33

资料来源：作者依据从中国知网搜集的文献资料整理。

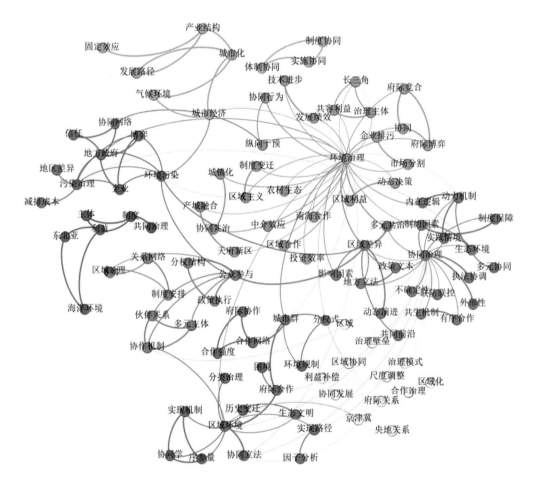

图 1-4　国内区域环境治理研究关键词共线图谱

资料来源：作者自制。

协同治理、京津冀、大气污染、环境治理、生态环境、地方政府、长江经济带、合作治理、联防联控、大气污染治理、府际合作、京津冀地区、协作治理、府际关系等是国内区域环境治理研究的高频关键词，这些高频关键词基本上反映了国内区域环境治理研究的基本内容逻辑"环境治理+治理场域+治理主体+治理方式"：大气污染、环境治理、生态环境等是国内区域环境治理研究的热点内容；京津冀、长江经济带是目前国内区域环境治理研究的高关注区域；地方政府则是区域环境治理的主要主体，在区域环境治理中发挥着重要的引导作用；协同治理、合作治理、府际合作、协作治理、府际关系等关键词反映出区域环境治理过程中多维度、多主体共治环境问题的基本方式，区域环境问题的扩散性、地域性正是这一区域环境治理方式的内在驱动。进一步地，从区域环境治理研究的关键词共现网络可以看出，协同治理、京津冀、大气污染、区域治理、区域合作、生态环境、环境治理、地方政府等在关键词共现网络中发挥着重要的"中介—桥梁"作用，尤其是协同治理串联了区域环境治理研究的大部分研究内容。协同治理强调动员地方政府、社会公众、企业、社会组织等多元区域环境治理主体，共同参与持续性、动态性、开放性的生态环境治理活动，达成综合性的区域环境治理目标。而当前我国区域发展分化现象逐渐显现，无序开发与恶性竞争仍然存在，区域发展不平衡不充分、区域发展机制不完善等问题依然比较突出，区域环境治理中的协同治理模式得到了高度的学术关注度。

1.3　文献内容分析

为进一步了解国内区域环境治理研究内容，在阅读相关文献的基础上，本文从宏观战略层（法治体系）、中观执行层（行动过程）、微观评价层（合作效果）三个维度（如下图1-5所示），对国内区域环境治理研究文献进行简要回顾。

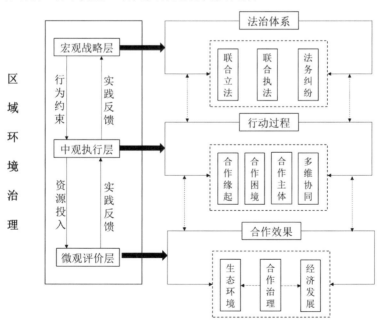

图1-5　国内区域环境治理研究内容回顾框架示意图

资料来源：作者自制。

1.3.1 法治体系研究

区域环境治理过程中地方政府的法律法规差异以及环境执法地方化差异，在宏观战略层就埋下了区域环境协同治理最终难以实现预期效果进而走向"合作治理失败"的"隐患"（曹伊清、翁静雨，2017）。以流域水污染治理为例，江苏、浙江、上海三地都针对太湖严重的蓝藻污染问题制定了相应水域治理规章制度，但是江苏、浙江、上海在太湖流域环境检测标准、企业违规惩戒、污染行政处罚等方面存在很大差异性，形成太湖流域环境治理的恶行怪圈，不利于流域环境治理整体效应提升。马奇和奥尔森认为，制度优先于个人存在，人们选择集体行动是制度约束、要求和规范的结果（March et al.，1995），制度不仅规范了成员的行为，而且由制度所塑造的组织文化和价值观也在不断维持和发展成员之间相互信任和相互尊重的良好关系。合理的制度结构和适当的制度设计可以有效地解决个人的行为偏好（李冰强，2017）。目前区域环境治理法治体系层面存在以下两大难点。

一是从区域环境治理联合执法工作信任机制而言。区域环境治理的联合执法工作往往是跨域的、持续的、复杂的系统工作，此类环境治理问题的解决依托于政府部门持续性地资源输入与人力运作。近年来，在跨界环境污染问题日益严重的背景下，以府际协作方式共同治理区域环境问题已成为区域环境治理的主要格局，但是跨区域环境治理涉及到多个行动主体，多元主体协调合作的实现更加困难（锁利铭，2017），地方政府基于自身的利益会选择消极参与联合执法的"理性行为"，自利行为会影响信任机制建立，使得区域环境治理陷入困境。此外，区域环境治理纠纷事件处理法律体系不足（李庆保，2017），为此，需要区域性联合执法的统一规范，以中央或中央直管区域工作委员会形式，完善区域环境治理制度规范，具体则包括提供多元调整模式的法制规范、实施有效规制约束的法制规范、供给充足合作动力的法制规范、追究应有法律责任的法制规范。

二是从区域环境治理区域法制体系现行状态而言。区域环境治理工作推进仍然以地方政府间协商为主，主要依赖双边或多边"工作协议"的自觉遵守来实现区域环境治理联合执法。理想状态中多元主体平等协商不仅利于不同行为主体获得区域环境治理的信息与资源，促进区域环境治理自觉性与参与性提升，更可以通过决策信息交流获取共同政策诉求认同（王俊敏、沈菊琴，2016），但在属地管理模式下，不可避免地会出现缺乏强制力约束，在触及到各方利益问题上难以取得稳定的执法效果的问题。我国现有区域环境治理相关法律法规中，纵观《环境保护法》《环境影响评价法》《气候变化应对法》《大气污染防治法》和《水污染防治法》等法律法规的内容，远未在立法中体现出对于跨域议题的应有关注。对于跨数个行政区划的区域污染的规定往往过于笼统，缺乏可执行性（程雨燕，2016）。

学者们已经从不同维度对区域环境治理法治体系进行了探讨。

在区域环境治理联合立法维度。杨丽娟和郑泽宇在探讨区域环境治理成本分担机制滞后与区域协调通过立法不足基础上，提出区域环境治理过程中应以生态经济补偿、区域立法协作为基础，以国际上通行的区域均衡治理责任理论修正区域环境治理联防联控法律责任机制的不足（杨丽娟、郑泽宇，2018），进一步指出均衡责任机制实质上是"披着经济成本理论外衣的联防联控机制"，需要从成本核算与生态补偿维度补足联防联控法律责任机制的立法可能性。王娟和何昱在分析京津冀环境治理现状以及立法现状的基础上，从完善立法原则、立法主体、构建信息交流平台以及公众立法参与制度等方面提出建立区域立法机制，同时从制定统一立法、清理现有法规等方面提出完善京津冀区域法律法规的路径（王娟、何昱，2017）。廖建凯和杜群以黄河流域水体治理基础，指出区域环境治理过程中立法工作应该以整体主义立场和系统论方法为理论基础，不能"头痛医头，脚痛医脚"，完善区域环境治理法律体系则必须兼顾区域环境治理生态保护和高质量发展之间的系统性、整体性和协同性特征，建立权责明晰的流域协同治理体制和各方参与的流域协同治理法律制度体系，搭建以"黄河法"为核心的协同治理法律体系（廖建凯、杜群，2021）。

在区域环境治理联合执法维度。李云燕等结合京津冀地区的大气污染特征分析及主要违法排污问题剖析，提出区域环境执法监督检查机制构建框架应以信息共享平台为基础，依托合作侦查手段，强化执法联动举措，严格执行重污染爆发后的责任共担方案（李云燕等，2018）。张健等提出开展跨区域联合执法是解决长三角跨界环境问题的重要途径。长三角区域环境联合执法的实质在于打破传统属地管辖模式，在一定程度上实现行政管辖权的共享。目前，长三角区域在建立区域合作机构、开展环境合作活动、统一环境执法依据等方面已经进行了积极探索，但依然存在执法主体不规范、执法权限不充分、执法依据不统一等问题。长三角区域环境联合执法所采取的横向府际协同模式以及统一执法与联合执法相结合的模式具有一定优势，需要在此基础上加以改进。未来需要规范联合执法队伍的组建，通过区域合作和中央批准的方式建立联合执法队伍并对执法主体进行明确授权，充分发挥现有机构的监督协调作用，以及通过分区域、分行业、分时段的方式逐渐统一执法依据（张健、张舒，2021）。

在区域环境治理法务纠纷维度。李庆保提出建立一种以非诉机制为前置，以诉讼机制为保障的多元化跨区域环境纠纷解决机制，首先要进一步明确排除司法管辖的跨区环境纠纷的范围；其次要建立跨区偷排污染物的行政与司法联合应对机制；最后为大多数跨区域环境治理过程中的纠纷提供多元化纠纷解决机制选择，主要包括协商和解、民间调解、行政调解、仲裁和司法诉讼等纠纷解决途径（李庆保，2017）。肖爱进一步根据利益主体及其相互间关系，将区域环境纠纷区分为政府间的纠纷、生产经营者与公众之间的纠纷、生产经营者之间的纠纷、政府与生产经营者和公众之间的纠纷等四类。"私力救济""商调机制"、诉讼解决等代表性的相关解纷途径以及环境信访、调解、仲裁、约谈等措施，与四类纠纷有复杂的对应性。然而，"私力救济"存在无序性；政府间"商调机制"存在弱程序性以及效力不确定性；司法解决则存在制度性不完善；多元解纷措施缺乏衔接和协调。应该以"生态环境整体性协作治理"作为逻辑出发点和基本理念，以全局视野、系统思维、体系化方法，从整体性上把握、以协作性为标准优化纠纷解决措施，形成"联防联治—非诉讼解决—司法权威裁判"的区域环境纠纷防控与解决体系，实现环境纠纷解决机制的生态化和系统化（肖爱，2019）。

1.3.2　行动模式研究

习近平主席提出的"绿水青山就是金山银山"理念为不同区域的高质量发展开辟了新路径（周谷平等，2021）。"环境本身具有公共资源属性、外部性、空间外延性，这就要求区域环境治理以某一生态或环境单元为基础，形成的相互联系、相互依存的统一整体要具备整体性"，为了破解行政区划与生态环境污染区域不匹配的边界难题，学者们指出地方政府需要建立一种跨行政区、跨行政层级的政府间合作机制来打破资源配置等级化格局，如组建区域大气污染治理政策工具的协调机构等（李冰强，2017）。学者杨龙指出，地方政府间府际合作的发生范围主要存在两个方面：一是通过合作可以获益的事情，如在基础设施建设、产业布局、统一市场、交通运输等方面；二是必须合作的事项，比如地方政府环境污染治理、公共安全维护等跨地区问题（杨龙，2018）。为此，需要推动治理模式从科层管理向区域合作治理转变，构建权责明确、多元融合的治理模式（李奇伟，2018），如上所述需要组织层面的跨部门，地理层面的跨区划，超越公、私部门分划（朱春奎、申剑敏，2015）。具体而言，"跨域"包括治理主体和治理空间的双重跨域，治理主体跨域涉及不同行政区同级或上下级政府及其部门、非政府组织、私人组织以及公众等多元主体；治理空间跨域超越传统基于行政区划的社会边界或者基于自然条件的自然边界。地方政府的合作是网络决策，而网络决策的本质是地方政府通过选择谁合作，建立什么性质的合作，通过合作者的关系连接，形成一个新的合作网络。地方政府间区域环境治理的合作网络中，其节点就是参与大气污染治理的各地方政府，网络连线就是地方政府之间通过实地考察交流、会议协商、签署合作协议以及建立合作机制而形成的合作关系（锁利铭，2014）。跨区域的环境合作能在很大程度上产生规模效应，减少协调成本，实现互惠共赢，跨区域的环境治理合作并不是简单化的单向联结形态，而是一种复杂化的网络结构，涉及多个合作的主体、层级和领域。两个合作主体可构建单向或双向度的二元关系形态，但多个二元关系在宏观层面聚拢结合，搭建形成合作网络。环境问题跨域治理具有多重复杂性困境，剖析其内在跨域治理合作行为有利于打开区域环境治理运作的"黑箱"，是克服区域环境治理困境的有效路径（锁利铭等，2018）。合作治理已经成为我国政府区域环境保护的主要行动模式，区域环境治理中的部门关系、合作机制、总体过程、组织行政、效果评估等方面都引起了学者的广泛关注（金季威、母睿，2019）。

（1）集体行动视角

马捷等利用长三角 30 个城市的府际协议数据，研究环境合作中地方政府间网络的行为动机及网络演变机制，发现由于既有基础和事件冲击两种动机，长三角形成了以上海和南京为中心的双核领导型结构，共同主导长三角环境治理的地方政府网络；虽然双核的中心地位非常稳固，但是随着合作推进以及信任机制不断加强，次中心城市开始在环境治理中扮演更为主要的角色；以省为边界，小圈子内部互惠型和三角型的合作格局已经形成。跨越省际边界的合作仍然是未来环境治理政策的突破方向（马捷、锁利铭，2019）。蔡岚从制度性集体行动理论的视域来分析粤港澳大湾区地方政府的联动策略，发现大湾区政府间以行政协议及区域规划为主要形式的嵌入性网络机制能够降低三地合作治理的交易成本；以多层次联席会议为主的约束性契约机制能在保留地方自治权的基础上，提供一个正式的解决外部性问题的机制；以区域权威为主要特点的委托授权机制能够在等级制下通过命令控制系统来实现合作。以制度性集体行动的视角透视大气污染联动治理，不仅有利于将我国联动治理实践与西方政府间合作的前沿理论进行对话，也有助于借鉴西方前沿理论进一步探寻提升我国联动治理大气污染绩效的可能路径（蔡岚，2019）。吴月和冯静芹通过 Ucinet 构建 2008—2017 年间粤港澳大湾区 11 个城市环境治理合作网络，发现粤港澳大湾区环境治理合作网络从"中心协调式"逐步演化到"扁平化"的网络特征，形成了"中心—次中心—边缘城市"的合作态势，且网络内小圈子合作呈现为两两互惠和三角型模式。作者指出要充分发挥上级部门的协调功能，加强合作网络的联结性，构建多元主体参与的网络治理机制（吴月、冯静芹，2021）。锁利铭等进一步地将制度性集体行动和网络治理理论结合应用于城市群绿色一体化发展中的环境多元共治网络分析，以长三角中的杭州和合肥都市圈为观察对象，总结实践中多元共治网络的演变特性和规律，对比分析了两大都市圈多元共治主体的同质性与均衡性，以及多元共治结构的紧密性和依附性，分别呈现了不同阶段的都市圈多元共治网络图，总结了网络的结构转型特点与未来演进趋势（锁利铭等，2021）。

（2）公共政策视角

姜玲等构建"时间—主体—目标—工具—机制"的政策"差异—协同"分析框架，对京津冀及周边地区大气污染治理政策开展量化分析，发现京津冀及周边地区大气污染治理政策中"自上而下"协同与"跨行政区"差异并存，呈现出中央带动地方—响应速度差异、目标考核协同—治理指标差异、工具导向一致—具体举措差异等特征，同时存在府际联合发文少、对市场型和公众参与型工具重视程度不足等问题（姜玲等，2017），进一步指出从区域整体出发加强各层级政府间的深度协作，通过纵向上央地间政策的互动与横向上地方间政策的协调整合，实现区域大气污染治理成本的最小化，加强政策发文时间、目标指标制定、主要政策手段等方面的协同并保持适度一致，进而避免出现区域大气污染合作治理中的政策洼地与协作短板，防止由于地方治理力度不一致导致的污染"外溢"。孙涛和温雪梅运用社会网络分析法，选取京津冀及周边地区 2010—2017 年间 22 个央地政府主体环境治理合作网络的数据样本，对该区域大气治理府际合作网络的基本演化形式、结构属性和内部特征进行分析。京津冀大气治理府际合作网络由最初的"部委合作牵头、地方分割执行"，逐渐演化出"部委引导支持、地方主动联系"的特征；中央政府始终居于网络中心位置，地方政府中心性逐年上升，府际合作网络密度总体上趋于增大，多政府主体的区域环境协同共治网络趋于成熟（孙涛、温雪梅，2018）。阎波等则基于文本分析和社会网络分析方法对三项大气污染治理运动进行跨案例研究，识别出探索型、协同型和突击型等三种运动式环境治理类型。环境领域运动式治理具有相对稳定的发生机制，其呈现类型主要受地方政府的合法性授权和问责压力影响。渐进式绩效改进、跨部门协同以及政策措施"工具箱"是环境运动式治理效果显著且地方政府持续采用的重要动因，而合法性授权和问责压力改变是导致环境治理运动分型的重要因素（阎波等，2020）。吕志奎和刘洋从政策工具视角出发，对九龙江流域治理相关的政策文本进行内容分析，构建出管制型、市场型、技术促进型、多元参与型、协同型五种政策工具，并建立起基于时期变迁、工具结构、府际协同、治理效能四要素的分析框架。研究发现九龙江流域治理的府际协同历经议题启动、政策创新、制度创新、法治构建四个阶段；在初期，地方政府均偏好选择管制型工具；随着治理制度和机制的不断丰富和完善，对协同型政策工具的使用频率逐渐增加，府际协同得以深入推进和不断增强。省域流域治理需要综合考量政策过程阶段性和政府结构层次性所带来的差异化政策工具选择问题，精准采纳政策工具，以进一步加强府际协同和提升治理效能（吕志奎、刘洋，2021）。

（3）组织模式视角

吕志奎和侯晓菁则构建"制度—行动者—机制—结果"的合作治理框架，分析竞争性制度情景中，不同行动主体策略性互动产生政策动员的诱因，进而提出超越政策动员的整体性合作治理的路径。研究指出，多重互嵌的制度环境中，竞争性制度逻辑与整体性制度逻辑的分离导致了"政策动员"与"合作治理"看似不相兼容的悖论；政策动员依托"责任—绩效—使命"的动员机制可以实现政策执行资源与力量的高效整合和优化配置；地方政府回应制度情景中整体性的治理要求，会从"权威性指导者"转变为"柔性化引导者"，并以制度化的方式开展整体性机制配置（吕志奎、侯晓菁，2021）。贺璇和王冰研究指出我国大气污染治理过程中的产业转移、中心城市索取、大事件临时合作模式等难以从根本上改善大气环境，反而引致了利益失衡、激励不足及地区博弈等问题，政府间政策协调合作的"交易成本"过高。为了推动大气污染的可持续合作治理，从权责清晰、有效激励、利益均衡及社会参与等维度，构建规范化、制度化的合作机制，为区域性大气污染的可持续治理提供良好制度保障（贺璇、王冰，2016）。李瑞昌从主体机制、目标机制、运行机制和保障机制四个维度分析大气污染联防联控机制。主体机制解决如何确定区域大气污染的联防联控主体和谁是区域大气污染联防联控领导主体问题；目标机制解决在联防联控过程中各方主体所预期的合作目标如何有效、一致的问题；运行机制解决联防联控主体如何落实为实现共同目标所达成、制定的规章、制度、协议、程序以及其他要素，确保区域大气污染联防联控的可行性和有效性；保障机制解决如何建设联防联控工作长效稳定运行的一整套技术和制度保障体系（李瑞昌，2018）。魏娜和孟庆国基于"结构—过程—效果"分析框架对京津冀大气污染跨域协同治理的协同结构、协同过程和协同效果进行考察，研究发现京津冀大气污染的跨域协同治理机制确实是一种有效的机制，但效果集中体现在重大活动的举办期间。目前京津冀大气污染治理的跨域协同实质上是一种应急式的"任务驱动型"协同模式，这种应急式的"任务驱动型"协同模式的形成逻辑既与现行的体制框架、治理结构及运行机制相关，也取决于京津冀三地政府之间的利益博弈。要构建常态型大气污染协同治理机制，须对协同的制度、结构、利益机制、理念进行重新设计和优化（魏娜、孟庆国，2018）。石晋昕和杨宏山按照合作向度和可持续性，将府际合作机制分为对话式、契约式、运动式和科层式四种模式，认为在府际合作实践中，可通过制度建设、组织完善与环境优化等途径，提升运动式合作和对话式合作机制的可持续性，构建长效运作机制（石晋昕、杨宏山，2019）。锁利铭和阚艳秋则以 Provan 提出的共享型（SG）、领导型（NLO）和行政型（NAO）三种网络治理模式为理论基础，结合 Ansell 合作治理框架提出识别大气污染协同治理组织结构的模型，研究发现大气污染协同治理组织并非与三种网络治理模式完全对应，故分为联席类、牵头类和支持类三种组织。联席类组织适合于合作基础较好的关联区域，对应具有联合性质的组织；牵头类组织适合于范围中等且成员异质性高的关联区域，对应具有领导、指挥和协调性质的组织；支持类组织适合于规模较大且稳定性要求较高的关联区域，对应具有成员多元化或领导性质的组织（锁利铭、阚艳秋，2019）。

（4）演化博弈视角

随着环保考核压力的增加，跨域环境治理问题并没有实现预期的地方政府间"协作"，而是表现出为了提升环保指标，区域内各个地方政府之间的"环境竞优"型竞争，现阶段跨域环境协作治理的实现，需要纵向行政权力为主的经线和横向跨域环境协作治理组织、社会组织、学术团体、民众等为辅的纬线不断织就协作治理网络。各层级政府在环保治理和环保督察中对跨域环境治理起到"提纲挈领"的主导作用，区域环境治理难以达到自发均衡状态，奖励和惩罚力度是影响地方政府间合作治理的重要因素（聂丽、张宝林，2019）；横向跨域环境协作治理组织、社会组织和学术团体等在其中起到"穿针引线"的沟通和协调作用，它们镶嵌于跨域治理网络中，成为网络的横向关联节点；地方政府、企业、学者和民众等则通过这个纵横向交融的网络参与到环境协作治理中来，以增强协作网络的密度和稳定性（崔晶等，2021），地方政府的环境协作治理行为受到地方政府与民众环境风险信息沟通情况等因素的影响（崔晶，2015）。高明等进一步比较了有中央约束和无中央政府约束下地方政府属地治理和合作治理四种演化博弈结果，发现在属地治理背景下，无论中央政府是否对地方政府进行约束，地方政府均倾向于"搭便车"行为，而中央政府对地方政府的约束在属地治理中面临失灵；合作治理场景中，地方政府的稳定策略均向达成合作治理或均不治理的方向演进，但在中央政府约束下，地方政府的稳定策略能快速有效地向合作治理的方向演进。合作收益是达成区域合作治理的必要条件，而合作成本与中央政府约束的程度决定了合作治理的稳定性，这也进一步说明地方政府环境治理合作过程中，自发合作行为需要中央政府引导，与聂丽和张宝林（2019）的研究结果具有一致性（高明等，2016）。

纵观学者们不同角度的研究，可以发现学者们针对我国区域环境治理过程中普遍存在的"碎片化治理""信息孤岛""部门相互推诿"等问题（彭彬彬等，2021），展开了深入剖析。由于区域内行政区之间经济社会发展结构存在差异，区域环境合作治理对不同行政区内地方利益将会产生不同影响，应针对地方利益关系的不同类型，从不同维度对多元行动主体之间的合作关系进行协同（王红梅等，2016），目前学者的研究已经从以下几个方面展开了有益的路径讨论。

（1）工作机制

要实现区域环境治理过程中跨部门、跨行政区（行政层级）、跨主体的互动合作，必须建立一种具有广泛包容性、职责明确、协作联动的长效工作机制。降低地方政府跨域生态环境合作治理中权力的不平等、利益博弈冲突、监管体制破碎、考核评价缺失等带来的区域环境治理合作困难（周伟，2021），探索建立上下联动、内外结合，省、市、县、乡镇"四级联动"，部门积极协作的"纵向到底、横向到边"的跨域环境治理协调机制。与此同时，中央政府对地方政府的纵向干预，需要充分考虑区域发展本身存在的差异和地方政府行政的"惯常"特征，积极调动地方政府的自主性，通过培育协同主体间自愿协同的意愿及能力，实现协同机制的长效运行（戴亦欣、孙悦，2020）。

（2）政策协同

首先，完善上级行政主体和区域协调机构对区域内环境治理政策法规的审核制度，杜绝"上有政策下有对策"；其次，健全流域协调机构对区域内地方政府政策执行的监督工作，及时纠正水污染治理政策执行偏差；最后，加强群众监督，鼓励辖区内人民有意识地监督辖区内环境治理的政策执行效益，使政策制定与发展实际互相协调（王俊敏、沈菊琴，2016）。

（3）信息共享

信息共享是实现区域环境合作治理的重要技术支撑，能够有效解决信息重复收集、利用率低下等问题（锁利铭，2019）。应对区域环境治理中多变信息流动问题，可以建立区域性实现跨"省—市—县"的整合型信息共享平台，并积极链接国家生态环境保护部信息平台。搜集、整合、处理、发布分散于环保、水利、交通、农业、科技、工业等职能部门中的环境监测相关信息，推进区域环境信息的共享交互，为区域环境治理提供真实、可行的信息，增强区域环境治理决策的科学性与针对性，充分考虑区域环境治理问题的领域差异与场域差异（锁利铭等，2020；吴月，2020），利用科学技术治理区域环境问题的重要性逐渐彰显。

（4）公众参与

社会公众是区域环境治理各类场域的直接参与者。公众参与区域环境治理可以进一步响应社会公众的环境民意，同时环境治理主人翁意识的提升会促进社会公众普遍提高环境意识和有效实施环保工作。鼓励和推动公民参与区域环境治理实践，鼓励社会公众参与区域环境治理交流会议等活动，培育区域环境治理民主协商机制，促进社会和谐发展。开启双向社会沟通渠道，地方政府不断增强自身透明度，征求和获取区域环境问题相关信息，政府从信息中掌握利益主体的诉求情况，从而进一步改进和规范公共政策。

（5）多元共治

区域环境合作治理过程中，激发区域内地方政府环境治理积极性的方式除了中央政府纵向干预外，还应加强社会组织治理主体的广泛参与，形成对政府治理行为的约束、监督和倒逼。需要进一步保护多元主体的知情权、参与权和监督权。建立区域环境治理信息定期发布制度，确保环境治理政务信息公开、透明。定期、及时向社会发布地方环境动态监测信息以及区域环境污染主要来源。畅通区域环境治理中社会公众、社会组织、媒体、企业、政府等互动渠道，使多元主体有机会进入区域环境治理"政策议程"，提高区域环境治理的公开性与透明度（操小娟、龙新梅，2019）。

1.3.3　合作效果研究

打破行政区划限制，实现跨域环境问题协同治理，已成为我国政府区域环境治理的重要行动模式。然而又该如何科学评价区域环境协同治理绩效，是当前我国区域环境治理急需解决的问题。从实践层面来看，科学评价区域环境协同治理绩效，能为区域环境治理行动模式和区域环境治理法治体系的动态优化提供实践反馈，并且区域环境治理效果评价能为多元行动者共商区域环境治理议题提供"实事求是、因地制宜"的直观证据；从理论层面来看，科学评价区域环境协同治理绩效是一个综合性的研究问题，通过上文文献回顾可以发现，当前合作治理背景下我国区域环境治理评价应该包含生态环境改善效应、合作治理对区域生态环境改善的影响以及生态环境改善与经济社会发展之间的耦合关系等。科学评价区域环境协同治理绩效，有助于识别并与时俱进地调整我国区域环境治理过程中目标绩效、过程绩效、结果运用绩效等方面存在的"成长上限"（罗文剑、陈丽娟，2018），但是从近年来的研究文献来看，区域环境合作治理效果评价文献相对较少，尤其在评价合作治理模式与治理效果之间的文献层面探索较少。

徐盈之等基于 2006—2015 年中国省级面板数据，采用广义矩估计（GMM）和中介效应方法检验环境分权对区域环境治理绩效的影响效应及其作用机理，旨在从环境分权角度寻求改善和提升环境治理绩效的方法。研究发现，环境分权是影响区域环境治理绩效的重要因素，但不同类型的环境分权对区域环境治理绩效的影响存在差异；各类型环境分权能够通过影响产业结构优化、企业技术进步和环境执法力度间接作用于区域环境治理绩效；环境分权对区域环境治理绩效的中介效应存在明显的区域异质性（徐盈之等，2021）。赵志华和吴建南基于 2010—2015 年 275 个城市的面板数据，运用三重差分法（DDD）研究了大气污染协同治理对污染物减排的影响。从全样本分析结果来看，大气污染协同治理降低了工业二氧化硫排放量和工业烟（粉）尘排放量，而此结果并没有通过显著性检验。从子样本分析结果来看，大气污染协同治理显著降低了工业二氧化硫排放量，但对工业烟（粉）尘排放量没有产生显著影响。城市在促进不同污染物减排时存在差异，减排难度较低的污染物往往被优先完成。从时间效应来看，大气污染协同治理对污染物减排的影响存在时滞性，而且这种时滞性在不同污染物减排之间存在差异（赵志华、吴建南，2020）。彭彬彬等选取移动源治理为典型案例，基于对环保系统工作人员的问卷调查，分析大气污染联防联控跨部门协作的有效性并识别其关键影响因素。研究结果表明：当前移动源治理中跨部门协作的有效性并不理想，其中环保与公安、市场监管以及交通部门的协作有效性相对较高，但与工信、商务部门的协作有效性较低；前期协作经验是影响跨部门协作有效性的最核心因素，公众关注也是跨部门协作有效性的重要影响因素，其他因素如信任程度、信息沟通的影响在不同部门及不同污染治理环节间存在差异（彭彬彬等，2021）。李泂旭等利用长三角城市群 2010—2020 年的府际协议数据，从合作结构的差异化视角分析长三角城市群的府际环境合作特征及其对环境治理绩效的影响效用。研究发现不论是在整体层面还是横纵向的结构化差异层面，开展府际环境治理合作都可有效促进区域环境治理绩效水平提高；在横向维度，合作治理的约束强度与环境治理绩效之间存在 U 型关系。鉴于此，应提高地方政府的环境参与意识，建立制度化的横向合作契约机制，优化纵向嵌入，实现区域环境保护纵向权威介入与横向自主协作的良性互动，从而提高区域环境治理绩效（李泂旭等，2022）。

第2章 区域环境共治的若干理论

2.1 区域共治的视角

2.1.1 治理的界定

"治理"是过去20多年公共管理领域使用频率最高的概念之一，许多学者依据不同的研究目标对"治理"的概念进行了界定（Hill & Lynn，2005；Ingram，1994；Lynn et al.，2001；Peters，2001）。例如，治理作为一个过程，主要是指由于认同和共同的价值观（March & Olsen，1995），生成一个协作过程来构建和谐伙伴关系（Jacobs，2000），进而改变执行的规则，以提供和生产公共服务（Parks & Oakerson，2000）。与这种能力建设、过程导向的定义相反，一些学者认为治理的本质在于社会各部门行为者之间的网状关系，O'Toole（1997）、Provan（2009）等学者是这一观点的代表。他们强调网络结构在"去中心状态"下提供公共服务的有效性。根据他们的观点，治理正在取代政府，这意味着国家的正式机构和他们对合法和强制权力的垄断正在下降，各种社会资源正在被社会部门共享。对治理的研究需要不断地寻找社会利益最大化的社会结构，并在各种环境下对其有效性进行实证检验。最近的理论和实证研究似乎都认为网络结构是政府层级结构的最佳选择。

Lynn等人给出了更全面的治理定义。从他们研究的角度来看，治理是一种通过代理关系建立的正式与非正式规则和程序，这种规则致力于解决公共物品的提供与服务问题。他们明确承认治理的多样性，指出规则约束的制度选择方法和网络化的社会关系方法构成了治理研究的基本领域（Lynn et al.，2001）。同样，Peters（2001）提出了四种治理模式：市场政府、参与式政府、灵活政府和去管制政府。尽管他将治理描述为一种普遍的社会变革，但他从政策问题、结构、管理和公共利益等多个维度对治理进行了分类（Peters，2001）。

（1）治理的结构观

治理改变的是各种社会组织之间的关系形态，特别是包括政府组织在内的各种关系。

简要来说，大多数学者形容这种变化导致了一个网络化的社会，社会组织共享一个平等参与治理的机制，包括私人和非政府组织（Bardach，1998；O'Toole，1997；Agranoff & McGuire，2003；Provan & Milward，2009；Thurmaier & Wood，2002）。20 世纪初期到中期，随着社会多样性的增加和政策问题变得更加复杂，各部门之间相互依赖的需求呈指数级增长。这些变化为治理体系的结构性重组提供了理由。然而，当我们遇到新的问题时，不是总是要进行组织重组吗？当社会面对适应不断变化的环境的困难，它周期性地转变为一种被认为更好地处理当前棘手问题的替代管理原则（Kauffman，1956；Wise，2002）。以结构为基础的对治理的理解本身是非常有限的，因为它完全忽略了给定结构在满足社会前所未有的、意想不到的需求时实现功能转型的可能性。对治理的理解需要一个创造性的框架，在这个框架中可以描述治理的多维方面。

公共行政领域的行为主义传统在很大程度上依赖于治理结构的特征来解释个体或组织行为的差异。因此，结构构成了治理系统的基本组成部分，它们可以广义地被定义为社会交往的制度化规则或规范。它们嵌入到社会系统中，通过为选择限定选项来塑造行动者的行为。以这种方式，现有的结构往往得到加强和固化。大量实证研究试图衡量这些因素的多样性，试图评估他们对人类行为和组织有效性的影响。总体而言，治理结构的碎片化程度被认为是解释这种差异的一个重要因素。关于结构碎片化和集中化，至少可以确定两种观点。一种强调做出决策的科层，而另一种则关注组成整体的次级单位的数量，它还涉及到权力和权威的分配问题。在一个分权的制度中，行动者在决策过程中可能有广泛的自主权，而在一个集中的制度中，为了维护集体利益，地方自由裁量权一般受到限制。

科层制作为一个封闭的系统（Chisholm，1989），一直被认为是治理的最佳组织结构，它强化了职责担当，同时使职能效率最大化。交易成本经济学家认为，当组织的边界扩大到内部化交易和资源流动时，就会产生层级（Williamson，1985）。等级组织的力量在于它的可靠性，即重复生产大量给定质量的商品和服务的能力，也在于它的问责性，即记录资源如何被使用的能力（Powell，1990）。

结构性碎片化，存在着一些独立的行动者，因此存在着一些个体利益。这种结构安排代表了一个完美市场的情况。没有人依赖别人获得额外的信息，因为市场价格包含了交换所需的所有信息。此外，由于个人的行为不是由一个监督代理人来决定的，因此没有必要对整个系统进行监管（Powell，1990）。然而，当市场交互作用中考虑交易成本时，即当完美市场假设不再成立时，价格所提供的信息就会不全，最终市场系统中的交互作用将导致社会低效。

总而言之，理论上分层和碎片化会产生不同的合作模式。科层制通过权威势能自上而下地逐级传递，对多元治理主体施加治理行动的行为规制，以追求形成治理共识；市场化通过不同利益相关者之间的资源交换，促进治理行动在治理议题领域的渗透范围横向延展，追求提升治理效率。如果它们如理论预期的那样发挥作用，这两种治理结构将分别在私人（市场）部门和公共（等级）部门优化社会效率。然而，现实生活并不像理论所期望的那样，没有一个完美的私人（市场）部门或者无缝的公共（等级）部门。每个社会都处于市场和官僚主义两个极端之间。特别是从管理的观点来看，跨部门的"边界模糊"现象需要一种替代的组织结构。

网络结构越灵活，适应性越强。与层级不同，网络通过不那么正式、更加平等和合作的方式进行协调（Thompson et al.，1993）。与市场结构相反，在网络结构中，相互作用往往通过连接参与者的纽带来维持。正如 O'Toole 总结的那样，网络的概念不包括单纯的正式的等级制度和完美的市场，但它包括了介于两者之间的非常广泛的结构。在网络中，不能指望管理员凭借他们的正式地位行使决定性的影响力（O'Toole，1997）。

除了处理复杂问题的结构强度，网络结构是在"去中心状态"的背景下提供竞争优势。公共部门和私营部门都制定了具体的组织原则，并在它们自己的规范和规则下运作。然而，如何将这两个部门联系起来却没有得到认真的关注，同时也没有对每个目标的主要原则进行严厉的干预。网络形式的治理结构可能是市场结构和等级结构的一个很好的选择。

（2）治理的过程视角

治理的程序视角基于两种不同类型的政治过程——聚合和整合。它们都被视为集体决策或协作的社会和政治过程。理解政治过程的聚合模式需要首先理解政治过程的整合模式。March 和 Olsen 认为，与聚合模式不同的是，在一定的情况下，局部的利益会被整合起来，形成一种集体的身份由社区成员共享。个人对利益的认知从以自我为中心转变为以社会共享为中心（Argyris & Schon，1997；Powell & DiMaggio，1991；Scott，1995），促进了这一过程。鉴于最近的治理经验，不同社会部门的多个行动者共存并相互作用，而每个行动者仍执行其特定部门的行动理由，各种利益的整合已变得特别重要。社会中的每一个个体都有双重身份，这常常在个人利益和集体利益之间造成一种内在的竞争。当个人利益与集体利益相同时，就不需要社会机制来解决对立关系。

第一种治理模式是竞争。以聚集模式存在的市场理论预测，社会互动不会重复，这些互动的唯一原因是对自身利益最大化的追求。那些最珍惜资源的人最善于利用资源，所以这些资源的回报率将会最大化。尽管与预期相差甚远，但无数资源竞争实例的综合结果产生了社会优化的结果，这就是帕累托最优。竞争战略从根本上是有限的，基于完美信息的完美市场很难实现，特别是在公共产品和公共服务的公共部门，竞争模式几乎不可见。

第二种是命令和控制的治理过程。在这个制度中，行动者不允许追求自己的利益。个体的利益与集体或群体的利益完美地结合在一起，使得个体在整个系统中仅作为一个功能单位发挥作用。

第三种是合作。在合作中，行动的主要动机是对自身利益的感知和对成本和收益的理性计算。但与竞争模式中对资源的无休止竞争不同，合作模式中的行动者开始感到需要集体行动来实现集体利益。这种描述类似于林德布卢姆所称的"多元化"社会。"虽然在竞争模式下，自我利益和个人身份都是不同的，但这种模式在认识到集体行动的固有问题和创造性地解决问题方面更为发达"。合作治理模式是将多元意志转化为集体选择的过程，在这一传统中所遵循的共同战略将是相互调整。它包括所有形式的高度多边的影响力和权力的行使，包括但不限于讨价还价（Lindblom，1993）。这是一个互谅互让的系统，但结果不一定要优化。个体开始具有双重身份——个体身份和集体身份。利益的平衡是通过聚合模式实现的，但其过程发生在经济领域之外。总之，在合作模式中，利己最大化仍然是首要目标，实现这一目标的战略也从根本上发生了变化。合作的过程不会使配置效率最大化，但它可以通过在相当大的程度上使交易成本最小化来实现高水平的效率。

第四种为治理协调模式。假定为合作、实现利益最大化仍然是独立行动者的有效目标。但与合作模式不同的是，利益是通过一个整合的社会过程来适应的。个人利益可能会受到第三方执法者的影响，而第三方执法者并不是互动的直接参与者。更准确的定义是社会制度，如社会规范、规则或标准程序，所有这些都为适当的社会互动提供了标准。因此，社会作为一个整体能够拥有自己的利益，而这些利益与个人利益的总和有着根本的区别。这两种利益偶尔会产生冲突，使个体必须为他人的利益做出牺牲。协调模式是协调和暂时解决两种利益冲突的社会机制。

2.1.2　治理的框架

（1）竞争

以分割（D）和集中（C）为横坐标，以聚合（A）和集成（I）为纵轴，可以绘制出治理的基本结构图（图 2-1）。AD 和 AC 象限刻画出了两种基本的治理模式。纯粹的治理竞争模式在现实中是不存在的，但这种形式作为一种与现实相比较的理论理想具有一定的价值。竞争模式只能在绝对分割的治理结构中存在。不允许权力和资源分配的不对称，完善的决策权力应确保在个人手中。只有在资源禀赋平等的情况下，竞争才是可能的。程序上的竞争假设和结构上的竞争假设一样不真实。Olsen 认为，竞争的集体结果不是社会均衡，而是一个充满集体行动问题的社会。结构性分权确保自由表达偏好和单边追求自身利益。竞争治理模式下的协作与商品和服务交换是相同的，参与者之间的关系在交换完成时终止。身份的匿名性和互动的随机性在一方面似乎是必要的，但它确实阻碍了长期互惠关系的建立。社会现在认识到不受管制的竞争可能导致的负面情况，持久关系的价值正变得越来越受到重视（Olsen，1965）。

（2）命令与控制

在竞争的情况下，命令和控制模式是一个理想化的概念，在满足结构层次和综合利益调适这两个条件下，命令控制的治理模式备受期待。在结构上，该模式要求对权力结构进行分层设计，并对紧密耦合系统的任务进行高度指定（Comfort，1999）。程序上、文化上和政治上更加一体化的社会更倾向于以权威命令和严格控制为基础的社会互动。这两种情况的结合将导致指挥和控制模式的出现。这种治理模式中的协作问题很少被解决的原因是，在一个等级森严的社会中，遵守规则和标准程序是由法律文书强制的。毫无疑问，在这个统一的结构中，任何追求自身利益的企图都会受到严厉的惩罚。横向合作不需要从不同的角度进行。社会系统几乎是可分解的，其中子系统之间的相互作用很弱。从其对处理复杂性的兴趣来看，等级制度在控制整个系统的"内部环境"方面具有突出的价值。在命令控制的治理模式下，管理者利用体系完备的制度安排，把不同的治理任务分配给许多功能模块，以此实现对整体议题的分解应对（Simon，1996）。因此，整个系统的有效性取决于各独立部分如何很好地履行其预先指定的功能。就初始设计而言，每个子单元几乎没有理由与专攻不相关功能的其他子单元协作。

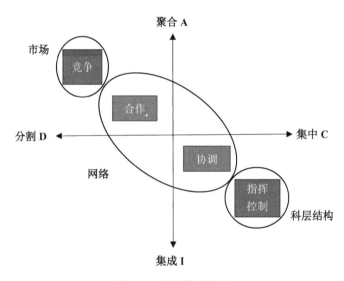

图 2-1　治理模式框架

资料来源：作者自制。

（3）合作

在新古典主义市场体系中，个人做出福利最大化的选择。众多选择的聚合结果是帕累托最优，即独立行动者的偏好是完美平衡的。但是，该系统的四个主要假设——没有外部性、没有规模经济、没有决策成本和固定偏好——使人们广泛认识到需要替代的治理模式（Alt et al.，1999）。

作为一种结构选择，网络受到学术界和专业人士的持续性关注。尽管网络的存在便于相关主体进行持续性和重复性的交互关系，但交互过程中的矛盾与纠纷缺乏权威机构的治理与仲裁（Podolny & Page，1998）。这种结构与组织内网络不同，组织内网络将行动者之间的关系纳入组织内网络处理冲突解决和引导行为的治理结构（Fountain，2001）。

虽然网络结构的功能是提供通信和资源交换的路径，但对于如何管理它或谁对结果负责却没有较为一致的意见。由于没有统一的规则来规范网络参与者，系统作为一个整体总是暴露于网络参与者的逃避行为中。当从网络中获得的收益超过参与的成本时，个人很可能会加入该网络。换句话说，协作是一种利益最大化策略，缺乏层次结构的结构强制遵从性，通过网络系统的协作成果被理解为交换的集合。这种聚合过程可以被看作是通过发现和实施政策联盟，安排公民之间帕累托改善的交流，将个人需求和资源转化为集体行动（March & Olsen，1995）。由于这种模式在现实中确实存在，因此对合作模式的实证探究具有一定的现实意义，合作模式与理论探究同样重要。

在治理研究中，解释跨组织协作强度和模式的差异有经验的和规范性的价值。协作的结构解释预示着一个系统的分散化程度越高，也就是说，参与者之间的合作就会越少。

（4）协调

协调模式与治理合作模式的区别在于对制度规则的作用有不同的解读。在合作模式中存在的利益融通的聚合模式，制度规则是影响行动者理性计算的因素之一。他们旨在解决社会中某一特殊利益，使其分配效果远离社会正义（Knight，1992）。然而，只有在分配差距得到充分补偿的情况下，整个社会才能保持稳定。换句话说，在以聚合模式协调利益的情况下，社会的稳定是无法保证的。

在整合维度中，冲突可能得到解决，因为行动者不仅关心自身利益，而且关心社区的共同利益。在这种解决冲突模式下的治理涉及培养有能力的政治行动者，他们了解政治机构如何运作，并能够有效地与之打交道。它是关于建立和支持使达成协议成为可能的权利和规则文化。它还包括建立和支持身份、偏好和使政体成为可能的资源（March & Olsen，1995）。适当的公民被假定以与共同的目的相一致的方式行事，而这些共同的目的不能归结为他们各自的个人利益（Spragens，1990）。这种模式与合作模式的区别在于，行动者的行为更好地描述为遵循规则。这并不一定意味着没有私利。只要有可能，演员们仍然热衷于追求自己的利益。但当演员面临集体身份和个体身份的抉择时，从协调的角度来看，他应该选择集体身份。值得重复的是，在决策权威位于个人之上的情况下，行动者倾向于遵循群体的身份，并对集体目标表现出高度的遵守。

这种利益协调过程被定义为利益协调的综合模式治理。协调模式的结构条件是一种网络安排，在这种网络安排中，行动者之间没有中心权威而过度联系在一起。网络结构相对于市场结构的主要优势是结构的持久性，因为它的灵活性被评估为相对于等级结构的强度。市场系统中的相互作用是随机的和短暂的，而网络参与者之间的相互作用往往是持久的和互惠的。无论有意与否，重复的互动模式偶尔会成为规范或标准程序，以规范未来的互动。

同样地，网络的结构也不一样，网络系统作为一种等级体系，由于缺乏完善的控制系统，交互作用逐渐嵌入到制度环境中（Granovetter，1985）。合作治理模式依赖于网络形成和网络参与者的协作活动的纯粹计算性解释，协作被认为是一种嵌入在正在进行的社会关系结构中的经济和政治活动（Fountain，2001）。由此可见，每种治理模式都有其优缺点。但是，只有概念，这些模式很少有用，除非它们的适用性被经验分析评估。下一节将处理管理的模态方法的实用价值，以及建构一个综合框架如何帮助我们理解真实参与者之间的动态。

2.1.3　区域共治的逻辑

区域治理的重要转变可以被描述为处理集体行动问题的一系列尝试（Brenner，2002；Feiock，2004；Miller，2002；Stephens & Wikstrom，2000；Wallis，1994b）。无论每一项努力在理论偏好和政策建议方面差异有多大，组织结构改革始终是主要政策工具。但这些重组是在什么条件下进行的，一直没有得到很好的解释。城市学者还没有清楚地认识到，治理的程序视角如何使对区域治理的理解变得清晰。

从程序的角度考虑，图 2-2 显示了如何将治理模式应用到区域层面。对区域治理的四种思想流派进行了辨析，并加以归纳表示为不同的治理模式。从左上看，多元中心主义、制度集体行动主义、新区域主义和巩固主义是每种治理模式的思想背景。尽管这些思想流派在关于区域政策问题的理论假设和规范性建议方面各不相同，但它们都有克服都市集体行动问题的主要政策目标，特别是在经济发展的政策领域。

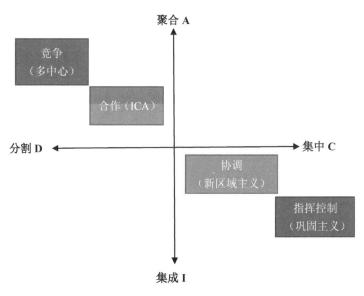

图 2-2　治理模式的区域应用

资料来源：作者自制。

从 Ostrom 等人开始，关系的重要性逐渐被多个思想流派所认识。其中之一是一群倡导机构集体行动框架（ICA）的学者。他们的主要贡献来自对共治中自愿合作和行动者战略行为重要性的认识。根据主要倡导者（Feiock，2004）的思想，制度性集体行动（ICA）是在地方政府之间、各级政府之间以及地方政府单位和社区其他行动者之间实现合作共治的机制。ICA 提供了一种"黏合剂"，将一个制度上支离破碎的社区维系在一起，并被单个行动无法实现的集体利益的愿望所激励（Feiock，2002），它出现的结果是地方政府单位面临集体行动问题。由于制度总是带有分配的偏见，受制度约束的个人行为变得明显具有再分配性。因此所采取的策略不可避免地"嵌套"在现有的制度安排中（Tsebelis，1990）。ICA 框架解释了各个行动者在一定的规则限制范围内追求自身利益，各种不同的利益仅仅被认为是由自愿的联盟来调和的，而且只有在利益彼此相容的情况下才会这样做。Feiock 指出的，ICA 是基于这样一种信念，即"地方政府可以共同行动，通过一个由自愿协议、协会和公民集体选择组成的网络，将一个跨多个管辖区的地区整合起来"（Feiock，2004a）。从 ICA 的角度来看，区域被视为行动者合作行为结果得以实现的地理边界。

通过构建统一的框架对区域主义进行对比分析，可以更为清晰地了解其理论逻辑。图 2-3 中的箭头代表了组织改革的方向，其目标是建立一个能够处理各种治理问题并实现高效率收益的区域。

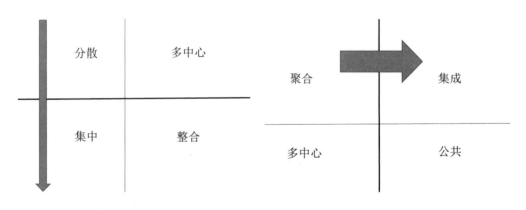

图 2-3-1　区域主义：结构视角　　　　　图 2-3-2　地方主义：程序视角

资料来源：作者自制。

而结构视角则提出组织整合的观点，地方政府可以通过中央指挥和控制系统来解决集体行动问题。图 2-4 所示的区域主义提出了一种概念，即当一个区域的成员开始从集体的角度看待其利益时，就可以实现善政。地方主义随后被定义为一种区域化的政治进程（Lewis，1996），其中行动者自愿追求集体利益。在这里，关系和治理的政治过程从来都不是静止的。

当我们将多个透视图合并到一个框架中时，它们的好处就得到了充分的体现。两个箭头集中在一种特定的区域治理形式上，即区域治理的协调模式。竞争和控制没有得到足够的重视，主要是因为没有一个大都市区域可以归入这两个概念范畴。因此，剩下的两种治理模式，合作治理和协调治理，值得深入研究。表 2-1 总结了四种区域治理模式。它解决了治理模式和协作模式之间的关系。

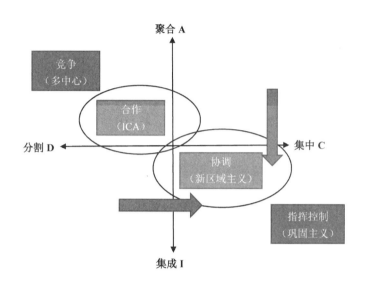

图 2-4　区域治理的综合视角

资料来源：作者自制。

表 2-1　四种区域治理模式的对比

模式	结构	过程	行动的逻辑	区域治理	协作
竞争	完美的碎片	市场交换	自我逻辑	多中心	一次性市场交换
合作	网络	讨价还价相互调整	自我逻辑	ICA	自愿（不稳定）
协调	网络	规则目标整合	适当的逻辑	新区域主义	制度化（稳定）
指挥和控制	完美的层级结构	指挥和控制	适当的逻辑	巩固主义	预先确定

资料来源：作者自制。

2.2　协同治理

"协同"起初是一个物理学概念，后被广泛应用于人文社会科学。随着治理实践和理论的发展，协同的概念被引入治理领域，协同治理的概念和理论也相应受到关注。协同学作为一套完善的学科体系，伴随着区域环境治理研究的长期引入，在实现自身长足发展的同时也奠定了其最广泛的影响。

2.2.1   协同学概述

协同学也称协合学，与突变论、结构论并称新三论，由西德斯图加特大学物理学教授赫尔曼·哈肯于 20 世纪 70 年代创立。1969 年，哈肯首次提出"协同学"这一名称，并于 1971 年与格雷厄姆合作撰文介绍了协同学。1972 年，在联邦德国埃尔姆召开了第一届国际协同学会议。次年，这次国际会议的论文集《协同学》出版，协同学也随之诞生。

协同学是一门在普遍规律支配下的有序的、自组织的集体行为的科学（哈肯，2013）。在《协同学——大自然构成的奥秘》一书中，哈肯将"协同学"称为"协调合作之学"。这是一种源自系统论中整体性研究（区别于考察个别组成部分的功能）的科学方法，其旨在发现结构赖以形成的普遍规律，探讨的是最终形成的总体模式。而所谓"协同"，即是指复杂系统中各子系统之间通过相互作用产生的协调、同步与合作现象，从而在各子系统之间实现从空间上、时间上或功能上的有序化发展的过程。Mattessich 和 Monsey 将协同定义成"由两个或更多组织为了实现共同目标而建立的一种互利且良善的关系模式"（Mattessich & Monsey，2001）。

在协同过程中，有两个机制发挥关键作用：一是自组织机制，即自组织系统在序变量的作用和支配下能自发形成一定的自组织结构和功能，从而实现从无序到有序的转变；二是伺服（役使）机制，即当系统接近临界点时，系统的发展方向通常由少数几个关键变量即序参量所决定，而系统其他变量由这些序参量所支配。协同理论把系统的有序称为"自组织"，影响系统有序发展的关键变量称为"序参量"，外在影响变量称为"控制参量"。

协同理论现已广泛应用于管理学、经济学、社会学、政治学等诸多研究领域，并且成为社会科学研究领域内的一种主流治理理论。

2.2.2   协同治理概述

作为西方公共管理实践产物的"协同治理"，对应英文中的"Collaborative Governance"，最早由 Wood 和 Gray 提出（Wood & Gray，1991）。他们将其界定为一种多个利益相关方在处理公共事务的过程中所做出的共同决策并达成合意的治理模式。随着实践和研究的发展，协同治理逐渐从一个概念发展为一套理论，并被肯定为民主制度中治理的新范式（Frederickson，1991；Kettl，2002）。

就概念层面而言，协同治理的内涵延伸经历了一个过程。Ansell 和 Gash 认为，协同治理是以公共政策的制定或执行、公共项目和事务的管理为目的，由公共机关发起的、非公共部门参与的利益相关方以正式、合意的方式共同通过协商手段集体决策的管理机制

（Ansell & Gash，2008）。Emerson 等人的定义则更为广泛，认为协同治理不只是过程，还包含结构，通过这一过程和结构，可以使人们跨越公共部门、私人部门和民众三个领域的独立边界，达成公共政策决策和管理的目标（Emerson et al.，2011）。Scott 和 Thomas 则进一步从个体和组织拓展到社会层面，指出正是由于个体和组织的有限理性，才需要将协同治理用于解决公共问题（Scott & Thomas，2016）。

从不同角度出发，学者们对协同治理的看法也不尽相同。有的从治理理论视角出发进行阐释，如多元协同治理是指政府、企业、社会组织以及公民在公共事务问题处理中的协同合作行为（Michael，2006）。有的从协作性公共管理视角指出，协同治理就是"两个或多个组织间以比较正式的适当方式进行互动和决策，以解决单个组织不能解决或者不易解决的问题的过程"，而"政府在这些协同过程中处于核心地位"（阿格拉诺夫、麦圭尔，2007）。还有的从公私伙伴关系视角将协同治理定义为"共同决定目标，基于协同和共识的决策过程，组织架构和过程是水平式而非垂直式的，基于信任的正式或非正式关系，合作方之间协作互动，对产出和结果共同负责"（Sterling-Folker，2012）。

作为一整套理论分析框架，协同治理研究中所涌现出的成果还体现在基本模型的设定上。Ansell 和 Gash 指出，协同治理是多种利益相关方参与的集体决策过程，这个过程是以共识为导向的，具体包括起始条件、制度设计、领导力量、协同过程和协同结果等要素；其中协同过程为核心，起始条件、制度设计、领导力量是协同过程有效发挥的支撑因素（Ansell & Gash，2008）。Emerson 等人则更强调协同治理作为一种治理形式，是跨越边界进行公共决策和管理的过程和结构，包含更广泛的系统环境、协同治理机制以及影响和适应系统的结果，其中协同治理机制由三个互动组件构成，即"原则性"参与、共同动机和联合行动能力（Emerson et al.，2012）。

总的来看，现阶段学界关于协同治理的理解至少包含如下几点要素（王俊敏、沈菊琴，2016）：第一，协同治理的目的是解决具有外部性的公共问题，是对公共池塘资源问题、制度性集体行动困境的回应；第二，参与者不局限于政府部门，而是所有与解决公共问题利益相关的行动者，行动者基于自身禀赋共享权力；第三，行动者之间的关系嵌入在社会网络之中，表现为正式或非正式的制度安排。

协同治理理论的协同特性、复杂体系、多元变量，与多样的社会治理问题相耦合，既强调多元化的协作参与，又讲究系统的有机统一，因此作为一种治理研究的范式与理论受到学界追捧，尤其表现在环境治理议题上。

2.2.3　环境协同治理概述

长期以来，生态环境治理理论研究领域已经形成了政府主导的强制性治理、市场治理机制、社会或社区自治三种不同的制度安排（李礼、孙翊锋，2016），但其均存在自身的缺陷和不足。其中，政府由于有限的信息、对私人市场反应和对官僚的有限控制以及政治过程带来的局限性，及其自身作为具有自利动机的理性经纪人，容易导致生态环境治理系统性失灵（Pigou，1932；褚添有，2020）。而基于市场逻辑来解决生态环境问题易产生消费或供给不足或因交易成本高昂而望而却步的结果（Anderson & Leal，1991）。社会组织因受自身先天发育不足和后天政治、经济、社会等诸多因素的制约，在生态环境治理方面也会陷入"失灵"的困境（李康，1999）。因此，加强生态环境的协同治理是新形势下的必然选择。

　　然而，由于公共事务的治理体制有着各自特定的演进逻辑和既定的体制框架，同样，权责划分也因不同事务领域（例如大气、水、土壤、固体污染物）以及这些治理具体对象的不同特性而呈现出不同的形态，因而环境协同治理并无一套普适性的分析框架。下面将重点就流域环境治理和大气环境治理两个特定议题下的协同治理展开介绍。

　　（1）流域协同治理

　　地理意义上的流域，是指贯穿河流的源头和河口，由所有分水线所组成的集水地理区域；但流域的真正意义是一个以水为核心要素，由土地、生物等自然要素以及与此相关的经济、社会等人文要素所构成的复合系统（冯慧娟等，2010）。虽然我国流域生态治理已取得了一定成效，但由于流域的行政区域管辖分割和不同职能部门分管，我国流域生态治理模式仍然呈现出"纵向分级、横向分散""条块结合、以块为主"的碎片化问题（彭本利、李爱年，2019）。因此，流域治理必须打破行政区划和职能部门的界限，实现各主体协同治理。

　　协同理论对于分析流域协同治理具有很强的恰切性（王俊敏、沈菊琴，2016）。其一，协同学把治理主体看成由功能或性质不同的子系统构成的系统，而流域治理本就是一个由各流域政府、企业、社会组织、公民组成的复杂系统。其二，协同学认为，系统本身应该是开放的，而流域治理的复杂性和高成本要求治理系统与外界以及各子系统（各流域政府之间）进行持续的信息、物质和能量交换，从而决定流域协同治理需要建构一个开放的系统。其三，协同学的"序参量与役使"原理认为，在影响系统运行的众多因素中，存在着影响系统有序运行的关键因素——"序参量"，它与其他变量之间是奴役与伺服关系，是决定整个系统宏观结构的关键变量。而流域协同治理涉及诸多影响因素，需要我们找到促进跨域水环境治理系统有序运行的关键变量——"序参量"，剔除影响流域治理系统的次要因素，从而更简单直观地把握系统的运行状态。诚如迈因策尔所言，"在复杂系统中，不必（也不可能）计算原子的所有宏观状态，找到几个序参量，你就了解了复杂系统动力学"（史献芝，2019）。

　　（2）大气协同治理

　　相较于流域协同治理，跨域大气污染的治理呈现出更为开放和交织的特征，例如污染的无边界性、多重复合性等，因此，协同治理之于跨域大气污染治理，至少有三项特殊性尤须注意（魏娜、赵成根，2016）。

其一，协同治理首先是政府间的协同治理。大气既不同于可以明确界定产权的私人物品，也不同于由一个可清晰界定的群体共享的共有物品，不可能通过私有产权的确权或者民间多元共治来很好地实现治理，而是需要国家的更大干预力度。

其二，协同过程的平等性与主导性问题。跨域大气污染治理的范围涵盖了多个行政区域的政府主体，这些地方政府主体之间在行政层级、跨域大气治理中的权、责、利关系应当是平等的，不存在从属关系，这就需要发挥中央政府的主导作用，以解决平等主体间集体行动的困境。

其三，协同规则的共性与个性的平衡。协同过程不仅仅是一种治理资源的分配过程，更是一种分配规则或游戏规则的建立过程。协同治理大气的各地方政府主体须制定共同的规则，建立彼此信任与合作的良好基础。且由于各地之间在大气主要污染物、污染浓度等方面的差异，需在共同规则的基础上制定与本地实际相结合的个性规则。

概言之，环境协同治理是区域高质量发展的必然要求，是以生态文明为建设目标的区域复杂系统的一种实现形式，是以绿色发展为特征、循环经济为手段、生态良好为标志，集竞生、共生、再生、自生为一体的有序演化和共生协调的新模式、新阶段。

2.3　整体性治理

从公共行政的发展历程来看，最有代表性的三种治理模式分别是传统官僚模式、新公共管理模式和整体性治理模式。整体性治理理论作为一种新的理论范式，其出现不仅是对传统公共行政衰落的回应，而且是对自 19 世纪 80 年代以来新公共管理改革所引起的碎片化问题进行的战略性修复，更是信息技术迅速发展助推的必然结果。

2.3.1　从"整体性政府"到"整体性治理"

英国学者 Perri 是整体性治理理论的首创者，他提炼总结英国地方治理实践案例，创设了整体性治理理论。整体性治理理论经历了从"整体性政府"走向"整体性治理"的嬗变历程，具体可以分为三个阶段：理念倡导、实践检视、理论提升，这三个阶段可以基于整体性治理理论的三部著作进行全面地展现。

（1）整体性治理的理念倡导阶段

Perri 于 1977 年出版了《整体性政府》一书，他在书中明确指出了政府流程再造，即"整体性政府"的概念，进而又提出了"整体性治理"理念。Perri 通过剖析文化、教育、卫生等领域的大量真实案例，提出了整体性政府的社会背景和治理目标。他认为政府之间以及政府职能部门之间过分强调专业划分等裂解性问题，是"碎片化"治理产生的主要根源。而传统的官僚制模式存在诸多弊端，诸如管理层级约束的组织结构、部门行政缺乏整体协调、过分强调过程而忽视结果等。Perri 对此提出了切实可行的解决方案，即在未来建立四种政府组织形式，包括建立跨部门协调的整体性政府、建设文化创新型政府、建设注重预防而非治理的前瞻型政府、注重结果的服务型政府。

（2）整体性治理的实践检视阶段

这一阶段的代表性著作为《圆桌中的治理——整体性政府的策略》一书，其系 Perri 与 Diana Leat 于 1999 年共同出版，重要贡献是将整体性政府理念演变为具体的实践策略。Perri 等人认为，由于政府内部纵向的不同管理层级与横向的不同职能部门之间缺乏有效的沟通与协调，新公共管理理论主张的许多改革举措不仅不能实现预期目标，而且还导致公共政策制定严重脱节、公共政策执行渠道不畅通。新公共管理理论过分注重效率，过分强调专业分工和职能分工，从而导致治理中的碎片化现象，解决这些问题的最佳选择是通过整合和协调，最终建设一个整体性政府。

（3）整体性治理的理论提升阶段

这一阶段的代表性著作是，2002 年 Perri、Gerry Stoker、Diana Ye、Kimberly Seltzer 等学者在上述两部著作的基础上出版的《迈向整体性治理：新的改革议程》。专著进一步阐明了"整体性治理"的概念，全面论述了整体性治理范式，最终以"整体性治理"研究替代了"整体性政府"研究。从理论视角来看，书中将整体性治理细分为三大阶段，即政府组织间政策目标与执行手段相互协调的形成阶段、信息互通与消除认知差异的协作阶段、执行机制和实施方案设计的整合阶段。从实践视角来看，书中论述了政府组织之间建立信任机制、推进合作与对话、运用信息技术建设信息化政府以及形成整体预算体系等问题。同时指出，"协调"是克服碎片化治理走向整体性治理的关键因素，有助于解决权力下放和集体行动所造成的棘手问题。

自 21 世纪以来，新西兰、澳大利亚等国家通过引入整体性治理理论并充分发挥信息技术的作用来建立整体性政府。而将整体性治理理论引入国内和本地化的并不乏人，竺乾威从新公共管理理论的衰落到整体性治理的兴起，作了全面详尽的论述，指出后新公共管理时期政府运作和部门协调应从分权化向集权化、从部分到整体、从碎片到整合（竺乾威，2008）；周志忍是介绍西方整体性治理理论的先驱者，他翻译出版了《网络化治理》一书，系统地总结和梳理了整体性政府的概念意涵、体制机制和权力运行等内容，为我国政府实施整体性治理提供了理论参照（周志忍，2008）。

2.3.2　核心观点：协调、整合与信任

起源于 20 世纪 90 年代中后期的整体性治理理论，不仅使治理的理论内涵和实践价值

得到了极大的深化和提升，而且促进了治理模式的转型升级。如表 2-2 所示，我国台湾地区学者彭锦鹏从管理理念、组织形态、权力运行等 12 个方面，将传统官僚制、新公共管理与整体性治理三种治理范式列表比较分析，全面系统地梳理了整体性治理与其他治理范式内容上的差别（彭锦鹏，2005）。

表 2-2　三种治理范式

范式	传统官僚制	新公共管理	整体性治理
时期	19 世纪 80 年代以前	1980—2000 年	2000 年以后
管理理念	公共部门形态的管理	私人部门形态的管理	公私合伙/央地结合
运作原则	功能性分工	政府功能部分整合	政府整合型运作
组织形态	层级节制	直接专业管理	网络式服务
核心关怀	依法行政	运作标准绩效指标	满足公众需求
成果检验	注重投入	注重产出	注重结果
权力运作	集权	分权	扩大授权
财务运作	公务预算	竞争	整合型预算
文官规范	法律规范	纪律与节约	公务伦理/价值
运作资源	大量运用人力	信息科技	网络治理
政府服务项目	政府提供大量服务	强化中央政府掌舵能力	政策整合解决公众生活问题
时代特征	政府运作的逐步摸索改进	政府引入竞争机制	政府制度与公众需求高度整合

资料来源：彭锦鹏. 全观型治理：理论与制度化策略[J]. 政治科学论丛（中国台湾），2005，（03）：23，61-62.

总体而言，整体性治理注重以整体性为价值追求，充分应用信息技术为主要治理工具，建立整合、协调与信任为主要治理机制，以满足社会公众需求和解决突出问题为主要治理目标导向，从而"从分散走向集中、从部分走向整体、从碎片化走向整体性"。

（1）协调是整体性治理的首要概念

整体性治理话语体系中的协调，是指"在信息、认知和决策方面理解相互干预和参与的必要性，而不是不精确的具体行动"。整体性治理所强调的协调机制不仅包括协调行动者之间的利益关系，还包括协调行动者与整个网络之间的合作关系。其特别关注治理目标与手段之间的协调配合，对此，Perri 提出了由目标和手段两个维度构成的分析框架（见图 2-5），每个维度又分为相互冲突、相互一致但不相互增强及相互增强三个层次，由此构成五种不同的政府类型（Perri，2002）。

整体性理论普遍认为，贵族式政府、渐进式政府和碎片式政府均已不适时宜，虽然协同型政府取得了长足发展，但只能通过强力整合才能实现向整体性政府治理迈进。Perri 将整体性政府看作是比协同政府更高层次的政府模式，协同政府问的是"我们能一起做什么"，而整体性政府问的是"需要谁参与，并在什么基础上来获得我们在此真正想要的东西"，两者区别主要在于目标和手段的相容程度。

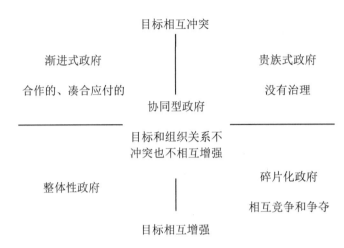

图 2-5　治理目标和治理工具的关系

资料来源：Perri, 6. Towards Holistic Governance: The New Reform Agenda. New York: Palgrave, 2002(6): 31.

（2）整合是整体性治理的核心概念

　　整体性治理话语体系中的整合，是指"通过为社会公众提供满足其诉求的、无缝隙的整体性服务，以实现公共利益最大化整体性治理目标"。政策内容的碎片化和政策利益的部门化并不是由政策内容所决定的，而是由政策制定的体制机制所决定的，因此通过政策整合实现政策的一致性已经成为历史，探究全新的整合方式是整体性治理追求的改革方向。整体性治理注重于政府内部职能机构或部门之间的职能整合，并旨在构建一个三维立体式的整体性治理整合模型，如图 2-6 所示：

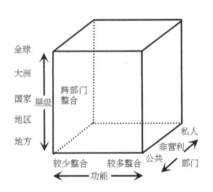

图 2-6　整体性治理的立体整合框图

资料来源：Perri, 6. Towards Holistic Governance: The New Reform Agenda. New York: Palgrave, 2002(6): 31.

　　该模型包括三个层级的整合：一是治理层级的整合。涵盖全球、大洲、国家、地区和地方五个不同的治理层级，通过网络技术和有关数据保护协议从而使不同的治理层级连为一体，共同应对日益增长的"跨境"性的公共性问题。二是治理功能的整合。将拟整合的功能融合到同一个组织，也可以在相近功能的部门或交叉重叠的部门之间进行功能整合。三是公私部门之间整合。许多工作可以整合到公共部门、志愿组织或私营业主公司，从而促进公私合作伙伴关系良性发展。据此，可以形成以治理层级整合为高、以治理功能整合为宽、公私部门整合为长的三维立体治理模型。这意味着，任何复杂而棘手的公共问题都应当放置于多时空结构、多种方式、多元主体参与的整体性治理图景中，才能得到根本有效的解决。

（3）信任是整体性治理的关键概念

整体性治理话语体系中的信任，是指"多元主体之间不同的行动者和组织，在没有法律法规、权威领导或价格机制运作的背景下，有机联合共同行动的黏合剂或是核心凝聚力"。信任具有不确定性、易逝性和风险性。如何做才能保持整体性治理信任呢？Perri 认为，应该着重考虑以下八个方面：①与其他机构进行合作对话；②培育既合法合规又熟练利用组织信息资源和沟通渠道的"新领袖人物"；③当跨界合作蕴含一定风险时，管理者要高度容忍其不确定性；④对跨界行动者的有效监督较少时，独立行动且成功的机会就会增多；⑤建立有效承诺；⑥利用零散的团队、分散的组织结构，推动基层官员和专业技术人士尽可能少地抵制整体运作方式；⑦制定出台激励政策，在专业设置、职位配置和薪酬发放等方面采取一些非正式的方式来正向激励一些人从事跨边界工作；⑧加大培训力度，使各级人员清楚了解整体性运作的具体要求，从而不断提高治理效能（Perri，2002）。

2.3.3　环境整体性治理

整体性治理理论作为政府治理的新模式，虽然是基于对新公共管理理论的修正，但其在管理机制和运行机制上具有独特的优势，在环境治理"碎片化"问题上有借鉴意义。具体来说：

第一，从治理理念上，整体性治理理论强调公民需求为问题导向与环境治理的理念是一致的。早在 2013 年 4 月，习近平总书记在海南考察时就强调："良好的生态环境是最公平的公共产品、是最普惠的民生福祉。"生态环境质量的提高已经成为每一位公民的需求。作为公共产品，各国政府均将环境治理列入公共治理能力范畴内，承担着区域环境质量主体责任。

第二，整体性治理理论强调整合、协调、信任和责任感，这与地方政府环境治理公共性价值取向是一致的。环境治理是一种综合性强、覆盖面广的公共管理活动，公共性是其价值属性。整体性治理理论将不同利益主体之间的利益冲突进行化解，以人类公共生态环境的福祉为价值取向，通过促进各主体的互动与合作，建立统一、协调、持续的治理模式。

第三，整体性治理理论强调信息化技术的应用，符合地方政府环境治理要求。作为适应信息时代的产物，整体性治理利用技术作为实现制度改革、流程再造和治理模式变革的重要手段和保障，为公众提供均等公共服务。而环境治理同样涉及多方部门信息，需要以信息化技术手段整合的形式通过云储存、大数据等信息手段进行共享，以实现效率最大化。

2.4　从"集体行动问题"到"制度性集体行动框架"

2.4.1　集体行动理论

（1）重复囚徒困境

上一节总结了为什么集体行动问题是社会利益最大化的主要障碍，于是学者们开始关注另一个重要而简单的问题："在利己主义者的世界里，在什么条件下会出现合作。"（Axelrod，1984）第一个解决方案是在 Axelrod 关于自发进化的开创性研究中提出的合作。通过编程无限期重复的囚徒困境博弈，他找出了参与者的最佳策略。这种策略被称为"以牙还牙"，它要求参与者在第一步开始合作，然后按照对方在上一步所做的去做。他们以合作回报合作，但以背叛回报背叛。这听起来很简单，但事实证明，这种"以牙还牙"的策略最终会在集体观点中占据主导地位，因为功能失调的竞争形式会被"挑选出来"，参与者之间更有可能形成一种共生关系（LeRoux，2006）。在适当的条件下，基于这种互惠的合作甚至可以在敌对方之间发展。Axelrod 的主要贡献是他发现了使合作成为可能的是参与者可能再次互动的事实（Wood，2004）。这种观点与市场体系具有自我调节能力的信念相悖。

根据 Tiebout（1956）对地方治理的准公共市场体系的阐述，如果公民对地方公共服务的偏好不被干预，一个类似于市场的"用脚投票"分类系统将产生配置效率，从而在集体层面产生帕累托最优。在这种情况下，地方政府之间不需要合作。但是，如上所述，在共同生产公共品的过程中，机会主义行为的出现导致了公共品的扭曲偏好排序系统，结果，帕累托效率不能在局部系统中存在。同样，这一顺序的核心是不可避免的集体行动问题的社会现象。通过重新定义相互作用假设，将囚徒困境的结构从零和博弈转化为正和博弈，参与者之间相互调整的可能性大大增加。

许多研究试图将这种模式应用于地方治理领域（Feiock，2004a）。然而，实证研究的结果并不一致，有时甚至显示出与理论预期相反的证据。虽然对未来互动的考虑显然阻碍了地方政府追求机会主义的战略，但这是否能成为合作战略的主要决定因素则值得怀疑。关于经验复杂性，另一种学派认为，环境因素应包括在地方决策者的协作功能中，这个学术团体被称为"新制度主义者"。

（2）新制度主义

不管理性假设是什么，"选择"是贯穿重复囚徒困境和新制度主义的核心概念。理性的经济学定义通常是指在净收益最高的竞争选项中进行选择。然而，在公共行政领域，行动的目的并不限于利益最大化。公平等其他公共价值与经济或效率同等重要，而这个严格定义的理性概念更像是无稽之谈。此外，个人做出选择不仅基于理性计算，还基于规范、规则和其他社会价值，因此坚持经济理性的假设弊大于利。Axelrod 清楚地承认了这一限制，指出在反复的囚徒困境博弈中，理性不一定是一个假设。对于制度主义者来说，特别是那些在传统的理性选择视角下工作的人，理性的假设仍然是不可避免的。建立一个优化的决策环境是首要的政策目标，在这种环境中，最重要的组成部分之一是对制度基础结构的准确理解，而这种制度基础结构制约着战略决策（Axelrod，1984）。

制度主义者对此的兴趣集中在合作友好环境的经验探索上。从大量的归纳研究中，Ostrom 和她的同事们发现，在某些情况下，理性的个体会选择合作策略，而不是搭便车。根据 Ostrom 的观点，最有效的促进集体行动的选择是在缺乏中央权威的情况下个人的自组织。虽然自组织的过程本身暴露在可能的集体行动问题中，当然也有许多成功的报告，这导致了整体上的集体利益。自组织机制被认为是市场的一种替代。Ostrom 和她的同事声称，在自我组织过程中治理、市场固有的问题和利维坦模型都可以成功解决（Ostrom，1990）。该框架设想了一个治理系统，通过"自愿遵守，普遍接受"的规则结构和对不遵守规则的人使用制裁来克服集体行动问题（LeRoux，2006）。由于所有集体行动都是自愿的，没有任何参与者可能在未来容易面对报复的情况下剥削他人。与此同时，缺乏中央权威使体制基础结构能够反映行动者的真正偏好。十年后，Ostrom 结合了社会的概念，进一步完善了她的观点，将资本和信任纳入她的制度框架。

新制度主义的基本观点是，个体的行为和选择是有价值的，其本质上受到各种制度的约束，如规则、规范和标准程序。尽管给制度下定义的困难仍然普遍存在，但制度主义者认为，对社会行为的认识如果没有对语境的清晰理解，从根本上来说是有缺陷的。同一个体之间的个体行为和相互作用必然"嵌套"在制度基础结构中（Tsebelis，1990）。从制度框架来看，选择是有偏见的，因为制度的创建和维护是为了保护只为社会的一部分服务的狭隘利益（Knight，1992）。在这种背景下，即使是理性选择的策略最终也会被嵌套在制度环境中，理性的概念应该被描述为"有界的"。此外，有可能认为，理解基于嵌套或有限理性的集体行为是对规范行为者之间社会互动的制度的理解。因此，为了解释集体行动或合作，在此之前应明确理解社会行动者之间的制度化关系。

（3）关系视角

社会行动者并不总是在理性计算的基础上做出选择。完美理性的假设被批评为不切实际（Green & Shapiro，1994），而且除了纯经济分析的案例外，社会科学的近期研究一般很少采用理性的严格版本作为选择机制。与此同时，研究集体行动的跨学科方法日益增多，这为政治学家和公共管理学者引入不遵循理性选择传统的其他理论框架，如社会资本理论或网络分析提供了机会。这些新观点以惊人的速度获得了学术界的关注，因此大量的新研究可以从他们的创造性中获益。在战略选择中，理性必须在假设水平上发挥作用，从而使成本和收益的个体计算成为可能。相比之下，在关系方法中，行为策略可以是理性的选择，也可以由其他标准（如规范、文化和社会价值观）强加。在方法上，从个体属性导出的变量保持相对稳定，而关系变量则在不断演化，从而能够准确解释环境因素的影响。他们的主要贡献来自于对关系的理论关注。这是一个在某种意义上社会科学的新转折，一些社会现象可以通过检验多个行动者的相互作用得到更好的解释。行为理论包括仅依赖于所选变量属性的方法（Ragin，1987）无法解释案例中的方差。相反，关系方法允许操纵关系变量，如关系强度或关系模式，来解释这些差异（Powell，1990）。

　　这与关系方法的第二个重要理论进展是密切相关的。他们对理性的解释，如上所述，集体行动是个人的总和。必须指出的是，理性并不意味着选择的普遍性。理性选择必然是"嵌套的"，因为它们"只"在给定条件下是理性的。同样的选择在另一个时间或另一个环境中是不合理的。一场关于经济活动"嵌入性"的著名辩论也说明了理性选择概念的邪恶（Granovetter，1985）。

　　网络的出现反映了公共行政领域的日益增多。对现有治理体系的不满，包括市场和等级制度（Frederickson，1999；O'Toole，1997；Powell，1990）。后现代社会中等级制度的局限性是不言而喻的，自 20 世纪 80 年代以来，人们就一直在争论等级制度。等级制度在提供公共服务方面缺乏信心、效率低下甚至无效是不可否认的。然而，从相反的方向，转向市场解决方案似乎也没有预期的那么成功。官僚主义对结构改革的抵制仍然十分强烈，而缺乏业绩衡量制度使评价组织的效率受到严重怀疑。然而，改革运行中的种种困难，其核心在于对市场体系的误解。市场系统是在匿名假设下运行的。演员不会想象未来与同一角色互动的可能性。价格被"假定"为市场系统中的每一个参与者提供完美的信息，竞争被"假定"产生配置效率。然而，正如前一节所解释的，一个完全基于价格机制运行的市场系统在捕获特殊的、复杂的和动态的交换（Powell，1990）。在一个相互依赖已成为现状的世界中，关于资源交换路线的信息与关于交换数量的信息同样重要。这些交换路径或资源交换路径通常称为"节点"之间的"纽带"（Burt，1992）。促使这些节点相互协作的因素不是需求和供给的推动力，而是相互规范的强度和相互信任。连接形成网络，而可持续的网络有望大大降低交易成本。网络系统是折中的，因为它像市场系统一样灵活，而它的内部行为者之间的关系像等级组织一样持久。从理论上讲，治理体系的网络形态可以同时包含灵活性和稳定性的价值。

　　互惠和相互信任规范构成了社会资本理论。Putnam 对意大利区域经济发展的纵向分析，常被视为社会资本研究传统的基石。他还通过积极采用制度范式，提出了集体行动的网络视角（Putnam，1993）。与 Ostrom（1990）和 Powell（1990）不同，他将国家和市场概念化为"公民"背景下的互补（Putnam，1993）。他提出，让集体行动成为可能的不是治理体系本身，比如市场或等级制度，而是这些体系与公民传统相互交织的制度节点。因此，只有当决策者充分了解公民背景和社会生活规范时，才能实现集体行动。Putnam 认为，具备社会行动者之间的互惠规范的社会或地区更有可能克服集体行动问题并共同繁荣。

2.4.2 区域治理中的集体行动问题

近年对公共行政领域合作政策活动的研究兴趣反映出政策问题日益复杂。合作与共治成为一种趋势，并且对治理者而言是有利的。首先，给定的发展能力，政府本质上在行政边界内的可用资源是有限的；其次，这些资源通常是广泛分散在社会的不同范围内；最后，一个协作策略的预期效益比独立发展政策的努力成果更大。因此，为了利用管辖边界以外的资源，公共管理者更倾向于采取协作的政策策略，而不是坚持权威的命令和控制系统。然而，经济发展的合作办法不一定容易做到完全适用。集体行动问题发生在理性的个人选择不会带来最佳集体利益的情况下。理性的个体若非在集体中的个体数量极少或存在压迫等其他特殊压力的情况下，其选择会最大化自己的效用而非实现群体利益（Arrow，1951）。所有的公地悲剧、囚徒困境以及集体行动的逻辑代表了个人在追求集体目标时应该面对的相同现象。每一种模式的核心都是搭便车问题（Olson，1965；Ostrom，1990），当公共产品的提供受到争议时，这种问题尤其普遍。由于这些商品通常是非竞争性的，对它们的消费是非排他性的，因此个体都有一种强烈的动机，不贡献自己那部分的生产成本，而是免费利用他人的努力（Olson，1965）。但是，如果所有的参与者都选择搭便车，那么集体或社会的利益就无法得到保证，因为"个体理性不足以满足群体理性，没有理由假设一个群体会为自己的利益而行动"。因此，每个人对自身利益的追求导致了对所有人都不利的结果（Axelrod，1984）。

区域治理，包括多个自治地方政府，已被视为集体行动问题的一个例子。每个地方政府都不愿意放弃自己的利益，并尽可能把任何发展成本转嫁给其他政府。此外，官员追求短期利益的行为往往会牺牲那些可能在未来产生更大效益的长期和耗时的项目。正是在这样的背景下，最基本的问题被提出，"谁治理？"（Hall，2004）。区域治理改革在追求集体利益和区域利益的方向上存在着三种对立的思想流派。虽然它们在相当大的程度上彼此相似，但它们解决公共部门效率低下问题的办法当然是不同的。此外，每一种观点的几个论点都值得更深入地研究。

2.4.3　制度集体行动框架：概念关系及关键假设

"制度集体行动框架"最早出现在《都市治理：冲突、竞争和合作》中，在 21 世纪初，Feiock 和他的同事开始塑造这个框架的发展。例如，Carr 和 Feiock 探讨了在美国，如何将地方间协议用作在政治上比市县政府合并更可行的替代方案（Carr & Feiock，2004）。Feiock 和 Scholz 研究了当局如何以及何时使用不同形式的治理——从自组织网络到集中协调——来解决分散或共享的政策领域中的集体行动问题，这些政策领域包括大都市地区的服务提供、河口管理、应急服务和水治理（Feiock & Scholz，2010）。该实证工作，结合发展 ICA 理论的尝试（Feiock，2007；2009），形成了迄今为止 ICA 框架最全面的部分（Feiock，2013）。

（1）概念关系

图 2-7 展示了一个显示 ICA 框架中关键概念及其关系的模型。表 2-3 总结了这些概念的定义。该模型的灵感来自于 Ostrom 的"个人选择的内部世界"，模型解释了管理公共资源的集体行动（Ostrom，1990）。

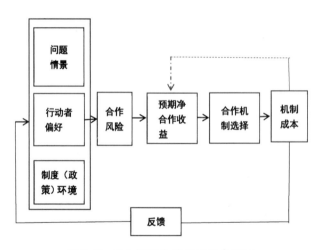

图 2-7　ICA 框架中的关键概念关系

资料来源：作者自制。

这个模型简化了我们对如何解决 ICA 问题的理解。由图 2-7 中最左边的框表示的上下文决定了协作风险的程度和类型。问题情景最初被视为一组外生的因素，但这些因素会随着时间的推移而改变和发展。环境的特点有三个因素：问题的性质、行动者的偏好和可以进行合作的现有政策。首先，基础 ICA 问题的本质是由商品或服务的属性以及协作问题的复杂性、范围和类型来描述的。其次，行动者的偏好或偏好分布（Feiock，2013），塑造了行动者的目标以及他们追求这些目标的行动。参与者的偏好可能具有异质性或同质性，这被认为会形成合作风险（Deslatte et al.，2018）。第三，现有政策是行动者先前相互作用的规则，包括政治、社会和经济政策。根据具体情况，参与者现有的合作或网络可能是解决 ICA 问题的催化剂或障碍（Tavares & Feiock，2018）。

图 2-7 中右移的下一个概念是合作风险或合作可能无法实现集体目标的可能性（Carr et al.，2017；Hansen，1999）。协作风险的概念是 ICA 框架最重要的见解之一。当协作对所有参与者都有利时，协作的失败也会阻碍这些利益的充分实现。按照 Maser 的观点，ICA 框架将合作风险分为三类问题：协调问题，即无法协调互利机会；分配问题，即难以就集体利益和成本的分配达成协议；以及背叛问题，即参与者不遵守协议的可能性。对于协调问题，所有的参与者都有相同的利益，因此风险通常是信息或技术方面的，例如没有足够的信息来确定联合采购的合作者。分配问题往往更困难，因为虽然参与者在合作中拥有相同的利益，但他们在共同利益的分配上存在分歧，因此谈判成本更高。背叛问题是一种行为风险，其他各方可能通过隐瞒信息、逃避或背叛承诺而采取机会主义行为。向合作伙伴发出可信的承诺被认为是建立信任和克服背叛风险的关键（Maser，1998；Feiock，2013）。

表 2-3　ICA 框架内的关键术语和定义

概念	定义
情景	参与者协同的情景
问题的性质	行动者所面临的 ICA 困境的基本特征
参与者偏好	行动者的政治、经济和社会需求
现有的制度或政策	参与者相互作用的结构或规则
合作风险	合作无法达成集体行动的可能性
协调问题	无法调和互惠互利的可能性
部门问题	难以就集体利益和成本达成协议
背叛的问题	行为者不遵守协议的可能性
预期净收益	预期收益减去预期合作成本
预期效益	期望的经济，社会和政治利益的合作
预期成本	制作和维护协作的预期成本
集成机制选择	整合集体决策的协作方案安排
机制的成本	与集成机制相关的交易成本
自治的成本	与牺牲局部自治相关的交易成本
决策成本	与信息搜索、议价、协商整合机制

资料来源：作者整理。自制。

协作的净预期收益是与合作相关的预期效益与预期成本的比较，决定了行为主体合作或不合作的偏好。当预期净收益较高时，参与者更有可能参与合作，反之亦然。预期收益包括政治、社会和经济共同利益，预期成本包括时间以及实施和维持合作所必需的资源，以及因合作失败而受损的政治或社会关系。因此，参与者在决定是否合作以及选择什么样的集成机制时会权衡成本收益。预期净收益是由合作风险形成的，合作风险涉及行动者的决策偏见、约束和风险规避。

整合机制选择是行动者为解决集体行动问题而形成的制度安排选择。整合机制在两个维度上有所不同：它们的复杂性水平和它们限制相关行为者自治的权威水平（Feiock，2013）。复杂性随着所考虑问题的数量和/或情景中涉及的参与者数量的增加而增加。合作机构的权威程度与地方行动者牺牲其自主权的程度相对应。

机制成本，是限制集体行动机会的交易成本。交易成本包括决策成本和自主成本，它们是集成机制选择的关键驱动因素。"决策成本"——包括搜索信息、谈判和讨价还价的成本（Williamson，1979）——随着与集成机制相关的复杂性和权威水平的增加而增加。例如，处理洪水的集成机制——它可以是多级的（国家、区域、城市等）。多功能比处理单一层次和单一功能问题的一体化机制更复杂，涉及更高的决策成本。

自治成本包括牺牲局部自治的成本，以及监督和执行协议的成本。所有的合作都产生了一些自主权成本，因为每个参与者通过放弃一些权力和合法性而"空心化"（Sullivan & Skelcher，2002），因为参与者拥有共同的决策所有权（Gray，1989）。随着与集成机制相关的权威和复杂性水平的增加，自主性成本预计将会增加。例如，在强制性或强制的整合机制下，参与者必须牺牲更多的自主权，监控和执行整合比自愿、自组织的协议更昂贵（Tavares & Feiock，2018）。与决策复杂性和自主性损失相关的机制成本反映在预期成本中，即协作的预期成本。

最后，模型假设一个反馈回路连接机制成本发生在时间 t 和合作风险发生在时间 *t+1*。相关的反馈形成了如下关键假设。

（2）关键假设

ICA 框架建立在五个理论传统之上：集体行动（Olson，1965；Ostrom，1990；2005）、地方公共经济（McGinnis，1999；Ostrom et al.，1961）、交易成本经济学（Williamson，1979）、社会网络理论、社会资本和政策工具的交叉部分（Coleman，1988；Putnam，1993；Salamon，2002）、政治市场（Feiock et al.，2008）。相应的，构建了六个重要的基本假设：

第一，公共服务组织是理解 ICA 问题和如何解决这些问题的主要（但不是唯一）分析单位。虽然 ICA 框架基于个人行为的模型（Feiock，2013），但该框架的一个关键目标是扩展该模型，以理解治理中组织和制度层面的集体行动的出现和持久性。公共服务组织通常包括国家、区域和地方各级政府；公共和准政府机构、部门；非营利和非政府组织；提供公共产品和公共服务的民间组织和企业。

第二，组织决策者是有限理性的，处于社会构建的环境中，并基于合作风险和回报来决定他们参与集体行动的决策。ICA 框架假设决策者寻求集体行动的利益最大化，但最终会"令人满意"或选择第一个解决方案，使他们摆脱目前的困境。对合作风险和回报的感知是主观的，行动者准确评价合作风险和回报的能力有限。行动者的"记忆、身份和狭隘价值观可能规定或阻止集体解决问题"（Andersen & Pierre，2010），使有限理性的集体行动选择进一步复杂化。考虑到这些认知局限性和主观性，ICA 框架认为，当集体行动问题更加复杂和包容，并且更多的参与者参与合作时，解决集体行动问题往往会更加困难。

第三，协作风险折现了协作的净预期收益。当协作风险较高时（例如，当合作伙伴更有可能采取机会主义行为时），协作的预期收益就会打折扣，因为协作失败的可能性更高。当协作风险较高时，协作的预期成本也较高，因为参与者寻求更包容和权威的整合机制来降低行为风险（Tavares & Feiock，2018）。因此，协作的净预期收益随着合作风险的增加而降低。

第四，集成机制的选择由协作的净预期收益决定。ICA 框架假设集成机制的选择是由协作的净预期收益决定的（Feiock et al.，2009）。然而，净预期收益是由协作风险决定的。因此，协作激励反映了给定协作风险水平下的预期收益和预期协作成本之间的差异。

第五，合作风险会因集体行动的结果而改变。例如，随着时间的推移，合作风险可以通过在参与者之间建立信任和互惠（Deslatte et al.，2018）和围绕环境制定整合机制（Tavares & Feiock，2018）来减轻。集体行动的未来回报，或协作的预期收益，在很大程度上受到当前集体行动的成功或连续性的影响（Ostrom，1990）。例如，通过先前建立的非正式关系产生的社会资本减轻了合作风险，并加强了目前正式协议的强度（Krause et al.，2016）。

第六，虽然更权威的机制会带来更高的决策和自治成本，但这种机制可以减少行为不确定性，从而降低合作风险。ICA 框架假设，在解决集体行动问题的同时施加最小交易成本的集成机制是最优集成机制选择（Feiock，2013；Kim et al.，2022）。然而，更广泛和权威的集成机制可以更有效地解决具有更大协作风险的 ICA 问题。包括约束参与者行为的监控机制可以增加整合机制解决集体行动困境的可能性（Andrew et al.，2012）。此外，如果更权威的机制有效地克服了 ICA 困境，协作风险可能会因此而降低，这可能会允许未来使用更不权威的集成机制。

2.5　区域环境共治的网络关联理论

环境治理是一系列有利于环境保护、防止环境污染的政策、制度、机制以及组织模式等的统称（马捷等，2014）。近年来，有关环境治理的研究多集中于某一特定区域范围内，本研究重点关注都市圈、城市群、合作区等环境治理的相关问题。

2.5.1　环境治理的关联性特征

健全的环境治理合作机制是连接的、嵌套的和多中心的，因而具有关联特征。机构和行动者的强大网络在结构上是横向和纵向连接的，这往往是由架起桥梁的组织促成的，其特征是积极的社会关系（Folke，Hahn，Olsson & Norberg，2005）。功能性网络促进了协作、知识和信息交流、创新的扩散（Barnes et al.，2016；Blythe et al.，2017）。在嵌套治理中，决策权力、责任和任务被下放到尽可能低的、最适合行政管理的级别，这使得适当的实体能够自组织、决策和采取行动（Lebel et al.，2006）。较低级别的责任和权力需要与较高级别的充分支持和监督相匹配。多中心治理系统具有半自治的决策和行动中心，分布在多个地点、多个辖区和多个规模，相互作用并朝着一个共同的目标团结一致（Carlisle & Gruby，2019；Ostrom，2010）。多中心性通过提供制度的多样性以及目的和功能上的冗余，有助于在面临逆境时缓冲变化，避免制度崩溃（Morrison，2017）。环境治理的研究开始关注这种关联特征。

第一，由于污染的关联性，污染物的时空变化规律影响着对环境污染的认识及其治理，这种关系十分重要。早期的研究主要关注单一污染物，如 PM10、O₃、CO、NO₂ 和 SO₂ 等的时空变化规律（Johansson et al.，2007；Rooney et al.，2012；Tayanc，2000）及其治理问题。

第二，学者们从不同视角研究环境污染的静态溢出效应，以及这种效应的差异化影响因素。实证研究主要关注环境污染在地区经济发展中的空间溢出效应，以及效应的影响因素。其中，针对 EKC 的实证研究较为典型，尤其是涵盖空间溢出效应与空间依赖性的模型（Rupasingha et al.，2004），对该模型的经验研究显示，区域环境污染对周边具有空间溢出作用（苏梽芳，2009）。另外，也有学者将环境污染的空间溢出效益与地区经济发展水平这一特征联系起来，论证了这一溢出效应的榜样效应和转移效应，其结果表明，环境污染的空间溢出效应会随着相邻区域距离的增加而减弱。更有大量的研究是采用 Moran 指数和地理加权实证检验了城市间排放的空间转移和经济扩散两种效应（Sun et al.，2015）。

第三，考虑动态因素，这一研究主要讨论环境污染的空间分异和空间动态演化规律。在引入 GIS（地理信息系统）分析工具后，研究范围得到拓展，以美国匹兹堡多种污染物空间分布差异为内容，其研究结果显示，地形、季节、海拔等自然因素对污染物在空间上的分布差异均存在影响。基于中心模型，以长三角 16 个城市自 2000 年起 10 年内的 GDP、三废、工业总产值等数据为样本，测算出重心坐标及偏移距离，提出经济重心和工业污染重心转移轨迹和演变特征，并从经济结构、环保投资等方面解析动态演化机理。

第四，环境污染的空间关联与治理行为的关联结合，研究者开始关注行为机理。具体而言，地方政府联动的行为研究成为重点。环境污染和环境质量在空间上的关联性与经济联动存在相互影响关系，在治理中建立联防联控的联动机制十分重要（王立平等，2010）。以大气污染为例，控制措施、区域划分、污染物总量的区际分配和数量控制等具体实施方案的设置和支撑是区域间大气污染联防联控所必不可少的（王金南等，2012）。在京津冀地区，政府间大气污染治理政策的协调性与关联性，制度创新和工具创新的相关性等都是治理有效性得以实现的关键（赵新峰、袁宗威，2014）。区域环境污染的根本在于空间关联，治理的关键在于协同与关联，建立联防联控机制，选择相关技术和方法将直接影响治理效果。

我们看到，环境污染的空间关联无论是理论模型还是技术方法上均有较大的发展，但是与区域联防联控的政策实践之间的相互作用机理等研究仍然未引起足够的重视。

2.5.2　环境治理的网络途径创新

首先，网络的三种途径：政策网络、合作网络与治理网络。政策网络是较早引入的网络研究，其原作用体现在公共资源的配置上，重点关注公共机构、立法机构以及私人部门在公共决策中的交互作用及其影响（Laumann & Knoke，1987）。进一步，在公共品与公共服务供给中呈现的网络构成了"合作网络"流派。合作网络是政府机构、非营利组织、营利机构如何共同合作实现对公共品与公共服务的供给，其价值在于合作网络的行动基于公共利益的代表，这一模式可以实现个体所无法提供的公共物品的有效规模（Agranoff & McGuire，2001）。合作网络是具有异质性的主体，在一定治理领域中通过多样化的纽带关系连接形成的网络结构，可以为多元主体提供数据共享、思想交流以及信任建立的重要途径。第三种途径——治理网络，是在公共池塘治理中使用最多的形态，网络是将协作性的公共品和公共服务提供与集体性政策制定相融合的实体（Klijn & Skelcher，2007）。在公共池塘的治理中，社会系统与自然系统中治理不确定性带来的困境逐渐被意识到（Folke，2006）。这些现实中的治理挑战需要学者们打破学科边界，融合各类方法研究不同利益相关者合作关系，以便找到可以接受的解决复杂问题的途径（Bodin & Prell，2011；Dietz et al.，2003），基于此，网络研究也就被引入环境治理领域中。

其次，网络的治理机制。Provan 和 Milward 提出网络是一种治理机制，网络中两个或两个以上的组织团体，在自组织的相互依存、协作与合作中，更有效地提供了缓解治理困境与提高治理收益的一系列社会基础。这一界定将网络从工具上升到了制度层面（Provan & Milward，2009）。将网络应用到环境治理中，可以从如下几个方面提高利益相关者的合作程度，促进环境治理的改善：推进利益相关者参与监督和制裁机制的意愿（Dietz et al.，2003）；动员和分配有效治理的关键资源（Newman & Dale，2005）；生成、采集和扩散关于合作与治理的知识和信息（Crona & Ernstson，2006）；以及冲突解决（Hahn et al.，2006）。治理网络的研究来自于区域治理、网络治理的交叉融合，它意味着需要从行政的垂直关系向多种形式合作结构转变（Koppenjan & Klijn，2004；Olsson et al.，2004）。这种转变需要重新设计治理制度，减少形式化的过程，更多地关注网络和适应性（Newig et al.，2010；Bodin & Crona，2009）。

最后，治理网络的结构数量特征研究。学者们指出对于治理网络的结构特征，其参与主体的行动信息至关重要，需对其进行详尽的数据收集和处理，以便更加全局地分析治理过程（Newig et al.，2010；Schiffer et al.，2010）。社会网络作为重要的网络分析方法，可以呈现一种或多种关系中的系列参与者所构成的网络形态（Marin & Wellman，2010）。于是，社会网络分析（SNA）被引入区域治理的研究中（Newig et al.，2010）。研究通过治理网络结构的特征指标揭示了区域治理中异质性（Folke et al.，2005）、学习（Holling，1978）、自适应能力、信任等属性以及这些属性与合作之间的相互影响。

环境政策与治理的网络途径是对传统治理方式的有效替代，使得来自不同决策层和不同权利中心的利益相关者广泛参与并积极合作，在知识信息共享中加强了连接关系，累积了社会资本，可以形成良好的环境治理基础。

2.5.3　跨界环境治理的网络研究

网络是由于彼此依赖而构建的联系及其结构机制。地方政府跨界环境合作治理中，由于彼此联系，构建的非正式网络起到了至关重要的作用。网络中资源和信息的交互促进了协调和交流机制的构建，增强了彼此的信誉，使得集体行动困境得到缓解。Taylor 和 Singleton 提出，网络的积极作用是在个人关系构建和分析机制的运行过程中降低了交易成本，而交易成本降低是集体行动困境突破的关键，这一结果使得社区集体行动得以实现（Taylor & Singleton，1993）。当把研究的关注点放在技术层面，即网络分析的基本方法和途径上，那么首先需要考虑的就是社会网络分析的数据源问题。网络分析的基本单元是关系，因此数据源是建立在关系之上的数据。这一研究方法对于我们关注的区域内部各行动者之间的合作和共治等由两个以上主体共同实现的问题具有天然的优势，在区域治理研究中学者们开始使用社会网络方法研究有关合作与共治关系，地方政府之间的协同治理网络，从而解决了二元数据的实证问题。最有影响的研究来自 Thurmaier 和 Wood，他们以美国堪萨斯市的府际协议为基础，研究了公共部门之间经府际协议刻画的公共部门合作网络（Thurmaier & Wood，2002）。实证研究的结论指出，合作网络的优势在于实现了网络行动者之间的利益共享，增进了公共事务的治理效率，提升了合作区域内部网络成员之间的信任和依赖程度，这种信任程度会促进合作网络的进一步积累和发展。研究发现，在公共领域，可以合理地做出理性人假设，地方政府的行为选择是基于理性判断之后做出的，某个特定的行动者在应对公共事务的具体政策或具体项目时，通过合作实现外部性的优化，不但可以提升个体利益，又能实现整体利益的增进（Agranoff & McGuire，1998；Bardach，

1998；O'Toole，1997）。地方政府作为理性的微观个体，在进行合作决策时需要考虑的三个基本要素来自于交易成本、同质性和资源依赖（Feiock et al.，2012）。以理性人假设为基础的研究，在对比合作成本时，影响较大的合作过程的交易成本和不确定性风险，这也是造成合作难以实现的主要困境（Ostrom，1990；Feiock，2009）。尤其在研究集体行动困境时，交易成本成为研究重点，因为交易成本成为影响集体行动实现的重要障碍（Feiock，2013）。在公共领域合作中，地方政府是行动主体，交易成本涉及的内容较为丰富，在大多数情况下，交易成本成为阻碍合作实现的重要屏障。具体来说，在潜在的合作领域范围内，特定环境条件下，影响合作实现的交易成本包括如下几类：第一，信息搜寻成本。信息搜寻成本源自寻求能够实现共赢的，双方形成共识意见的合作方式而产生的交易成本；第二，契约成本。契约成本的产生主要是为了明确合作各方的收益分配方式；第三，监督成本。监督是为了防止合作参与者在合作过程中退出或者不履行协议，最小化违约成本（Scholz et al.，2008；Feiock et al.，2012）。在合作推进的全过程中，参与者会进行成本收益的对比，从而最大化自己的合作收益。并且，这一过程是随着合作的推进而动态发展的，在应对不同的公共事务时，合作参与者会实时更新理性选择，可能选择新的合作关系，而放弃原有的合作关系，合作网络的整体就是在这种自组织的过程中呈现出来的。虽然网络在不断演化发展，但是只要行动者的选择偏好保持不变，那么最终选择的合作关系类型会保持相对稳定。随着时间的推进，被大多数行动者选择的关系类型会成为构成整体网络结构的核心结构，这一结构特征反过来会作用于行动者的行为及其习惯（Berardo & Scholz，2010）。

集体行动困境的突破依赖于地方政府之间特定的网络关系及其结构特征，基于不同结构特征形成的不同路径也是学者们关注的重点。早期的研究主要关注两个方向：社会资本和社会网络。根据社会资本的观点，网络关系需要以紧密的小网络为主，这样才能形成固定的关系，增加成员之间的承诺的可信赖程度，为合作提供具体的解决方案和支撑（Putnam，2000）。社会网络的观点却给出了另一种思路，指出大网络，尤其是跨界网络可以拓展信息的搜寻和交互范围，进而为协调与合作提供有力的解决思路并提供保障。在 Feiock 和 Scholz 二人建立的制度性集体行动理论框架中，合作的交易成本和风险来自于系统问题、分配问题和背叛问题（Feiock & Scholz，2010）。这里当假定分配和背叛风险固定，如果仅仅考虑协调问题，那么可以通过自组织行为构建以弱连接为核心结构的网络关系达到困境解决的目标（Feiock et al.，2012；Shrestha，2013）。加入风险变量后，根据不同的风险程度，行动者的选择会产生变化。目前的研究只能给出在低风险情景中，行动者可以选择交易成本相对较低的机制来克服，而面对高风险情景时行动者将如何做出选择，或者什么机制可以改进高风险困境等问题，研究者还没有给出明确的方向（Feiock & Scholz，2010）。以 ICA（制度性集体行动）理论框架为基础，借助博弈分析思路，Berardo 和 Scholz 界定了制度环境中的协调博弈和合作博弈，并对两个概念的基本差异给出了明确的分析

（Berardo & Scholz，2010）。所有的变量都是在合作推进的过程中发生变化的，随着合作收益的不断增加，参与方之间的信誉和协议的可信赖程度相较于信息收集而言越发重要，这种改变会引导行动者的决策和判断，做出最佳合作伙伴的选择。加入风险条件后，基于不同的风险水平，考虑不同风险水平下的协调与合作两种参与方式，尤其是在风险水平较低的情况下，行动者将更偏好于"桥梁"（bridge）路径。另一方面，理论上已经证明，虽然"捆绑"（binding）路径会带来更多的关系冗余，但是这种冗余关系的积累将带来参与各方的充分信任和彼此依赖，信任和依赖的不断累积，其结果是各自采取策略行为以解决"囚徒困境"，最终实现帕累托最优。之后，如果在复杂多变的环境中需要保持长时间的网络关系就需要构建具备高效监督和惩罚机制的无限次重复博弈,这样一旦出现某一方失信违约，在当期选择以短期利益为重的背叛策略，那么另一方的对策就是迅速获取背叛信息，并选择永久背叛，这一结果的代价就是双方的长期收益减少，合作失败（Axelrod，1984）。在完全信息的假设下，合作各方对这种"shadow of future"（阴暗未来）的背叛前景是有认知的，也就没有任何一方会轻易选择背叛策略。Feiock 明确了合作风险是刻画各参与者在合作过程中付出努力却无法解决集体行动困境的可能性的一种判断和评估。根据这一界定，行动者的行为主要是基于风险识别和判断，以最小化交易成本为目标，进行一系列的决策：合作对象如何选择，合作方式如何选择，以及在什么情景下做出这些选择，这一过程是微观行为与宏观结构的统一过程，大多数参与者选择网络参与的微观行为方式会以结构单元的方式表现为网络整体相对稳定的结构特征，而这些微观的网络结构单元对网络结构的形成及其演进规律都有显著影响，并且这些过程都是可以被观察到的（Feiock & Stream，2001）。

　　虽然已有研究揭示了网络结构特征、形成单元、形成路径及其演化规律。但是，从微观层面而言，核心的网络结构单元如何识别、这些结构单元形成网络结构的机制等研究相对缺乏，进而在核心结构单元中隐含的地方政府自组织行为特征的实证研究也相对缺乏。Berardo & Scholz 开始在这一方向上展开尝试，他们选择了美国十个河口地区为研究对象，讨论引入风险假设的政策合作网络。研究结果发现，在不受到任何行政指令控制和影响的环境中，河口地区的行动者依然选择了与中央行动者建立合作伙伴关系，其目的是保障高效的信息传递，以获取政策协调的便利。同时，合作过程中，行动者大多数基于特定的联合项目寻求互惠的合作机会，并基于这一合作机会快速识别合作伙伴，判断其可信赖程度，这样的合作过程是十分高效的（Berardo & Scholz，2010）。Feiock 等通过研究官员产生的不同途径，进行了网络的全过程分析。首先应用网络结构的理论模式，提出整体网络结构与参与者微观行为的相互关系，指出微观行为可以提高整体网络的信息传递效率或者加强网络关系的紧密（可信赖）程度。其次，考虑行为动机和风险偏好，该研究提出了不同的政策网络类型，微观的参与者以及外部行动环境的异质性将影响网络的结构关系。作者通过细分价值、风险、媒介、网络关系、网络结构以及各自的特征要素来刻画微观行动者之间的协调与合作方式差异带来的宏观网络治理模式差异（Feiock et al.，2012）。在具体的细分结构研究中，Lee 等做出了新的尝试，他们考察经济发展过程中组织间合作的政策网络，研究美国佛罗里达州奥兰多城市群 2006—2007 年两年间 40 多个政府及非政府组织间的合作网络，提出不同的微观网络结构单元为统计基础，如互惠结构、传递闭合结构、星型结构以及桥连接结构等。研究发现，除了已经达成共识的互惠结构外，政府与非政府组织更偏好于传递闭合结构。这一结果说明在经济发展过程中信任的重要性，组织间合作不仅需要简单的互惠交互关系来维持，更需要通过高密度的相互作用从而形成利益捆绑结构，这样才能保证彼此承诺的可信度，从而促进合作效果的提升，解决集体行动困境难题（Feiock et al.，2012）。

近几年网络技术的发展主要是应用拓扑结构和网络动力学加强微观网络单元的基本理论分析。Berardo 和 Scholz 在理论上论证了环境污染治理中桥梁（bridge）和捆绑（binding）两种不同的网络路径选择如何影响社会资本在持续时间内对网络结构演进的作用（Berardo & Scholz，2010）；沿着这些研究方法的思路，Shrestha 等引入了更深入探讨网络结构及其演进的基本假设：不确定性假设，分析验证了不确定性在特定环境中如何影响参与者的决策，从而形成差异化的网络结构（Shrestha et al.，2014）。

在对区域环境合作网络的研究中，国内学者主要集中于几大都市圈的网络实证分析。崔晶研究了京津冀都市圈 13 个地方政府的环境协作网络结构，指出京津冀都市圈的多中心网络协作结构并未形成，网络协同效应还没有发挥出来。以京津冀区域协同发展为目标，需构建整体层面的信任与合作机制，推进多个地方政府积极参与共建网络，建立健全利益分配的有效机制（崔晶，2015）。马捷等引入 ICA 理论框架，分析了微观主体的合作路径，也刻画了整体网络的结构特征。以泛珠三角"9+2"合作区的府际协议为基本研究数据，分析府际合作网络的形成路径，提出了行政边界与网络边界的差异，探讨了一定区域边界范围内地方政府主体的自组织合作而构建网络的过程（马捷等，2014）。同时，考虑风险和交易成本，地方政府作为行动者选择"地理路径""抱团路径"与"借势路径"三种不同的网络路径构建了基本的网络结构特征。在不同的合作领域，每一种网络途径成为主要选择，并形成特定的网络结构，从而决定了不同的网络治理模式。例如，在环境保护这一具有较强的空间外部性特征领域，地理因素是制约行动者选择的关键要素，地方决策者最终会形成以地理邻近为主要判断标准的"地理路径"，从而网络行为的结果是形成共享型治理网络。这一研究的主要贡献在于将制度主体视为网络节点，考察网络治理的理论支持和科学意义，初步探索了我国区域环境合作中地方政府的理性路径选择。这一领域的相关研究还包括杨妍等考虑到因环境合作的空间外部性带来的投机行为导致合作难以达成。地方政府为实现局部个体利益最大化，将选择搭便车或者推卸责任等利己行为，从而使得合作各方难以形成目标一致的统一行动（杨妍等，2009）。面对这一困境，部分学者提出了区域"符合行政"的概念，重点关注跨行政边界及跨行政级别的多重多边多元合作问题，建议在环境领域构建多中心自组织合作治理机制（王健等，2004）。马捷和锁利铭则从垂直和水平两个风险研究了两种不同的水资源治理网络结构机制，探讨了水资源属性导致的水资源冲突，以及与之对应的治理网络结构关系，提出解决冲突的网络模式。在结构分析的研究中，还有学者从理论上提出了如何识别网络中心，并对中心进行分类，从而有利于识别由不同类别的网络成员构成的网络核心差异，以及治理中的有效途径选择等问题的解决（马捷、锁利铭，2010）。

2.5.4 制度性集体行动框架下的区域环境共治网络理论

已有的研究中，许多学者提出了一些框架来解释政策行为者为什么会协作，以及他们如何能够跨国界、跨场所、跨部门、跨尺度更好地协作（Ansell & Gash，2008；Bryson et al.，2006；Koppenjan & Klijn，2004；Ostrom，2005；Milward & Provan，2000）。但是大多数现有的框架并没有充分地将协作风险的概念作为集体行动决策的关键因素。从制度分析与合作实现角度，Feiock 等学者集成了集体行动问题与制度分析的范式，提出制度性集体行动（Institutional Collective Action，ICA）框架（Feiock，2002；Feiock et al.，2016）。ICA框架的构建旨在解决公共池塘资源、合作的交易成本、外部性与溢出性以及搭便车等集体行动困境（Feiock & Scholz，2010）。ICA 框架指出地方政府是理性的参与者，当其在治理中所获得的利益超过交易成本时，合作将形成集体行动。

ICA 理论的充实和发展是通过对网络结构关系的分析实现的。公共事务治理的有效性体现在区域合作与发展可持续的实现，当然这还需要在网络主体之间形成长期信任与互惠的社会网络，网络的个体选择与宏观结构是这种合作可持续性的关键所在。在区域层面，Bernardo 和 Scholz 提出一个具有良好连接关系的参与者（代理人）是解决合作问题的关键，因为这个"代理人"有足够的能力和连接强度给想获得更多弱连接但面临不确定利益相关者的主体，提供建立合作关系更优的选择（Bernardo & Scholz，2010）。Scholz 等进一步提出两种解决制度性集体行动的网络结构：一种提高网络成员的可信性的紧密连接的"强关系"，称为"信任—聚类"；另一种结构强调扩展性的"弱关系"，这种结构强调大量不同类型主体的参与以分享协调集体决策的信息，他们称为"信息—桥梁"。两种关系从社会资本角度刻画了地方政府的结构关系，从而为采用社会网络分析工具分析 ICA 问题提供了重要依据（Scholz et al.，2005）。

另一方面，从结构分析与行为绩效的关系入手，研究者分析了参与者之间的社会资本积累以及相应的网络结构关系。Newman 和 Dale 的研究表明，由于网络中具有交付关系的利益相关者之间存在不同的社会网络结构，故而网络治理的具体实施并非一致（Newman & Dale，2005）。特定的网络特征能够影响组织对环境变化和威胁的应对能力（Kraatz，1998）。

在具体的实践中，不同来源的利益相关者在网络中的地位及相互关系强度可以决定网络整体的结构特征，网络的结构关系对利益相关者的具体行为表现有着重要的影响，从而会对网络治理的结果造成直接影响（Bodin et al.，2006）。

综合上述研究，区域环境治理网络就是利益相关者之间在解决跨界污染相关事务上采取"合作"途径，进行政策决策、合作对象选择、合作途径确定、合作协议执行及合作成果监督等集体行动的过程与机制。"治理网络结构"则进一步刻画了在资源、信息、知识技术等传递途径中各参与主体特征及相互之间的动态结构关系变化。

本章小结

从解析区域环境合作的集体行动问题入手，本章在理论上明确了研究范式，具体讨论了从环境共治的问题起源（集体行动困境）到区域共治的视角变化，进一步指出区域环境共治的网络本质，从而构建了本书研究的理论基础。同时引入制度性集体行动框架、协同治理、整体性治理等理论工具，具化了区域环境共治的基本分析途径。本章就全书研究的核心问题（区域治理和环境治理、区域单元及城市个体的行为作用机理），以地方政府为对象，探讨了治理、合作以及集体行动等关键概念的基本界定以及相关理论的发展历程，明确了区域环境治理中"共治"的广义理论基础。由此，本章基于理论问题和理论工具的引入，探讨了微观个体（城市）、集体行动（区域）以及行为结构（环境共治）三个层面，进而提出了后续研究的重要主题。

第3章 都市圈环境共治网络

3.1 都市圈环境共治中的多元主体

在第二章的理论中可以看到，随着公共事务和问题的日益复杂化和社会力量的发展，传统基于科层组织结构的单一政府模式已经逐渐难以应对时代需求。针对以"公地悲剧""囚徒困境"问题为代表的市场失灵和公共政策执行低效率以及公共物品供给低效率所表现出的政府失灵，Ostrom夫妇指出，公共事务治理不能依靠单一制度，需要摆脱完全依靠市场或者政府主体的模式，建立起基于政府、市场和社会三维的"多中心治理模式"，加强三种力量之间的协同共治，从而避免社会资源配置的低效率，实现公共利益的持续发展。

生态环境治理领域的非竞争性和非排他性公共物品属性，以及其本身产权较难确定，从而市场和政府双失灵的状态时有存在。因此生态环境的治理问题难以依靠政府、企业或科研机构等缺乏足够信息、资源和能力的某一单一主体。针对绿色发展治理中的多方利益相关者和目标的复杂性，多元主体协同被认为是打破当前环境污染治理困局的重要利器。

如图3-1所示，在都市圈绿色发展过程中，政府是治理的核心主体，更是网络中关键资源的拥有者以及推动绿色发展治理的核心力量。政府通过制定环境相关法律法规和规定标准，并进行政策实施和监控，从而引导和推动了都市圈绿色发展过程中多元主体协同的达成。此外，作为网络治理核心，政府往往运用多种途径和方式与其他多元主体形成联结。与企业之间而言，政府不仅实行对企业运作的监督管理，更通过政府采购、政企座谈以及为企业提供财政补贴和税收支持等方式，引导企业按照绿色发展的要求进行有序生产。而就政府与公民之间的关系而言，能否有效地建立并执行公众参与机制对实现公民参与区域绿色发展治理有着重要的影响。此外，政府通过向社会组织进行政府购买、向科研机构咨询和吸取政策意见，和以媒体为渠道进行政策宣传等方式，与其他多元主体产生联系。

企业是都市圈绿色发展中的重要主体，其生存在生态环境中，不可避免地与绿色发展产生联系。一方面企业在生产运转过程中承担着一定的防治污染和保护环境的责任，理应遵循政府的环保政策规定和标准；另一方面企业可以通过自主研发或合作研发新型环保技术，减少资源损耗和污染，提高清洁生产能力，从而通过市场机制参与到绿色发展的治理之中。

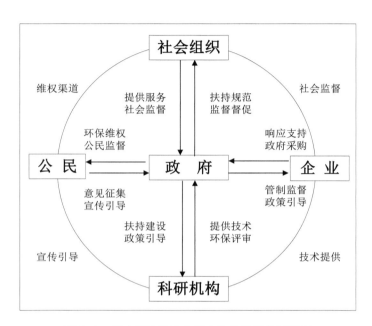

图 3-1　都市圈治理中多元主体的协同作用框架

资料来源：作者自制。

　　公民是都市圈绿色发展中的主要推动力量，绿色发展也直接关涉基层民生问题。公民参与绿色发展治理的途径主要有三方面：首先是环境维权，公民在生态环境遭受破坏时可以通过诉求表达渠道向政府、社会组织等主体反映，寻求自身权利保障；其次是民众监督，公民不仅可以协助政府、社会组织等主体监管环境污染的行为，还可以通过听证会、座谈会、意见征集等渠道监督政府绿色发展政策的制定以及实行；最后则是环保活动。例如，通过身体力行参与"环保知识竞赛""美丽社区""河道清扫"等环境保护活动，有利于增进公民对环境问题现状和环境保护重要性的了解，提升社会对生态文明建设和环境保护的参与度与主动性。

　　在绿色发展的治理过程中，由于市场和政府的失灵，需要社会组织作为"第三只手"来弥补市场的不足与政府的缺位。一方面，社会组织可以利用自身所具有的资源，发挥其效率高、行动快的组织优势，从而弥补一部分政府职能的缺位。例如 2014 年，来自北京、天津、河北、山东的五家环保社会组织就雾霾治理问题，联合发布了《华北煤问题首轮调研报告》。报告指出，雾霾治理应落到实处，拒绝数字游戏，体现了其在绿色发展中的社会治理作用。另一方面，社会组织不仅可以发挥对政府和企业的监管功能，还可以作为政府和民众之间的沟通桥梁，拓宽民众意见诉求渠道，促进政府与民众之间的冲突和矛盾缓和。

科研机构在都市圈绿色发展治理过程中同样扮演着重要角色。作为拥有科学研究资源和专业知识的主体，由专家组成的智库、高等院校、科研院所等科研机构不仅可以运用科学咨询支撑政府决策，参与政府重大绿色发展决策的研究和讨论，健全决策咨询体系，提高政府决策的科学性和前瞻性；还可以通过推动学术学科研究与实践相结合，实现科技创新成果转移和转化，整合各方资源，消除部门、企业、学科、机构之间的障碍，从而发挥科学理论研究在绿色发展治理过程中的指导作用。

由于较长时间以来，我国主要依靠垂直治理，这一治理模式会导致绿色发展中存在诸如社会公众参与意识薄弱、社会组织独立性不强、社会环境发育依赖度高等"社会（志愿）失灵"现象。因此，根据多中心和共治的核心观点，应该进一步加强政府与其他组织的互动，尤其是政府与公众、企业、社会组织以及科研机构等的关联，明确界定在绿色发展的多元治理过程中，政府应当承担的责任及其权力边界，摸索市场与企业在绿色发展中的正向作用，提升促进科研机构在绿色发展中的信息和知识优势，以及最大限度地发挥社会组织与公民在相关法案中的参与和监督机制，促进都市圈绿色发展，形成一体化过程中多元协同达成的重要议题。

为了对都市圈绿色发展一体化过程中的多元协同进行具体研究，本章以杭州都市圈与合肥都市圈为例，综合考量地区的经济发展水平、政策背景、政府治理能力以及生态环境质量、科技创新水平等多方面因素，通过政务信息、新闻报道以及学术研究成果等渠道收集数据信息，进而运用社会网络分析方法探究两大都市圈绿色发展一体化的现状，结合地区发展特点进行两地绿色发展一体化过程中多元协同现状以及运行机制的对比分析，为其他地区绿色发展一体化中多元协同的达成提供借鉴经验。具体而言，首先通过以下分析维度来对数量种类众多的行动数据进行初步的定量分析和有效的信息提取，分析维度包括：多元主体参与绿色协同行动时间趋势、多元主体参与绿色协同行动的空间分布以及绿色协同行动的开展形式这三大方面，进而对比总结杭州都市圈与合肥都市圈绿色发展一体化过程中的多元主体协同现状。

3.2 案例介绍与数据搜集说明

3.2.1 研究样本介绍

杭州都市圈以杭州为中心，以湖州、绍兴、黄山、嘉兴、衢州为主要节点，因其位于长三角经济圈的南面，被誉为长三角的"金南翼"。该都市圈建设于 2007 年 5 月，伴随着杭州都市经济圈第一次市长联席会议的召开而正式启动，并且在环境保护、创新发展、产业协同等多方面展开合作。

就都市圈的绿色发展方面而言，近年来杭州都市圈依托都市圈内如市长联席会议决策机制、协调会办公室议事机制等逐步完善的协同机制，不断突破壁垒、改革创新，推动了都市圈绿色发展一体化的协同建设。在《杭州都市圈大气联防联控合作框架协议》与《杭州都市经济圈环境共保规划》等联合制定协议的指导下，近年来杭州都市圈积极推进建立区域流域环境保护机制，通过建立定期例会制度以及开展跨行政区域联合行动，对重污染、高耗能行业进行重点治理，有效保障了三大流域的环境安全，在 2018 年完全消除了劣 V 类水体并实现了跨行政区域河流交接断面水质的全面达标。此外，在大气污染防治工作方面，杭州都市圈积极推进区域大气污染的联防联控，有效推进机动车尾气及工业大气等污染气体的防治措施，并以 2016 年 G20 杭州峰会为契机，实现了区域大气环境治理应急联合管控和会商机制的进一步完善。其中较为突出的是，杭州都市圈率先建立了突发环境事件应急联动机制，提高了跨界突发环境事件及环境污染纠纷的有效治理能力。

2019 年杭州都市圈第九次市长联席会议上审议通过的《杭州都市圈发展规划》大纲中，首次提出构建"一脉三区，一主五副，一环多廊，网络布局"的空间格局，对都市圈内各城市的绿色发展进程进行了更为清晰的定位。其中，湖州市要聚焦绿色发展，当好引领绿色发展的标杆；嘉兴市要着力打造长三角核心区面向未来的创新活力新城；绍兴要立足千年古城推动文商旅融合发展；衢州市要打造生态典范及新兴科创高地；黄山市则要发展成为重要生态屏障区以及绿色产业集聚地。会议中强调，杭州都市圈需加快推进同城化，继续以"规划共绘、环境共保、市场共构、交通共联、社会共享、品牌共推、产业共兴"为2020 年的工作重点建立七个圈，贯彻落实《长三角生态绿色一体化发展示范区总体方案》，为未来都市圈在多领域、多层次进一步实现协同发展提供了指导方向。

合肥都市圈以合肥为中心，涵盖了六安市、滁州市、芜湖市等七个市（县）级市，该都市圈位于长三角西端，占全省面积 40.6%，占全省总人口数的 43.2%。2006 年，安徽省政府提出要将合肥打造成省际经济中心，提高其经济首位度和对周边城市的辐射带动效应，自此，合肥都市圈逐步完成了从"省会经济圈"到"合肥经济圈"，再到"合肥都市圈"的战略升级。

在都市圈绿色发展方面，合肥都市圈同样着重于对大气污染和水污染的治理。2016 年，在合肥都市圈城市党政领导第七次会商会上，都市圈内五市共同就科技创新、环境污染联防联治、人才交流培训等 10 个方面签署合作框架协议，提出联合开展大气污染联防联控，实施蓝天行动计划，共同健全环境保护协调机制，2018 年，达成了都市圈 6 个地级市 PM2.5 年均浓度同比下降 9.1% 的有效成果，获得省环境空气质量生态补偿金 2781.9 万元。而滁州、马鞍山与合肥签订的《滁河流域水污染防治联防联控工作协议》中强调定期联合开展丰乐河、杭埠河流域联合监测和现场巡查，建立了流域的联合监测和预警机制。此外，各市还通过建立会商机制与联合执法和交叉执法机制，实现了监测数据的互通与环境监测信息的共享，共同打击了区域环境违法行为。

2020 年，为深入贯彻《安徽省实施长江三角洲区域一体化发展规划纲要行动计划》，安徽省政府印发实施了《合肥都市圈一体化发展行动计划（2019—2021）》。其中强调，首先突出落实重大战略，紧扣国家重大战略及政策导向，与长三角一体化发展规划纲要的决策部署充分衔接。其次，着力解决高质量一体化发展的机制体制问题，以推进开放合作、科技创新、产业发展、生态文明、公共服务、基础设施等八大领域一体化为抓手，不断深化与长三角都市圈的协同合作，发挥各自的区域优势，为推动都市圈绿色一体化发展提供了政策保障。

3.2.2　研究样本基本特征对比

同样作为省会城市的杭州与合肥，以其为中心而形成的都市圈具有诸多的相似特征。例如，两大都市圈均位于长三角地区内，处于同等的"长三角副中心"都市圈的战略地位，并且制定了较为一致的区域发展规划等。然而，据 2018 年清华大学中国新型城镇化研究院所发布的《中国都市圈发展报告 2018》评定认为，作为长三角都市连绵区中成熟型都市圈的杭州都市圈，其综合发展质量高于尚处于发展型的合肥都市圈。由于两大都市圈所主要依托的浙江和安徽两省背景的发展差距，使得杭州都市圈与合肥都市圈在经济发达程度、社会组织的发展水平以及科研机构数量等方面上有所差别，进而影响其在绿色发展一体化过程中多元主体的协同现状。

如表 3-1 所示，由于杭州都市圈与合肥都市圈的主要城市数量不同，整体上合肥都市圈的土地面积以及常住人口数量均大于杭州都市圈。然而就经济发展水平而言，杭州都市圈的国内生产总值以近乎一倍的水平远高于合肥都市圈，为都市圈的整体协同发展奠定了良好的经济基础。而高新技术企业与高等院校科研机构的存在，一方面有利于为城市的绿色发展中的环境治理提供多项环境污染处理、节能降耗和清洁生产的技术支持；另一方面，更有利于促进产学研的成果转化，推动区域产业结构的调整革新，为都市圈持续的绿色发展一体化进程注入创新活力。社会组织作为除政府和企业外的第三方主体，对环保事业的发展与进步具有重要作用。地区社会组织注册数量的多少，一定程度上反映了该地区社会组织的发展水平和参与社会事务治理程度的高低。杭州都市圈整体上在经济发达程度、高新技术企业和高等院校数量以及核心城市的社会组织数量上的优势，为其都市圈内各城市绿色发展一体化的多元参与治理达成提供了更具优势的协同基础。

表 3-1　2018 年杭州-合肥都市圈基本特征对比表

都市圈	主要城市	土地面积（km²）	常住人口（万）	GDP（亿元）	高新技术企业数（个）	本科院校数（个）	核心城市社会组织数（个）
杭州都市圈	杭州、嘉兴、绍兴、湖州、衢州、黄山	53441	2621	28666	4530	44	48000
合肥都市圈	合肥、马鞍山、六安、滁州、芜湖、蚌埠、淮南	57000	3000	18870	4369	40	8570

资料来源：2018 年各城市政府官网，2018 年《统计年鉴》。

3.2.3　数据搜集情况说明

绿色发展和环境问题的广泛性与复杂性以及政府单一治理主体能力的有限性凸显了多元主体参与绿色发展协同治理的必要性。因此，本研究选择杭州都市圈与合肥都市圈作为研究对象，通过对都市圈内政府、企业、科研机构以及公民和社会组织参与绿色协同行动的基本信息进行收集和整理，进而对比分析两大都市圈的绿色发展一体化差异，总结出都市圈绿色发展一体化中多元协同的机制和模式。

本研究的数据搜集来源主要包括各城市政府官网、各市生态环境局官网、各市政府工作报告、统计年鉴以及大型、重要的环保社会组织官网等，利用"意见征集""绿色论坛""环保活动""环保讲座""座谈会""研讨会""战略协议""环保培训"等关键词进行高级检索，逐条梳理出多元主体绿色协同的基本信息，基于此形成原始数据库。

在数据搜集过程中，本研究坚持"时间特征""地域特征"与"主体特征"三大原则。时间特征是指协同行动产生的时间维度在 2015—2019 年之间，以"十三五"生态环境保护规划出台的节点作为时间界限；地域特征则指协同行动的开展地区必须是来自杭州都市圈与合肥都市圈地级市（含）级别以上的城市；主体特征是指参与绿色协同行动的主体类别必须大于等于 2，即排除掉所有某一单一主体所发起的行动，统计由政府、企业、社会组织、科研机构和公民中两者及两者以上的多元主体参与的协同行动。最终，本研究形成了杭州都市圈 334 条，合肥都市圈 276 条，共计 610 条有效绿色协同行动数据。

3.3　杭州与合肥都市圈多元共治特征

3.3.1　多元主体参与绿色协同行动的时间趋势

从绿色协同行动发起时间的角度来看，杭州都市圈多元主体参与绿色协同行动的时间趋势呈逐年上升的状态。自 2013 年以来，国务院相继颁布《大气污染防治行动计划》《水污染防治行动计划》以及《土壤污染防治行动计划》，其中对于政府企业和社会的责任的明确，以及对于全民参与环境保护的强调，动员了地方城市在中央的牵头带领下，贯彻落实政策规划，提出多元主体参与绿色发展和环境保护的具体实施方案。

如图 3-2 所示，从发文趋势来看，尽管杭州都市圈与合肥都市圈在 2015 年至 2017 年间多元主体参与绿色协同行动的数量呈现平稳增长态势，但总体来看协同行动数量较少，增长幅度不大。这说明此时各地方政府对于多元主体参与绿色发展治理的重视程度仍然较低，多元主体协同促进绿色发展的行动意愿尚未得到有效调动。

而 2017 年环保部与民政部联合出台《关于加强对环保社会组织引导发展和规范管理的指导意见》，要求各级环保部门和民政部门指导帮助环保社会组织有序、规范开展以保护生态环境、维护公众环境权益为目标的社会公益活动后，各地方政府也纷纷出台政策响应。例如，杭州市在 2017 年颁布的《杭州市环境保护"十三五"规划》中强调积极发挥环保社会组织和志愿者作用，引导培育环保社会组织专业化成长。合肥市同样在《合肥市"十三五"生态环境建设规划》中提出鼓励科技创新企业和环保产业发展，形成完善的环境保护科技网络，积极营造全社会共同关注与监督生态环境保护的良好氛围。因此，在地方政府的政策引导和支持下，以 2017 年为节点，2017 年至 2018 年间，两大都市圈多元主体参与绿色协同行动的数量均实现了一次大幅度的增长，并且继续维持高增长的态势。

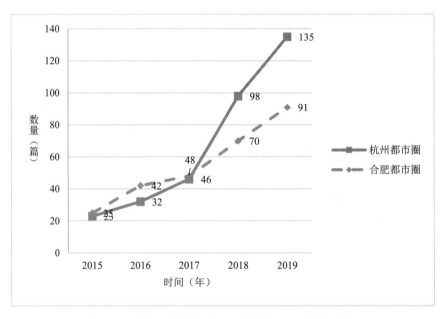

图 3-2　两大都市圈多元主体协同行动时间变化趋势

资料来源：作者搜集相关数据自制。

　　此外，虽然杭州都市圈与合肥都市圈从 2015 到 2019 年间多元主体参与绿色协同行动总体均呈现上升态势，但杭州都市圈增幅更大，且协同行动总体数量大于合肥都市圈，这也与前文中所分析的两大都市圈在社会组织和科研机构数量上的背景区别有一定的相关性。

　　从多元主体参与绿色协同行动比例时间变化趋势来看，如图 3-3 及图 3-4 所示，首先在横向的时间趋势上，杭州都市圈与合肥都市圈公民、科研机构以及社会组织和企业参与绿色协同行动的比例随时间趋势而不断上升，这表明政府对公众参与环境治理的动员以及社会环境治理能力的提升有助于政府以外的多元主体在绿色发展共治中的参与程度逐步提高。而政府机构参与绿色协同行动的比例则均有所下降，这体现了在绿色发展环境治理的过程中一种"去政府中心化"的治理趋势。环境问题的区域性以及生态治理的跨域性使得政府必须成为生态治理的责任主体，然而由于生态环境治理任务的艰巨性以及政府治理能力的有限性，使得单中心的政府生态治理已经不足以担当生态治理重任。基于大量经验研究结果，要实现大都市的有效治理，各规模治理部门都不可或缺，中、小型治理单位应与较大规模治理主体互为补充，及时摒弃仅使用单一规模治理单位来解决较大范围的社会行动这一方案。随着整个社会共同参与治理的推进，在地方多元主体绿色发展协同实践的过程中，政府主体"去中心化"的趋势也逐步突显，因此横向上杭州都市圈与合肥都市圈多元主体参与协同行动的比例随时间而变化的趋势总体一致。

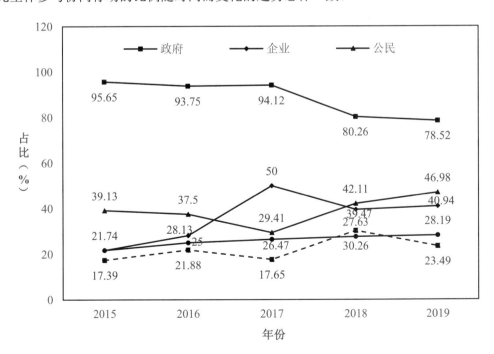

图 3-3　杭州都市圈多元主体参与协同行动比例时间趋势

资料来源：作者搜集相关数据自制。

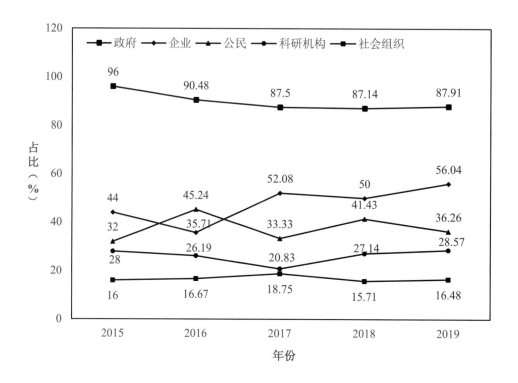

图 3-4　合肥都市圈多元主体参与协同行动比例时间趋势

资料来源：作者搜集相关数据自制。

其次从纵向数量上来看，杭州都市圈与合肥都市圈整体在多元主体参与协同行动比例上均呈现政府机构、企业、公民、科研机构、社会组织从大到小的排列顺序。然而具体看来，两大都市圈在每个主体参与协同行动的数量以及不同主体之间参与比例的差距大小上仍有所区别。

一方面，两大都市圈除科研机构的参与比例数量较为持平之外，杭州都市圈公民和社会组织主体参与协同行动的比例以及相应主体比例数据总体增长的幅度和速度均高于合肥都市圈，体现了双方在社会主体发展水平和参与绿色发展治理的活跃程度上的差距。与社会组织和公民的数据相反的是，杭州都市圈政府机构参与协同行动的比例数量却整体低于合肥都市圈，其下降的速度也相较于合肥都市圈更快，政府治理主体的"去中心化"现象更为突显。

另一方面，与合肥都市圈相比，杭州都市圈内五大多元主体参与协同行动比例之间的数量差距也在以更快的速度和更大的幅度逐步缩小，体现出杭州都市圈多元主体在参与绿色发展治理的过程中，主体地位更为平等，参与程度趋向一致，达成了更优的多元协同效果。

3.3.2　多元主体参与绿色协同行动的空间分布

在对 2015—2019 年间的多元主体参与绿色协同行动的数量和比例进行了时间上的对比分析后，本部分从空间地域的角度上对杭州都市圈与合肥都市圈内各个城市的多元主体参与比例进行了更为具体的比较。如图 3-5、图 3-6 所示。

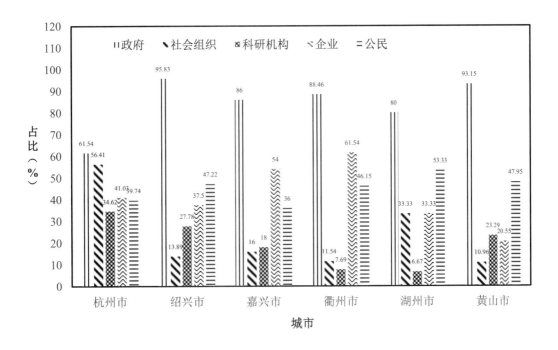

图 3-5　杭州都市圈各市多元主体参与协同行动比例

资料来源：作者搜集相关数据自制。

就杭州都市圈与合肥都市圈整体对比来看，每个城市中都呈现出政府机构参与比例最高的现象，各市中企业和公民参与的比例也较为一致，均保持在 30% 以上。而除杭州与合肥两个中心城市外，两大都市圈内的其他城市社会组织和科研机构的参与占比也均较低。杭州都市圈内衢州市以及湖州市的科研机构参与协同行动的比例要明显低于其他城市，结合两地属地高校的数量较少，且以高职院校为主的背景，可以推断地区高校、科研所等科研机构的数量和水平等级对科研机构参与绿色协同行动的程度有所影响。而黄山市则在企业参与多元协同行动的比例上与其他城市有所差距。以 2018 年末全市规模以上工业企业数量为准，黄山市仅有 554 家，与衢州市 873 家以及嘉兴市 5543 家的数目相比有较大差距，也因此可能对地区内绿色发展的关键企业主体即工业企业参与绿色发展协同行动的比例造成一定的影响。而在合肥都市圈内，可能出于与杭州都市圈相似的原因，淮南市与马鞍山市科研机构以及六安市的企业参与协同行动的比例较低。因此，杭州都市圈整体上在社会组织和科研机构的参与程度上优于合肥都市圈。

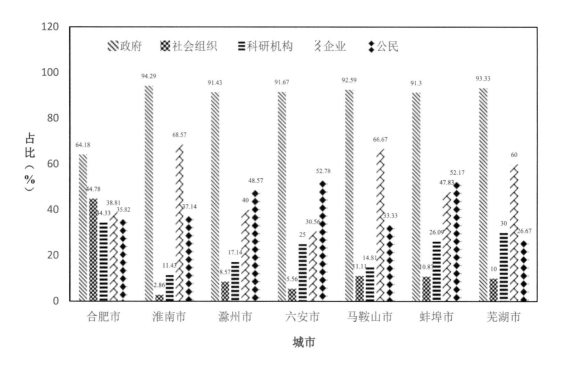

图 3-6　合肥都市圈各市多元主体参与协同行动比例

资料来源：作者搜集相关数据自制。

就都市圈内部各城市的对比来看，除了与上文分析相一致的，相较于杭州都市圈而言，合肥都市圈各城市社会组织参与比例较低，而政府参与比例较高的结果之外，可以明显发现两大都市圈中各市多元主体参与协同行动的共同点，即中心的省会城市杭州市与合肥市中多元主体的参与比例分布与其他城市有较大区别。在两个省会城市中，各个主体参与活动的比例大小均趋向于一致，尤其是企业、科研机构、公民以及社会组织的参与比例集中在 30%—40% 之间，体现出了更高的参与度和活跃度。

统计表明，在资源治理过程中，由于具有更为广泛的地理范围、专业知识、信息、财政资源和政治权威，最核心的参与者往往是中央和省级政府。笔者认为，该研究结论在都市圈多元主体参与绿色发展协同治理的过程中同样具有可借鉴性。一方面，杭州市与合肥市作为省会城市，拥有更多的政治、财政以及科研资源，为多元主体提供了更为优越的生存背景，也因此促进了多元主体的发展水平和参与环境治理的程度提高；另一方面，作为省政府的所在地，省会城市往往是中央政策出台后的先行"试验田"，会及时出台相应政策加以贯彻落实，引导和支持多元主体进行政策实践，也因此相较于其他地级市而言，走在了多元主体协同参与绿色发展共治的前列。

3.3.3　多元主体绿色协同行动的开展形式

从长效性的角度对杭州都市圈与合肥都市圈多元主体参与绿色协同行动的形式进行分析后发现，在 2015—2019 年间，两地大约 90%以上的活动是以"一事一议型"的形式开展。除了每年 6 月 5 日世界环境日会有部分城市地区连续开展宣传保护生态环境的环保活动之外，较少有"长期交流型"形式的活动存在。其中，相较于合肥都市圈，杭州都市圈中尤以杭州市为代表，每年"世界环境日"的相关活动和讲座开展较为频繁，并尤其集中于 2019 年 G20 杭州峰会召开前后，出现了大量动员民众和社会组织参与绿色环保的活动。此外，每年开展的"在杭高校绿色论坛"也以长期交流的形式持续发挥作用。因此可以看出，在两大都市圈中多元主体的绿色协同行动尚未形成长效机制，并且存在以应急事件为导向的现象。

如图 3-7 及 3-8 所示，在对 2015—2019 年间杭州都市圈与合肥都市圈多元主体绿色协同行动形式比例进行分析后发现，非正式的环保活动在两大都市圈中均为最为普遍的绿色协同行动形式，所占比例均超过 30%。环保活动因其面向群体广泛、开展成本低、难度小的特点，受到了多方主体的青睐。各城市中政府以及各类环保社会组织积极发动公民和企业参与环境保护活动，包括校园环保主题教育、环境污染处理设施的"对外开放日"以及环保知识宣传等多种目的多种类型的活动。其中，部分城市生态环境局还专门针对企业开展了"送新发展理念、送支持政策、送创新项目、送生产要素以及服务实体经济"的"四送一服"活动，解决企业在污染排放、清洁生产等方面的环保难题，从而提升了企业对绿色发展行动的参与程度。此外，两大都市圈中讲座和工作会议的开展都同样占据较小的比例，政府主要针对公民展开的意见征集和听证会等活动形式的比例也总体相近，维持在 7%左右，这与生态环境部颁布的《环境影响评价公众参与办法》中所强调的"专项规划编制机关应当在规划草案报送审批前，举行论证会、听证会，征求有关单位、专家和公众对环境影响报告书草案的意见"等一系列对于公众参与的明确要求和严格规定具有一定的相关性。最后，两地签署正式协议均占据多元主体绿色协同行动较小比例，反映出在多元主体协同参与绿色发展治理的过程中，正式协议因其较强的约束性和固定性，并不常常被采纳，这也使得协同效果的达成缺乏一定保障。

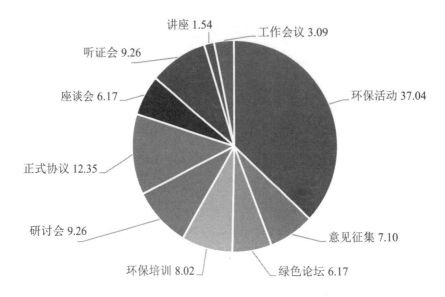

图 3-7　杭州都市圈多元主体绿色协同行动形式比例（%）

资料来源：作者搜集相关数据自制。

在杭州都市圈中，除环保活动整体占据了较大比例之外，其他各种绿色协同行动形式的比例分布整体较为相近，包括由政府和科研机构参与的如排气污染防治绿色论坛、环保产业与绿色发展等，和科研机构、企业之间展开的学术研讨会与技术交流研讨会，以及政府和科研机构针对企业所开展的环保技术培训和座谈会等形式都处于 6%—8%左右的比例。

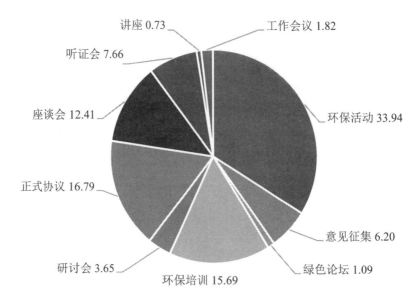

图 3-8　合肥都市圈多元主体绿色协同行动形式比例（%）

资料来源：作者搜集相关数据自制。

与杭州都市圈有所区别，合肥都市圈除环保活动以外，采取最多的绿色协同行动形式是政府与企业或科研机构之间签署的正式战略协议，并高于杭州都市圈中正式协议所占据的比例。地方政府间选择非正式协议、正式协议等各种合作机制的原因经回归分析结果验证，中央或省级政府的参与、政策主体数量的增加、经济条件的异质性和行政部门的参与同选择更权威的合作方式之间是正相关的。因此，本研究认为与政府主体之间的协作形式的选择类似，都市圈内多元主体绿色协同行动中正式协议或非正式协作的形式选择可能也受到参与者的数量、高行政级别政府和行政部门的参与以及条件的异质性等多种因素的影响。

此外，在合肥都市圈中，座谈会和环保培训也维持在 15% 左右的较高比例。政府和企业之间通过座谈会、约谈会以及排污许可培训、"辐射安全与防护"环保培训等多种形式展开绿色协同行动的合作，意味着合肥都市圈内政府和企业之间的联系较为密切。而合肥都市圈相较于杭州都市圈，多元主体开展绿色论坛和研讨会的比例更低，可能与地区内科研机构的数量、活跃和联系程度之间有一定关系。

3.4　杭州与合肥都市圈多元环境共治网络

为了更清晰地呈现目前杭州都市圈与合肥都市圈多元主体参与绿色协同行动的现状，本章节采用了社会网络分析方法中的 UCINET 和 GEPHI 软件对 2015—2019 年两大都市圈的多元主体参与绿色协同行动的合作网络进行了 NETDRAW 可视化，并且进行了网络密度以及网络中各个主体的中心度的比较，以求探究两地在多元主体参与绿色发展协同行动合作网络的共性与差异，总结两地多元主体参与绿色协同行动治理网络模式演进的特点，为后续达成多元协同中的问题分析提供数据支撑。

3.4.1　多元主体绿色协同治理网络模式分析

通过对 2015—2019 近五年来两大都市圈中多元主体参与绿色发展治理模式的分析，有利于从时间维度上更直观地把握多元主体力量的发展和成长历程，探究绿色发展治理模式的演进过程，从而为后续分析都市圈绿色发展一体化中的多元主体协同问题奠定基础。由于一方面，2017 年处于 2015 年至 2019 年时间上的中界线；另一方面，2017 年《关于加强对环保社会组织引导发展和规范管理的指导意见》的颁布强调扶持社会组织力量，形成与绿色发展战略相适应的环保社会组织发展格局；2017 年前后《国家环境保护"十三五"科技发展规划纲要》与《环境影响评价公众参与办法》的相继出台，则指出完善环保科技体制机制，推动公民有序、依法、公开参与环境影响评价，2017 年同样也属于国家关于多元主体参与绿色发展治理政策规定的中界线。因此，本研究以 2017 年为界线，运用 GEPHI 软件对 2015—2019 年间，杭州都市圈与合肥都市圈多元主体协同绿色发展治理的模式演变进行了可视化分析。

（1）2015—2017 年间多元主体协同治理网络模式

通过 GEPHI 软件对 2015—2017 年间两大都市圈的多元主体治理网络进行可视化分析（见图 3-9、图 3-10）。

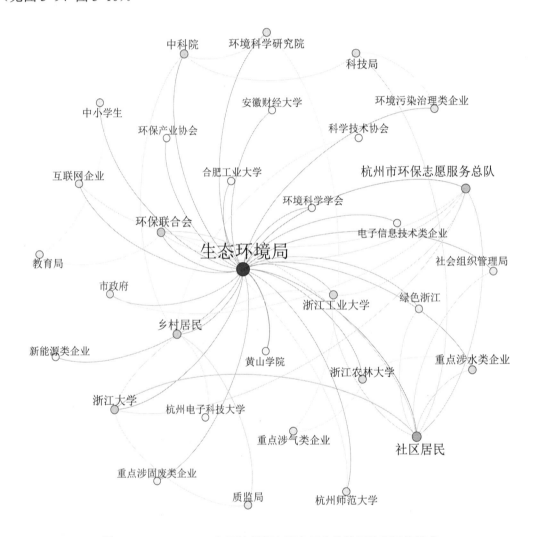

图 3-9　2015—2017 年间杭州都市圈多元主体协同治理网络模式

资料来源：作者自制。

可以看出，首先就网络规模而言，2015—2017 年间网络的成员数量较少，网络规模不大；其次，就网络成员地位而言，政府主体的代表——生态环境局在两大网络中均处于绝对核心的地位，并且生态环境局与不同主体之间的节点大小和在网络中所占据的地位差异明显；最后，就网络密度而言，两大都市圈的密度较低，网络呈稀疏状态，几乎所有节点都与生态环境局之间建立了网络联系，而其他节点之间的联系则较少。

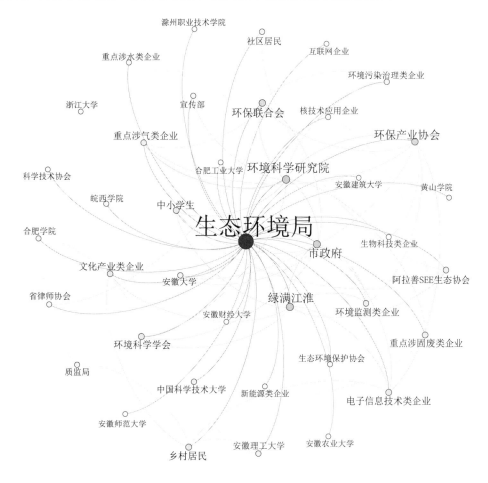

图 3-10　2015—2017 年间合肥都市圈多元主体协同治理网络模式

资料来源：作者自制。

其中，虽然合肥都市圈相较于杭州都市圈的网络联系数量更多，生态环境局也与社区居民之间形成了较为密切的联系机制，然而除此之外的其他主体之间联系仍然相对较少。总之，这一时期两大都市圈均尚未形成多元主体主动积极参与网络治理的模式，而是往往以政府核心主体为中介力量，或在核心主体的领导和支配下，动员各个主体参与到绿色发展协同的网络治理之中。

（2）2018—2019 年间多元主体协同治理网络模式

对比图 3-9 和图 3-11 可以发现，2018—2019 年间网络的成员数量明显增多，规模庞大。网络不同主体间联系增多，而不仅仅只是与生态环境局的联系，显示出较大的密度。

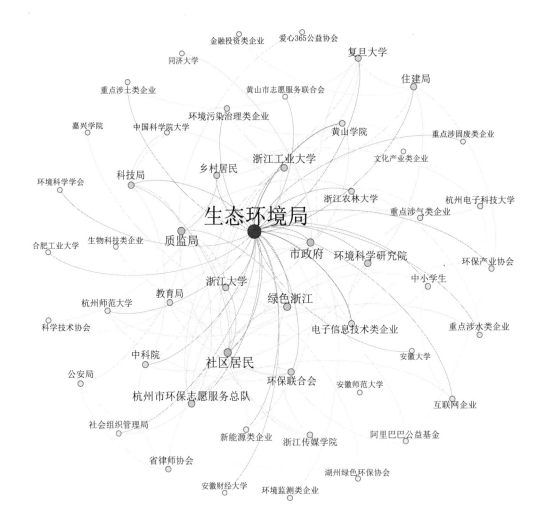

图 3-11 2018—2019 年间杭州都市圈多元主体协同治理网络模式

资料来源：作者自制。

其中，杭州都市圈多元主体协同治理的网络相较于合肥都市圈而言，整体网络密度更大，不同主体之间的联系数量和联系频次也相对更多，说明杭州都市圈在 2017 年后，多元主体绿色治理的协同效果大幅提升。总之，在 2018—2019 年这一时期，两大都市圈多元主体参与绿色发展协同治理的积极性和活跃程度显著提升，网络成员之间的联系建立不再单纯依靠政府主体作为中介力量，而是形成了多元主体之间主动建立联系、合作参与治理的倾向和模式（见图 3-12）。

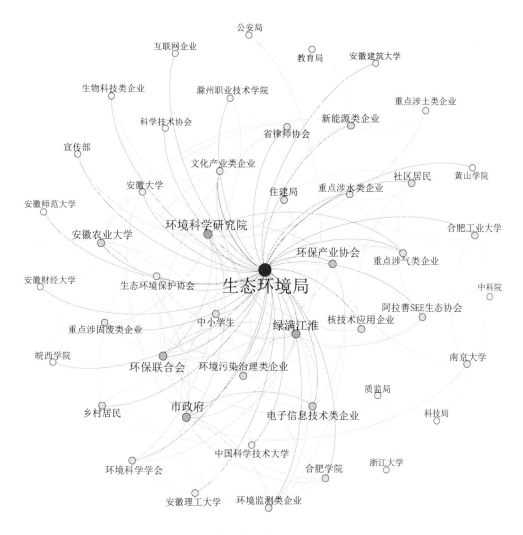

图 3-12 2018—2019 年间合肥都市圈多元主体协同治理网络模式

资料来源：作者自制。

（3）2015—2019 年间杭州与合肥都市圈多元主体协同治理模式演变

如表 3-2 所示，Provan 等人在进行网络结构界定时，从信任密度、参与者数量、目标共识以及网络能力需求四个角度对不同网络治理的模式进行了划分。然而，锁利铭等人在应用 Provan 提出的三种网络治理模式对我国大气污染政府间协同治理组织进行结构特征分析时提出，由于政府间的协同治理组织需要根据实际关联区域涉及到的行政区来具体划定参与规模，因此，在我国大气污染治理实践中，与共享型模式相近的组织，其规模不一定很小。此外，由于我国政府的级别设置和体制的特殊性，其往往在社会治理运行中扮演核心的领导角色，其他社会主体的运行也会受到行政权力的影响。多元主体在参与社会治理时难以完全脱离政府的影响，往往是在政府的支持与引导下联合开展行动。

表 3-2　网络治理模式有效性的主要指标

网络治理模式	信任密度	参与者数量	目标共识	网络能力需求
共享型网络	高密度	少	高	低
领导型网络	低密度，高度集中	中等数量	中度偏低	中度偏高
行政型网络	中等密度	中等—多数	中等高	高

资料来源：作者整理。自制。

通过上述对两大都市圈在 2015—2019 年间多元主体参与绿色协同治理的网络进行分析发现，随着时间的推移，两大都市圈均实现了在网络规模上，成员数量由少至多；在网络密度上，网络状态从稀疏到密集；在网络成员地位上，从政府处于绝对核心地位、与其他主体之间网络地位差距显著，到多元主体网络地位有所上升、主体相互之间地位差距缩小的转变。究其原因，一方面，中央层面《关于加强对环保社会组织引导发展和规范管理的指导意见》与《环境影响评价公众参与办法》等鼓励多元主体参与环境治理的政策相继出台；另一方面，社会组织、科研机构、公民等对环境治理的参与度与积极性不断提高，促使了参与成员之间的信任密度以及目标共识的逐渐提升，推动了杭州都市圈与合肥都市圈多元主体参与绿色发展协同的模式有由行政型和领导型网络治理模式逐渐向共享型治理模式转变的趋势。

3.4.2　多元主体参与绿色协同行动网络特征分析

（1）多元主体参与绿色协同行动网络现状分析

从社会网络的分析结果中可以看到，整体网络密度越大，说明网络成员之间的联系越紧密，这网络对行动者的行为、态度等所产生的影响就越大。如图 3-13 所示，杭州都市圈多元主体参与绿色协同行动现状网络密度为 0.4182，网络成员参与数量众多。其中，生态环境局作为政府主体的代表，占据着最重要的中心地位。此外，还形成了"生态环境局—社区居民—污染企业""生态环境局—浙江大学—绿色浙江""生态环境局—环保产业协会—环境污染治理类企业"以及"生态环境局—绿色浙江—中小学生"等多个由三个及三个以上主体形成的闭环子网络。

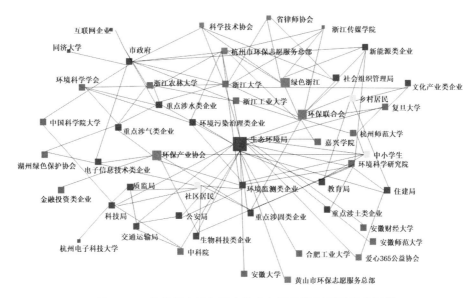

图 3-13　杭州都市圈多元主体参与绿色协同行动现状网络

资料来源：作者搜集相关数据自制。

　　如图 3-14 所示，在合肥都市圈多元主体参与绿色协同行动现状网络中，网络密度为 0.3816，相对杭州都市圈较低。其中生态环境局同样占据网络的核心地位，并且形成了"生态环境局—中科院—核技术应用企业"之间的闭环子网络。合肥都市圈中所形成的闭环子网络数量远低于杭州都市圈，反映出该地区多元主体之间主动展开合作、形成联系的活跃度和积极性较低。

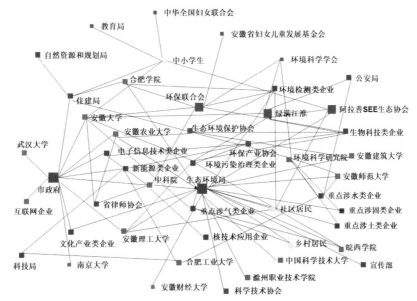

图 3-14　合肥都市圈多元主体参与绿色协同行动现状网络

资料来源：作者搜集相关数据自制。

（2）多元主体参与绿色协同行动网络中心性分析

中心性是社会网络的研究重点之一。为了对杭州都市圈与合肥都市圈多元主体在参与绿色协同行动网络中的角色地位进行讨论，本研究采用度数中心度、中间中心度以及特征向量中心度三个核心指标对网络成员进行衡量。其中，度数中心度的测量依据的是与该点直接相连的点数，一个点的度数中心度越高，则称该点居于网络中心，拥有较大权力（刘军，2014）。中间中心度测量的是行动者对资源控制的程度，具体而言，一个点的中间中心度可以看其是否处在许多其他点对应的路径上。与之类似，特征向量中心度考察的是某一节点的重要性，这与其邻近节点的数量（即该节点的度）及其重要性息息相关。从邻近节点的角度，对该节点进行衡量。

如图 3-15 所示，在杭州都市圈中，生态环境局作为网络中最重要的节点，其度数中心度、中间中心度以及特征向量中心度数值均为最大，因此生态环境局居于网络的核心地位，拥有对其他节点的绝对控制权力。除生态环境局以外，浙江大学、环保产业协会以及社区居民、环保联合会与环境污染治理类企业相继位于其次，三个指标的数值都相对较高。其中较为特殊的是，虽然市政府度数中心度和特征向量中心度仅位于第八位，然而其却具有数值大小排名第二位的中间中心度。说明政府主体仍然居于重要地位，具有较强的控制或曲解信息传递而影响群体的能力，其他主体之间的联系建立大都需要经过政府主体这一中介力量。

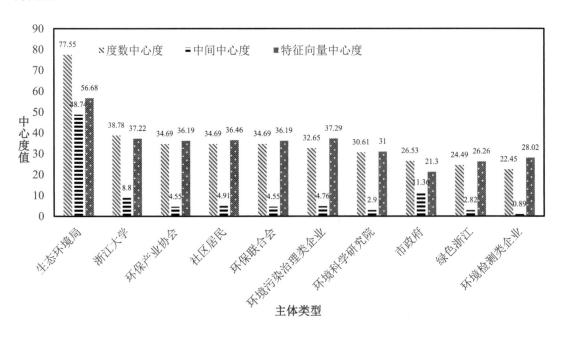

图 3-15　杭州都市圈多元主体参与绿色协同行动中心度

资料来源：作者搜集相关数据自制。

如图 3-16 所示，与杭州都市圈相同，合肥都市圈生态环境局同样具有最高的度数中心度、中间中心度和特征向量中心度，市政府也同样位于第八位，但相对其他主体而言具有较高的中间中心度，说明政府主体在都市圈多元主体参与绿色协同行动网络中的重要地位。然而与杭州都市圈有所不同的是，在杭州都市圈中，有浙江大学和环境科学研究院两所科研机构进入中心度排名前十位，而在合肥都市圈中，仅安徽大学一所科研机构进入了较高中心度排名前十位，且中心度相对较低。说明在合肥都市圈中，以大学和科研院所为主的科研机构在网络中角色作用的发挥相对有限，控制资源信息和影响其他成员的能力较低。

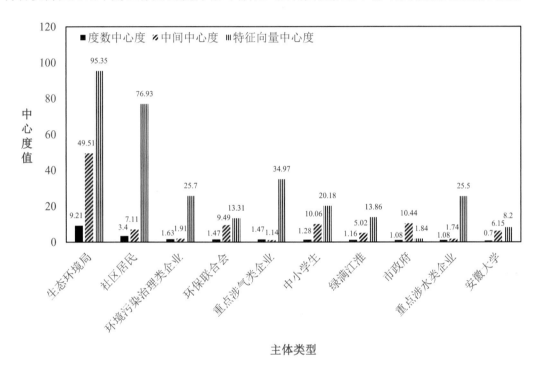

图 3-16　合肥都市圈多元主体参与绿色协同行动中心度

资料来源：作者搜集相关数据自制。

此外，就企业的中心度排名来看，杭州都市圈中环境污染治理类以及环境监测类企业具有较高的中心度，而合肥都市圈中重点涉气类以及重点涉水类等环境污染类企业则相对中心度较高，反映出合肥都市圈可能更倾向于解决和防治企业大气和水环境污染问题的治理价值取向，而相较于杭州都市圈，高新科技类和环境污染处理类企业的参与度和主体地位仍有待提升。

（3）两大都市圈多元主体参与绿色协同行动网络共性特点分析

对比来看，两大都市圈的多元主体参与绿色协同行动现状网络存在着许多共性特点。

第一，就政府与企业之间的协作来看，两大都市圈的政府都更倾向于同环境污染治理类企业以及重点涉气类、重点涉水类企业展开合作。究其原因，仍是在《大气污染防治计划》以及《水污染防治计划》相继出台后，一方面，地方政府加强了对于涉气和涉水类企业在废气和废水污染排放以及清洁生产等方面问题的重视，并通过约谈会、座谈会以及开展环保技术培训等方式，与该类型企业产生较多联系；另一方面，政府也开始加强与水污染处理类、大气污染处理类的环保企业的合作，利用其技术和资金优势，开展地区内大气和水污染问题的综合治理。

第二，就科研机构对绿色协同行动的参与情况来看，首先，作为省生态环境厅直属的科研事业单位，浙江省、安徽省环境科学研究院不断开展与环保科技相关的研究，在为政府给予环境管理的理论支持的同时，为企业和社会提供了多方面的环保技术服务，在多元协同网络中处于较为重要的位置。

第三，为了更详细地探讨其他科研机构在多元主体参与绿色发展治理过程中发挥的作用，本研究绘制了地方政府与科研机构关系的双模网络图，如图3-17所示，可以明显发现，地方政府更倾向与本地的科研院所和大学开展科研合作，如在杭州都市圈中，杭州市生态环境局与浙江工业大学、浙江大学联系频次颇高；而在合肥都市圈中，合肥市政府与安徽大学、安徽农业大学；六安市政府与皖西学院等本地的科研院所都有较为密切的联系。

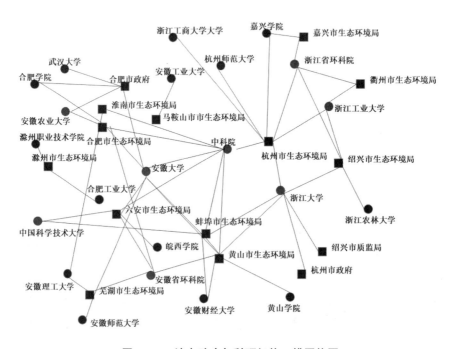

图3-17　地方政府与科研机构二模网络图

资料来源：作者搜集相关数据自制。

第四，就社会组织的参与程度而言，在两大都市圈中，社会组织群体可以大致分为两类，如绿色浙江、绿满江淮等民间社会组织以及环保联合会、环保产业协会等为代表的全国性、官方支持的社会组织都在参与绿色发展治理中发挥重要作用。为了探究社会组织的类型和级别是否对其参与绿色发展治理的程度有所影响，本研究提出假设：跨地区、全国性社会组织与地方性社会组织之间的中心度有差异，并对社会组织进行分类编码，将跨地区、全国性、有官方支持背景的社会组织编码为 1，如环保联合会、环保产业协会、科学技术协会等；将地方性、民间自主成立的社会组织编码为 2，如绿色浙江、绿满江淮、爱心365 公益协会等，进行了社会组织类别与其中心度的假设检验。

如图 3-18 所示，t=0.0967<0.1，因此，有 90%的把握认为社会组织的级别和类别不同，其中心度会有所差异。即以环保联合会和环保产业协会为代表的、由政府官方主管和支持的全国性社会组织，因其所具有的"跨地区、跨部门、行业性"等特点，相较于民间社会组织具有更为广泛的社会影响力和优越的发展资源。也因此更能够在多元协同绿色发展共治的网络中比地方社会组织发挥更为重要的主体地位。

第五，就公民对绿色发展治理的参与程度来看，大致可以分为"社区居民、乡村居民以及中小学生"三个种类。其中，依托于所生活地区的发展水平和资源优势以及环保活动主要以"社区、广场"等小型地理范围为单位进行展开的特点，社区居民相较于乡村居民而言有更多的机会和更强的主动性参与到绿色发展共治之中。而中小学生作为公民中的一个主体代表，近年来参与程度逐渐提升也与我国的环保政策中构建"家庭—学校—社会"三位一体的环境教育和培训体系的规定和动员有一定的相关性。

```
. ttest nrmdegree ,by ( organization )

Two-sample t test with equal variances

   Group |     Obs       Mean    Std. Err.   Std. Dev.   [95% Conf. Interval]
---------+--------------------------------------------------------------------
       1 |       5     11.4032   4.493348    10.04743    -1.072335    23.87873
       2 |      10      5.1324   2.362443     7.4707      -.2118171    10.47662
---------+--------------------------------------------------------------------
combined |      15    7.222667   2.222378    8.607232     2.45614     11.98919
---------+--------------------------------------------------------------------
    diff |             6.2708    4.57276                  -3.608048    16.14965
------------------------------------------------------------------------------
    diff = mean(1) - mean(2)                                    t =    1.3713
Ho: diff = 0                                    degrees of freedom =       13

    Ha: diff < 0                 Ha: diff != 0                  Ha: diff > 0
 Pr(T < t) = 0.9033        Pr(|T| > |t|) = 0.1935           Pr(T > t) = 0.0967
```

图 3-18　社会组织类别与中心度关系 t 检验结果

资料来源：作者搜集相关数据自制。

3.5 多元共治中存在的问题

3.5.1 多元主体之间作用发挥不均衡

（1）政府主体仍然占据主导地位

虽然随着时间推移，自 2015—2019 年间，政府参与绿色发展治理的比例逐年下降，体现出在多元主体协同治理过程中，政府主体"去中心化"的趋势。然而，一方面不同城市的政府参与绿色发展治理的比例有所差异，另一方面，在杭州都市圈与合肥都市圈多元主体参与绿色协同行动的网络中，以生态环境局为代表的政府主体仍然具有最高的中心度，显示出其在治理网络中的核心地位，以及对网络信息资源和网络成员的控制力。因此，政府依然是都市圈绿色发展协同治理的最关键主体。

（2）社会组织发展水平参差不齐

在绿色发展协同治理中，环保社会组织的力量不可或缺。随着近些年来，政府和社会对于志愿服务、基金会等多种社会组织提供服务的需求增长，愈来愈多的社会组织逐步涌现出来。然而，由于其所依托的发展基础和资金支持条件等有所不同，一些诸如组织文化、核心团队等要素在部分成熟的社会组织中存在缺位现象，使得社会组织虽然数量众多，但是发展水平参差不齐，难以有效承担起参与社会治理、提供社会服务以及发挥监管功能的职能角色。以杭州都市圈为例，虽然区域内社会组织数量庞大、发展迅速，然而在协作网络内，中心度排名较高的社会组织中，仅有绿色浙江这一个扎根浙江本土的地区型组织，其余仍然以中华环保联合会、中国环保产业协会等具备行政部门主管资质或跨区域、全国性、跨行业性质的社会组织为主，区域社会组织与全国性社会组织在网络中的地位和影响力差距明显，这种社会组织水平的参差不齐导致了社会组织在多元主体参与绿色发展治理过程中所发挥作用的不均衡。

（3）企业主体更为注重政企关系

企业不仅仅是绿色发展治理的重要主体，更是造成环境污染的主要责任主体和环境保护技术与环境污染处理服务的提供主体。因此，从企业层面而言，如何转变企业的发展理念，促使其主动参与到治理体系中来，是从源头上打破绿色发展困境的关键。然而目前就杭州都市圈与合肥都市圈中企业参与多元协同绿色发展协同治理的现状来看，一方面，与企业合作联系频次较高的仍然以政府主体为主，政府与企业之间通过环保培训、座谈会等多种活动形式进行连接。另一方面，企业与科研机构、社会组织和公民等其他主体之间的联系则相对较少，且处于较为被动状态，企业自身参与环境治理和动员其他主体共同减轻环境污染，实现低碳发展的主动性有待提升。如何拓展企业与其他主体的共同参与和互动，充分利用企业所具有的资源优势，是促进企业提高协同治理的主动性和积极性的关键议题。

（4）科研机构相应作用发挥有限

科研机构在构建绿色技术创新体系、推进与生态、环境污染治理相关的可持续发展政策与制度的演进上具有关键的推动作用。虽然随着时间推进，杭州都市圈与合肥都市圈中科研机构的参与比例逐年稳步上升，然而首先从两地呈现出的多元主体协同网络图来看，科研机构与公民之间的联系频次较少，并且同样更倾向于与地方政府建立联系，"政府—企业—科研机构"的闭环子网络数量形成相对较少，科研机构产学研协作以及科技成果转换为生产力的比例仍有待提升。

（5）公民主体缺乏参与主动性

有着广泛的社会基础和网络参与特征的社会公众是都市圈绿色发展协同共治中最为直接和基层的主体，动员公民主体参与绿色发展共治，发挥公民监督环境污染治理、践行绿色发展观念的主体作用对都市圈绿色发展一体化过程中多元协同的达成具有重要影响。然而，虽然在《环境影响评价公众参与办法》等中央层面对于公众参与环境治理的政策引导下，各都市圈提高了对于公民主体参与协同共治的重视程度，并通过地方政府举办听证会、环保讲座以及社会组织开展环保活动等方式动员公民参与绿色发展治理，但是公民主体仍处于较为被动的地位。公民的参与形式也以参加其他主体所举办的环保活动为主，缺乏主动提出听证申请、自愿组织环保活动、踊跃参与环保讲座的积极性和自主性。

总而言之，区域间主体的有效合作需以平等的地位关系为基础。这种政府和其他多元主体之间的地位不平等现象，极易导致绿色发展的内聚力不足和社会力量的萌发不足，从而使得各主体之间的资源整合的壁垒难以破解，环境信息不对称的现象持续存在。都市圈跨地域、跨领域的复杂环境问题急需多元主体的协同共治，这种理论上的需求与多元主体地位现状之间的不平衡，一方面会导致多元主体之间缺乏目标达成共识，难以实现资源、信息共享和主体之间的利益均衡，从而使得绿色发展、多元协同、共同治理的状态难以达成；另一方面，还可能会由于社会力量、公民监管的缺位和市场优势的有限发挥以及政府失灵的局限性，进一步加重区域环境的污染。

3.5.2 区域之间协同效果差异大

（1）不同都市圈之间协同效果有所差异

就杭州都市圈与合肥都市圈对比来看，整体上合肥都市圈科研机构和社会组织的参与比例较低，这与地区经济、社会力量等综合发展水平密切相关。如果区域政府财政和政策动员有限，科研资源及人才资源匮乏，则容易使社会组织、科研机构的发展缺乏有力支持，进而导致其在绿色发展多元共治中作用发挥的有限性。而就企业主体在多元协同共治网络中的主体地位而言，在杭州都市圈中，环境污染处理类企业和环境监测类企业具有相对较高的中心度，合肥都市圈中重点涉气类及重点涉水类等环境污染较为严重的企业则相对处于网络中心地位。因此，地区经济发展和科研技术水平，以及环境污染状况的差异，同样会导致不同类型企业参与环境共治的程度不同，影响企业主体所具备的造成环境污染过程中的信息优势、处理环境污染中的技术优势，以及市场在资源配置、产权界定上的制度优势的有效发挥。

（2）不同等级城市之间协同效果差异明显

同一都市圈内，不同等级城市之间的协同效果同样有所差距。从社会组织参与绿色发展协同治理的比例来看，杭州市与合肥市作为省会城市，在政治、财政以及科研方面拥有更多资源，为社会组织提供了更为优越的生存和发展背景，也因此其社会组织参与绿色发展协同治理的比例相较于其他城市更高；此外，通过地方政府与科研机构合作的二模网络可以看出，地方政府较为倾向于与同属地高校之间展开绿色发展治理方面的科研合作，虽然在杭州都市圈与合肥都市圈中，浙江省与安徽省的环境科学研究院都发挥了较大的作用，然而如衢州市、湖州市等地区科研资源匮乏、高等院校数量少的区域，科研机构参与绿色发展协同行动的比例远低于如杭州、合肥等科研资源较丰富的高等级城市。这种不同级别城市之间科研和人才资源的不平衡，导致了科研机构发挥作用的不平衡，也因此进一步造成了不同级别城市之间多元主体参与绿色发展共治协同效果的不平衡。

由于长期以来按照划分城市等级进行城市管理的体制的存在，让高等级城市凭借经济和政治优势，通过政策支持等方式，让基础设施、公共服务资源等更多地向自身倾斜，从而造成城市间、城乡间以及区域间的资源配置不均衡，不同地区的信息与合作壁垒和碎片化治理的困境难以打破，进而不利于都市圈内绿色发展一体化过程中的多元协同达成。

（3）城乡区域之间协同效果差异较大

以公民主体的参与为例，在杭州都市圈与合肥都市圈多元主体参与绿色协同行动的网络中可以明显看出，相较于社区居民和中小学生，乡村居民主体具有较低的中心度。由于地理位置上的偏远、乡村居民本身参与环保的观念较为薄弱、乡村一级地方政府动员公民参与绿色发展的意识缺位，以及乡村地区社会组织数量、经济发展水平等区域发展的局限性等原因，导致了城乡居民在参与绿色发展协同治理上的能力、意愿以及程度差异。因此，如何规避城乡发展水平差异导致的以城乡居民为代表的多元主体在绿色发展治理中所发挥作用的差异，是达成都市圈绿色发展一体化过程中多元协同的关键议题。

3.5.3 缺乏长效和正式的机制保障

（1）长效协作比例较小

在绿色发展治理过程中，长三角城市群政府主体之间形成了较多的长效协作机制，例如"长三角地区地理信息资源共建共享联席会""太湖流域水环境综合治理省部际联席会议"等等。而与之相比，杭州都市圈与合肥都市圈多元主体之间的长效机制数量相去甚远，一事一议型的形式甚至占比在 90%以上。一事一议型的活动具有临时性或突发性特征，往往是针对某一个亟待解决的区域公共议题进行商讨。换言之，在都市圈多元主体参与绿色发展治理的过程中，缺少具有良好存续性的长效机制，固定的协作经验及运行准则尚未形成，从问题发生后的"治理网络"到问题发生前的"协作网络"的转变仍有待实现。

（2）正式合作形式不足

此外，无论是杭州都市圈还是合肥都市圈，多元主体参与绿色发展协同治理行动中，正式合作行动形式的占比均不超过 15%。正式的合作形式往往指多元主体之间产生了合约、协议或共同的声明，而非正式的合作形式则仅仅代表主体之间的对话交流或某次联合行动。实际上，一方面，由于参与主体本身的异质性和行政级别的差异，以及相较于如环保活动、环保讲座等形式所具有的开展成本低、开办难度小等特点，正式合作往往具有更高的强制性和约束性，也因此提高了正式的合作形式开展的条件要求和难度。另一方面，正式的合作形式往往伴随着长效性、固定性协作的达成而产生。正因为多元主体协同参与治理过程中长效性机制的缺乏，进一步导致了正式性合作形式的数量较少。

总而言之，这种长效性机制和正式合作形式的数量不足，使得都市圈绿色发展一体化过程中多元主体协同的效果缺乏长效性和正式性的保障，容易导致难以应对突发的环境污染、邻避运动等事故的风险以及参与者合作背叛的风险，影响多元协同效果的达成。

本章小结

本章重点研究环境污染治理困境的突破思路——多元共治。在研究中重点分析了多元主体的构成成员，从不同维度明确了各自的行为特征及动机。通过对杭州都市圈的案例分析指出：从时间层面来看，杭州都市圈与合肥都市圈多元主体协同治理的模式逐步向共享型演变，多元主体参与绿色发展治理的比例也逐年上升，并体现出了一种"去政府中心化"的趋势；从空间层面来看，省会核心城市和杭州都市圈由于资源和政策优势，多元协同效果更佳；从网络分析的结果来看，杭州都市圈的网络密度更高。此外，政府往往处于网络核心，同时也存在着政府更倾向于与属地高校建立联系，以及全国性的社会组织具有更高中心度等现象。针对目前多元协同中存在的问题，最终从扶持强化社会资本、拓宽公民参与途径、健全有效沟通机制等方面提出了政策建议。

第4章　城市群环境共治网络

4.1　长三角环境多边共治背景

长期受益于经济一体化的发展方式，我国一些位置相邻、优势互补的区域获得了巨大的发展机遇，以京津冀、长三角和泛珠三角为代表的城市群在中国经济发展中愈发重要。2016 年中央城市工作会议上提出城镇化以"城市群为主体形态"进行科学规划，"十三五"规划中城市群建设进一步加大步伐，国务院提出将在"十三五"期间建设 19 个城市群，形成更多支撑区域发展的增长极。但是，基于城市群发展带来的资源集聚效应并非只有好的一面，生态破坏和环境污染问题日趋显著，连片式跨区的污染问题由于负外部性越显严重。根据《中国城市群发展报告（2016）》，长三角作为我国综合发展水平最高的城市群，是通过何种演变路径、形成什么样的治理结构，使得环境污染问题得到了较好的解决值得学者们探究。

城市群污染具有广泛性、时滞性和复杂性的特征。污染物跨城市单向或双向流动，政府、企业、社会公众等主体利益诉求交叠，环境负外部性问题突出。于是各方围绕环境污染上演了一场场恩怨纠纷，使得污染治理成为新时期城市群一体化发展进程中亟须解决的重要课题。2013 年党的十八大报告明确指出，要大力推进生态文明建设，形成经济、政治、社会、文化、生态文明的"五位一体"的发展格局。在国家政策的号召下，各地纷纷制定加强环境合作城市群发展战略。以长三角为例，2013 年 5 月，江苏、浙江、安徽和上海三省一市共同签订了《长三角地区跨界环境污染事件应急联动工作方案》。2014 年 1 月，长三角区域大气污染防治协作机制正式启动，制定了《长三角区域落实大气污染防治行动计划实施细则》。环境治理是国家治理能力的一个重要表现，从竞争走向合作的城市间发展格局正在成为环境治理的新态势。改革开放之后的 40 多年间，长三角交出了一份较好的答卷，为实现长三角区域一体化，城市间环境合作治理正成为重要途径之一，城市群协作式治理对于城市群发展已经显示出极大的重要性、必要性和紧迫性。

大量研究表明，合作与共治在解决公共池塘资源的治理困境上表现出了绝对的优势。区域合作范围不断扩大，从基础的经济合作，扩展到能源、环保及基础设施等多领域。现有理论主要从规模报酬和交易成本出发，将污染治理的制度性集体行动困境纳入考虑，提出空间上的合作能够产生报酬递增的效应，内生化协调成本，从而达到共赢。此外，自组织的合作关系表明环境合作不是单向的线性连接，而是结成多主体、多层次和多领域的复杂网络结构。Thurmaier 和 Wood（2002）认为行为主体之间的单向或双向连接构成一种二元关系，数个这样性质的微观主体会在宏观层面构成包含一系列行动者的社会网络，从而形成合作网络。合作网络是由行动者之间的相互依赖关系构成的空间体系，网络间的互动能够促进不同行动者根据自身行动优势进行资源的有效配置。网络的节点可以是个人、组织、结构、国家和地区等单元。合作是解决区域共同问题的政策手段，不仅在经济一体化、产业结构调整等经济领域，在跨区域的公共物品和服务供给等领域中，地方政府的合作治理也是重要决策内容。本研究探究长三角区域环境治理中形成的地方政府网络，即以环境治理为目标的区域性城市主体协同发展网络。该网络的核心是不依赖上级政府或统一的行政职能部门来领导各行动者之间的合作行为，潜在的行动者已经可以自行估量成本及收益水平。同时，网络的结构关系能够显著影响网络行为主体的决策。网络关系是地方政府在环境合作中的自组织行为的呈现，网络是不同部门（行动者）间的合作关系及其组织间协调模式。与以往的研究使用累积数据进行网络静态结构分析不同，本研究使用时序数据反映网络的动态演变过程。通过对网络关系及其演变的研究，挖掘中国环境治理中地方政府的合作行为动机，分析地方政府在网络中扮演的角色和占据地位的变化带来的决策调整过程，这将有助于探索区域共赢的实现机制及绿色发展的可持续路径。

4.2　长三角城市群环境治理网络界定

4.2.1　环境治理网络主体

从区域历史沿革上看，1992 年"长三角 15 个城市经济协作联席会议制度"标志着长三角城市间的合作开始，两年后该制度升级成为"长三角城市经济协调会"，前后经历多次成员扩张，共召开了 16 次会议，最终吸收了上海、江苏 13 市、浙江 12 市和安徽省 4 市（见表 4-1）。从 1982 年提出"以上海为中心建立长三角经济圈"开始，到国务院发布长三角城市群发展规划方案，长三角城市群的概念和空间范围不断变化，2018 年 6 月，《长三角地区一体化发展三年行动计划（2018—2020）》的编制进一步推动了城市群内联动发展，将建设面向全球的世界级城市群为目标。长三角城市群持续纵深发展，从原来的以经济发展为工作重心向注重经济社会一体化发展转变，形成南京都市圈、杭州都市圈、合肥都市圈、苏锡常都市圈和宁波都市圈的同城化发展，以"Z 字形"的空间结构推动长江经济带发展，发挥辐射带动作用。本研究聚焦长江三角洲城市网络，共包含长三角 30 个城市。

表 4-1　长江三角洲经济协调会议历史沿革

时间	相关会议	城市范围	城市数量（个）
1992	长江三角洲十四城市协作办（委）主任联席会	上海、无锡、宁波、舟山、苏州、扬州、杭州、绍兴、南京、南通、常州、湖州、嘉兴、镇江	14
1997	长江三角洲城市经济协调会	上海、无锡、宁波、舟山、苏州、扬州、杭州、绍兴、南京、南通、常州、湖州、嘉兴、镇江、泰州	15
2003	长三角城市经济协调会第四次会议	上海、无锡、宁波、舟山、苏州、扬州、杭州、绍兴、南京、南通、常州、湖州、嘉兴、镇江、泰州、台州	16
2010	长三角城市经济协调会第十次会议	上海、无锡、宁波、舟山、苏州、扬州、杭州、绍兴、南京、南通、常州、湖州、嘉兴、镇江、泰州、台州、合肥、盐城、马鞍山、金华、淮安、衢州	22
2013	长三角城市经济协调会第十三次会议	上海、无锡、宁波、舟山、苏州、扬州、杭州、绍兴、南京、南通、常州、湖州、嘉兴、镇江、泰州、台州、合肥、盐城、马鞍山、金华、淮安、衢州、徐州、芜湖、滁州、淮南、丽水、温州、宿迁、连云港	30

资料来源：作者根据新华网长三角频道相关资料整理 http://csj.xinhuanet.com/。

伴随着区域经济迅速增长，长三角内部各城市浮现出发展不均衡的现象。从经济发展水平来看（见图 4-1），截至 2015 年，上海作为长三角的经济中心，经济总量达 25000 亿元，与其他城市间差距明显；处于第二个层级水平的是苏州和杭州，2015 年 GDP 总量也达到了 14500 亿元和 10000 亿元，进入"万亿俱乐部"；此外，南京、无锡、南通、徐州、常州、宁波和合肥七个城市，2015 年 GDP 总量超过了 5000 亿元，成为长三角城市群中极为重要的经济贡献主体；然而，2015 年宣城 GDP 总量为 971 亿元，仅占上海的 3.88%；其余城市经济总量虽有千亿水平，尚未突破 5000 亿。由此可见，长三角城市间呈现出跨度较大的阶梯状发展格局。

长三角城市群内共有 1 个直辖市（上海），1 个计划单列市（宁波），3 个省会城市（南京、杭州、合肥）。区域内，产业门类齐全，从制造业到互联网新兴产业都有领袖城市。钢铁和汽车制造等加工制造业仍占据了上海的产业结构的一定比例，作为老牌工业基地，南京在高端装备制造领域具有一定的优势，汽车及零部件制造、装备制造等则为合肥的优势产业。但总体来看，长三角地区的中低端制造产业占主导地位，能源消耗巨大。2013 年，沪苏浙皖三省一市能源消费总量达到 72878 万吨标准煤，显著高于京津冀城市群能源消耗。庞大的能源消费总量、工业体系的发展、城市群内汽车保有量的持续增加，使得 2013 年长三角区域暴发重度雾霾，给工业生产、交通运输和公众的身体健康带来了不利影响。

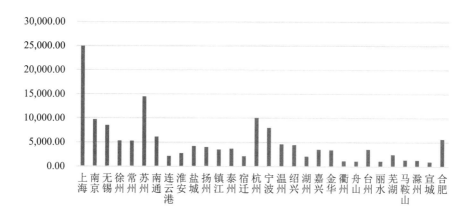

图 4-1　2015 年长三角 30 个城市 GDP 总量（亿元）

资料来源：国家统计局 http://www.stats.gov.cn/tjsj/。

相比于珠三角、京津冀、成渝城市群，长三角城市群包含城市数量最多，各市的经济发展水平、产业结构分布、城市人口规模等差异巨大，长三角城市群大气污染协同治理复杂性高，其协同治理网络的结构分析、网络生成影响因素分析结果对其他城市群的大气污染治理行动具有一定的借鉴意义。

4.2.2　数据获取与整理

本研究数据处理过程由搜集、筛查和编码共三个阶段组成（见图 4-2）。

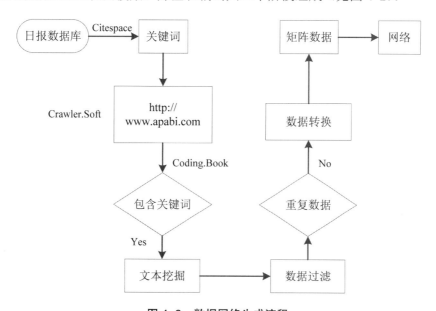

图 4-2　数据网络生成流程

资料来源：作者自制。

第一阶段：文本挖掘阶段。运用 Citespace 确定城市日报中与城市环境合作治理有关的文本研究件开展词频分析。最终确定"考察""召开"和"签订" 3 个高频行为刻画类动词和"环境""生态""大气""水环境"和"绿色" 5 个高频关键内容词。上述两类高频词两两组合成 15 个词组，再与非本日报城市的 29 个城市名称组合，构成最终的文本数据搜集词组。从万方数据库中提取数据，检索长三角 30 个城市 2009—2015 年的日报文本数据，最终得到 5022 个文本数据。第二阶段：数据筛查阶段。基于全文阅读的精准性，人工筛查能剔除无效、异常文本数据，提高文本数据的关联性与有效性，经筛查，共获得 1576 条有效文本数据，经转码每个城市都有 2009—2015 共 7 个年份的非 0—1 矩阵。第三阶段：数据编码阶段。汇总所有城市的非 0—1 矩阵，得到构成长三角环境合作整体网络的 210 个非 0—1 矩阵数据。由于本研究将借助社会网络分析软件 UCINET 进行环境合作网络的网络特征分析，故将非 0—1 矩阵转化为 0—1 矩阵便于网络特征分析。最终，构建了 2009—2015 年长三角 30 个城市的整体网络矩阵数据库（见表 4-2）。

表 4-2   2009—2015 年网络数据

年份	2009	2010	2011	2012	2013	2014	2015	合计
文本数量（个）	153	210	172	201	253	302	285	1576
网络连接数（条）	154	151	157	172	171	192	190	1187

资料来源：作者自制。

4.3   网络关键指标

在对比分析中，我们主要采用了网络密度、点度中心度和中间中心度三个基本的网络指标对不同年份长三角城市间环境合作网络进行分析，从而识别典型城市的网络特征，具体计算通过 UCINET6.6 软件实现。

4.3.1   网络密度

密度（density）刻画了网络中行动者之间的联系紧密程度，密度代表长三角城市之间实际存在的连接协议与理论上可能的连接协议的比例。若网络中实际存在 n 个节点，则网络密度等于：

$$D = \frac{\sum_{t=1} d_i(c_i)}{n(n-1)} \qquad [1]$$

公式中 n 代表的是节点的个数，即研究中城市的数量，$d_i(c_i) = \sum_{t=1}^{n} d_i(c_i, c_j)$；如果城市 i 与城市 j 存在一个连接，那么 $d_i(c_i, c_j)$ 的值为 1，反之则值为 0。

4.3.2 点度中心度

在城市环境合作治理网络中，点度中心度（degree centrality）是指某个城市与其他城市的总的连接边数，反映了网络中该节点与其他节点的关联性。点度中心度值越大，则该城市节点的位置越接近网络中心位置，节点重要性越高。点度中心度的标准化测量模型为：

$$C_D(c_i) = d(c_i)/(n-1) \qquad [2]$$

$d(c_i)$ 是节点 c_i 的出入度总和，点出度是节点 c_i 向外与其他节点建立联系的节点数，点入度是节点 c_i 得到其他节点联系的节点数，n 表示总的节点数。点度中心度的值介于 0—1 之间，值越接近 1，则表示该节点与其他节点联系程度越高。

4.3.3 中间中心度

中间中心度（betweenness centrality）这一指标具有网络特性，主要刻画处于其他网络节点对的"中间"位置程度，从而揭示其作用。处于"中间"位置程度较高的节点具有更强的控制资源和信息流动能力。在环境合作治理网络中，中间中心度较高的城市在与其他城市互动交流中充当了中介的作用，位于网络中心的城市，则它到其他所有城市的路径都是最短的。如果用 g_{jk} 表示城市 j 和 k 之间存在的捷径数量，那么可以将城市 i 能够控制城市 g 和城市 k 之间的交往能力表示为 $b_{jk}(i)$，可以计算出城市 i 处于城市 j 和城市 k 之间的捷径的概率。于是，节点 j 和节点 k 之间存在经过节点 i 的捷径可用 $g_{jk}(i)$ 表示。则有，$b_{jk}(i) = g_{jk}(i)/g_{jk}$。那么中间中心度 C_{ABi} 的计算方法表示为

$$C_{ABi} = \sum_{j}^{n} \sum_{k}^{n} b_{jk}(i), \, j \neq k \neq i, j < k \qquad [3]$$

4.3.4 网络可视化与整体描述

以长三角 2009—2015 年 30 个城市府际协议数据为基础，使用 Net Draw 刻画出府际协议网络（见图 4-3），直观展示网络结构及其紧密关系。为了清晰呈现网络的变化趋势，我们选择了两年一次的方式展示，因此包含 2009 年（图 4-3-1）、2011 年（图 4-3-2）、2013 年（图 4-3-3）和 2015（图 4-3-4）年四个年份可视化网络图。

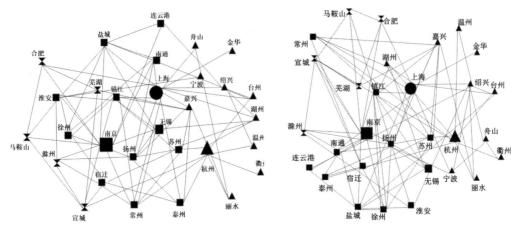

图 4-3-1　2009 年长三角城市间府际协议网络　　图 4-3-2　2011 年长三角城市间府际协议网络

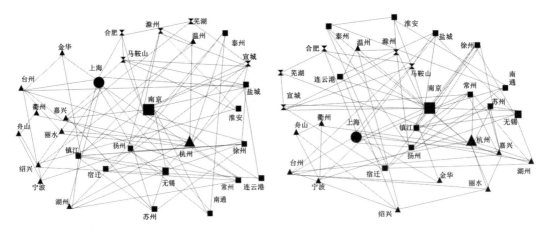

图 4-3-3　2013 年长三角城市间府际协议网络　　图 4-3-4　2015 年长三角城市间府际协议网络

资料来源：作者自制。

　　每个网络图有 30 个节点，代表 30 个城市。节点形状分别代表来自不同省份的城市，其中圆形节点表示上海市，正方形节点表示江苏省的城市，三角形节点表示浙江省的城市，重三角节点表示安徽省的城市。节点的形状大小与城市点度中心度值正相关，点度中心度越大，对应的节点形状越大；反之，节点形状越小。可以看出，在同一年份，不同城市之间的中心度水平差异较大，如 2009 年上海与丽水两个城市节点大小差异明显。而在不同年份，同一城市的中心度水平也在发生变化，以上海和南京为例，上海在 2013 年节点明显小于南京，而 2015 年超越了南京。网络图中连接线的密集程度代表了合作关系的紧密程度。随着时间的推进，网络越来越密集，说明长三角城市间环境合作在不断加强，彼此连接关系越来越多。

　　从不同年份的动态变化来看，长三角城市间环境合作网络特征明显。首先，网络主体的活跃程度增强,节点差异缩小。2009 年,环境合作主要以上海、南京、杭州、苏州等具有行政级别或经济水平优势地位的城市为核心,其余城市处在网络次边缘或边缘。局部而言,江苏省内部城市间的合作明显多于其他两个省份,安徽省 4 个城市参与的合作较少,这也是由于安徽省极少融入长三角的区域发展建设中,因而在环境合作议题上也表现平平。其次,从趋势层面看,网络整体发展表现为内部连接越来越多,网络紧密程度逐年增加。2015 年长三角城市间的环境合作最为紧密,区域环境合作治理主体越来越倾向于采用互惠共赢方式参与合作。浙江、安徽两省内部城市间合作发展很快,与长三角其他城市在环境议题上形成了更多的共识,构建了合作关系,网络图中各节点的大小差异已经明显缩小。

4.4　长三角城市环境治理网络结构演变的特征

4.4.1　双核领导的中心协调结构基本稳定

一个城市在整体环境合作网络中的地位与位置可以通过网络中心度指标较好地反映出来,本研究主要用到点度中心度和中间中心度指标。从表 4-3 中可以看出,在前期阶段(2009—2011 年)点度中心度值呈现上升趋势,最高时趋近 60%,说明合作网络的中心聚集程度在这段时间加大,各城市向中心城市聚集。在后期阶段(2012—2015 年)点度中心度值显著波动,整体来讲呈下降走势,意味着随合作的推进,开始表现出去中心化的趋势。形成中心协调式环境合作网络结构有两个基本动机。第一个动机是从交易成本最小化出发,各城市发掘加深彼此合作的机会,以中心城市为信息沟通的桥梁。第二个动机是独特事件推动,明确特定城市的中心城市地位,以点带面带动整个区域的环境合作。

从第一个动机来看,长三角的中心城市是上海,自然可作为环境合作网络中政策制定、协议构建以及信息交流的中心协调者。一方面,上海一直保持较高水准的环境诉求,大量的环境保护合作需求体现在不同领域不同层面。具体而言:沿江流域治理方面,上游城市应当统一治理标准,全力配合;沿海近海环境治理方面,长三角各沿海城市在治理方式上应当深化沟通,寻求合作;区域大气污染治理方面,长三角所有城市应当注重联防联控,联手治理长三角的区域空气污染。另一方面,上海不仅是该区域的经济中心,也是我国四大直辖市之一,对于环境合作成本与风险有较高的承受力,因而在长三角环境合作网络中堪当领头重任,发挥政策传导和信息传递的中心桥梁作用。再看第二个动机,根据表 4-3,在 2014 年网络点度中心度值的下降趋势出现拐点,网络中心度值陡然增加,经研究发现与 2014 年南京"青奥会"有关,为完成保障空气质量的要求,长三角各城市数次参加由南京主办的大气治理联防联控市长会议,开展环境合作。"青奥会"事件提高了网络整体的活跃程度，加强了城市间的合作，也树立了南京的核心地位。需要注意的是，事件推动型的网络领导者很难持续，表 4-3 中 2015 年的下降即可表征。但不可否认的是由于此次事件的推动，在长三角城市间环境合作网络中，南京已经成为除上海外最重要的节点，发挥了资源协调、信息传递和合作激励的作用。

表 4-3　长三角 30 个城市 2009—2015 年整体网络指标

年份	网络密度	网络点度中心度	网络中间中心度
2009	0.18	49.75	18.29
2010	0.17	54.19	17.19
2011	0.18	57.14	12.31
2012	0.20	52.22	12.99
2013	0.20	45.32	27.42
2014	0.22	53.94	28.47
2015	0.22	35.96	12.78

资料来源：作者整理、自制。

在上述动机的推动下，长三角形成了以上海和南京两个城市为领导的网络结构，网络层次的主要决策和行动由领导者确定和协调，因此具有较高的中心化程度。上海和南京作为网络代理人行使管理职权，激励网络成员为实现网络目标共同出力，通常该目标都与领导者的目标接近甚至趋同。出于最小化成本和规避风险的原则，自身实力有限的网络成员愿意接受网络领导指导并与其他成员构建网络关系，网络成员在环境治理方面有一些共同目标可能与其他成员协作和共担。这种结构模式具有能够有效完成各种复杂和不确定性的环境治理任务的优点。此外，双核领导的网络结构能够弥补单一领导者的一个缺陷，即由于单一的领导组织承担了较多的网络责任，使得其他成员在网络层面的目标实现上有所懈怠，主要投入和关注自己的个体目标和利益。当网络中存在两个领导者时，可以相互制衡，平衡网络成员的利益诉求，从而更有益于协调差异化的网络成员，携手实现网络目标。由"青奥会"事件可以看出，当某城市的自身目标与网络目标高度一致时，该城市在网络中的重要性和地位就能得到快速提升，但维持地位还需要更多的事后监督与激励。

结合各项具体的网络指标，能够更深入地研究网络结构的变化。首先，整体网络密度是网络中实际存在的关系数量与理论关系量的比值，长三角环境合作网络的密度逐年增加，表明 30 个城市之间的合作更加密切，彼此在环境保护、环境治理等相关问题上也更加依赖合作网络。合作网络为 30 个成员城市分享了环境治理信息、节约了治理成本，这些资源的积累形成了更多的社会资本，不但对网络共同体，而且对每个成员城市的环境行为都具有一定的限制作用，密度越大，限制力就越大，成员需要按照网络规则为实现网络目标贡献力量。

其次，表 4-3 显示点度中心度值并没有出现与网络密度一致的逐年增长趋势，总体来看甚至呈现下降的趋势，这意味着越来越多的城市并不只是通过中心城市展开合作，而是搭建了新的合作渠道。随着整个长三角城市间环境合作推进，开展和推广了越来越多的合作活动和项目，由于环境治理收益的非竞争性和非排他性，参与环境合作治理的城市往往具有搭便车获取额外收益的动机，为减少此类情况出现的可能，更多的城市尝试建立直接、紧密的联系，而不是借由中心城市发挥中介协调作用促进合作。这种现象的出现也反映出信息和社会资本积累效应，在信息足够充分的情况下，直接合作更高效更具有实质性意义，彼此联系因合作增多而越发紧密，社会资本的积累必然会出现。

最后，长三角城市间环境合作网络的中间中心度的均值为 18.5%，表明环境合作网络中没有出现具有绝对中心地位的城市，各个城市之间的联系均以较为平等的地位来进行。值得关注的是，2013 年与 2014 年的中间中心度值陡增，而 2015 年的数值则降至 2013 年之前的水平，这同样是因为 2014 年南京"青奥会"大气治理联防联控的影响。由于这一时期的主要合作方式是双核领导的中心协调结构，核心城市往往发挥着多重作用，既承担着中介协调作用，也为与其他城市加强合作联系出力，所以当核心城市的协调功能减弱时，其中介作用也减弱，这就解释了整体网络的中间中心度与点度中心度一致波动的现象。以南京为中心以及围绕这一节点形成的环境合作并未形成长效机制，仅作为降低短期重大事件冲击的不利影响的应急机制。在这种情况下，南京"青奥会"大气治理联防联控整体事件引发的过重的监督成本和契约成本造成应急机制未能成为优良长效机制。排除事件冲击对原有趋势的干扰，整体网络的中间中心度并没有发生显著改变，可能有两方面的原因，一方面双核领导的中心协调网络结构日趋稳定，没有发生较大改变的可能和必要。另一方面领导城市的网络影响力逐渐减弱，越来越多的城市不再局限于自身相关的合作，承担了更多的中介、桥梁职责。

4.4.2 次中心城市不断替代核心城市主导区域环境合作治理

整体网络中心度反映网络的整体中心聚集程度，而平均点度中心度则侧重于网络中所有城市总体协调水平。长三角 30 个城市平均点度中心度有较为明显的上升态势（表 4-4），但核心城市上海、南京的点度中心度呈现出相反的趋势。此外，城市间点度中心度的标准差减小，从侧面反映出城市间点度中心度的差异在缩小，总体上看，次中心城市发挥出越来越多的中介协调作用，扩大自身的中心影响力，长三角环境合作网络体现出城市整体活跃性增强的特征。

表 4-4　2009—2015 年长三角 30 个城市点度中心度均值排序

排序	城市	点度中心度平均值	年均环比增长率（%）	排序	城市	点度中心度平均值	年均环比增长率（%）
1	上海	70.94	-2.36	16	南通	22.66	-5.67
2	南京	61.58	0.80	17	盐城	22.17	5.05
3	杭州	43.84	-3.74	18	马鞍山	20.20	19.84
4	苏州	42.86	2.64	19	连云港	19.70	18.77
5	扬州	42.36	3.65	20	合肥	18.72	9.05
6	嘉兴	41.87	6.77	21	金华	16.75	66.67
7	无锡	37.93	-1.55	22	舟山	15.76	27.46
8	宿迁	34.98	3.67	23	芜湖	15.76	6.94
9	宁波	32.51	3.95	24	台州	15.27	11.11
10	淮安	32.02	8.35	25	泰州	15.27	8.41
11	绍兴	29.56	17.27	26	宣城	11.33	20.84
12	常州	28.57	10.25	27	滁州	10.84	11.11
13	徐州	27.59	12.35	28	丽水	8.37	68.06
14	湖州	27.09	11.90	29	衢州	6.90	—
15	镇江	25.62	0.63	30	温州	3.94	—

资料来源：作者整理。自制。

均值衡量了一组数据的集中趋势，2009—2015 年的长三角城市整体点度平均值为 26.77，共有 14 个城市高于平均值，包括上海、南京、宁波、湖州等城市，共有 16 个城市低于平均值，包括镇江、盐城、合肥、温州等城市。上海、南京的点度中心度平均值与其他城市相比明显更高，其在长三角合作网络中的中心地位牢固，故以上海、南京为核心城市，次中心城市则定为剩余高于整体平均值的 12 个城市，次中心城市的中心影响力相对较弱。单个城市点度中心度平均值随时间变化的趋势可以通过年均环比增长率来衡量，从表中可以看出上海和南京呈现出相反的趋势，上海为-2.36%，而南京是 0.80%，将二者取平均数，得到-0.78%，总体来看，核心城市的影响力有减弱的态势。次中心的 12 个城市中，几乎所有城市的年均增长率都为正值，增长幅度最大的城市为绍兴，达到 17.27%，其中心影响力快速扩散。总的来说，次中心城市的中心影响力不断增强，越来越多的城市加强了中心协调作用。此外，次中心 12 个城市中，行政级别较高的杭州（省会城市）和宁波（计划单列市）两个城市的年均环比增长率分别为-3.74%和 3.95%，与第一集团城市中心影响力呈现相似变化，整体来看行政级别较高的城市（直辖市、省会城市及计划单列市）影响力不再增强甚至有减弱的趋势。

与中心城市相比，次中心城市中间中心度值较低，具有一定的中介桥梁作用，因此本研究定义次中心城市自身基本特征包括 GDP 体量较大、人口基数多、环境污染较为严重等。本研究以 2012 年的分析结果为例进行探讨，基于同一年份各个城市的相关统计数据（包括经济、人口和环境），分别用总量排名和总量占比两个指标进行对比分析。第一，从 2012 年 30 个城市 GDP 总量值来看，排名前 12 的次中心城市 GDP 表现突出，均在 GDP 总量排名前 20 名，而次中心城市的 GDP 总量占据榜单前十位的城市中共有 6 个城市，占比 50%。总体而言，2012 年长三角 30 个城市的 GDP 总量为 119562.82 亿元，其中，12 个次中心城市的 GDP 总和贡献了所有城市 GDP 总量的 47%，因此次中心 12 个城市的 GDP 平均值明显比长三角所有城市的平均值更高。第二，对 30 个城市的人口总量进行分析。在长三角城市人口总量排名前十中，次中心城市占了 4 个，在排名前二十的城市中，次中心城市占 11 个，几乎所有次中心城市都是人口大市。具体来说，2012 年长三角 30 个城市的人口总量达到 17762.01 万人，其中次中心 12 个城市人口总量贡献了长三角所有城市人口总量的 41%。2012 年 30 个城市人口数量平均值为 592.07 万人，次中心 12 个城市人口数量平均值为 609.72 万人。第三，考察 30 个城市的污水排放总量。在长三角城市污水排放量排名前十的城市中，次中心城市占据 5 个名额，在排名前二十的城市中，次中心城市占据了 11 个名额，侧面反映了次中心城市普遍污染严重。具体来说，2012 年长三角 30 个城市的污水排放总量达到 484527 万吨，而次中心所有城市的污水排放总和约占所有城市排放总量的 57%，因此次中心 12 个城市的排放量平均值明显高于长三角所有城市的平均值。

由此可见，核心城市的作用随环境合作的深度和强度不断提升在不断减弱，而由于更多的次中心城市经济和人口聚集能力的提升，它们在环境合作治理网络中的地位和作用也逐渐增强。经济发展水平的提升会增加环境合作诉求，因此，经济发展水平提升对环境网络地位的提升有极大的推动作用。

4.4.3 小圈子合作以互惠型和三角型的模式展开

中间中心度刻画了网络行动者是其他行动者的"中介"能力大小。点度中心度较高的节点通常也具有较大的中间中心度，通常发挥"经纪人"或"桥梁"作用。上海和南京在 2009—2015 年的中间中心度中数值最大。事实上，上海和南京是长三角区域内最重要的中心城市，长期以来协调着城市间的合作与交流。随着合作深入，越来越多的环境治理项目不再需要通过两个核心城市作为信息传递的枢纽和政策传导的中介，因此网络中上海、南京的中间中心度呈下降趋势，见表 4-5。

表 4-5　2009—2015 年长三角 30 个城市中间中心度排名

排名	2009		2010		2011		2012		2013		2014		2015	
1	上海	24.43	上海	26.61	上海	31.63	上海	25.22	南京	18.63	南京	26.35	上海	19.61
2	杭州	20.30	杭州	22.87	南京	14.34	南京	16.93	上海	18.43	上海	12.88	嘉兴	8.95
3	南京	10.33	南京	15.98	宁波	8.52	金华	9.67	宁波	7.87	杭州	10.23	南京	8.88
4	绍兴	5.90	嘉兴	11.60	扬州	5.97	杭州	5.65	嘉兴	6.82	绍兴	8.63	杭州	6.87
5	宿迁	3.84	扬州	6.47	嘉兴	5.37	宁波	5.37	扬州	4.22	苏州	5.33	常州	4.45
25	台州	0.06	衢州	0	金华	0.08	泰州	0	温州	0	芜湖	0.05	泰州	0.04
26	温州	0	舟山	0	温州	0	温州	0	衢州	0	泰州	0	南通	0
27	金华	0	台州	0	衢州	0	衢州	0	舟山	0	温州	0	温州	0
28	衢州	0	丽水	0	丽水	0	台州	0	丽水	0	衢州	0	衢州	0
29	舟山	0	滁州	0	滁州	0	丽水	0	芜湖	0	丽水	0	丽水	0
30	丽水	0	宣城	0	宣城	0	芜湖	0	滁州	0	滁州	0	宣城	0

资料来源：作者自制。

注：由于篇幅限制，只展示 2009—2015 年各年排序前 5 位和后 5 位城市的中间中心度。

从中间中心度均值总体变化趋势来看，整体有明显的下降趋势。到网络发展后期阶段，上海、南京、宁波及杭州等重要桥梁城市较好地发挥了组织协调、信息传递等作用，以这四个城市作为主要中介的大型合作模式逐渐减少。下降的中间中心度均值表明，环境合作网络中两两需要借由第三方城市的联系越来越少，直接紧密的联系减少了交易成本，更有效保障了合作的质量与效率，故互惠型的直接合作逐渐增多。另一方面，各个城市发挥的中介桥梁作用逐渐趋近。标准差数值度量了各城市的中间中心度离散程度，中间中心度标准差数值由最初的 5.602 下降到最终的 3.973（见表 4-6），侧面体现了次中心城市在其参与的环境合作治理项目中承担着越来越重要的桥梁作用的变化趋势。出现该变化趋势的内在原因是原有的依靠核心城市协调合作中的各项事务的方式比较单一，应结合实际合作环境，充分发挥各城市自身在凝聚子群中的协调和信息传递的优势，从最大限度地降低交易成本、畅通信息流出发，探索更为经济的合作模式。

表 4-6　长三角 30 个城市中间中心度统计指标

年份	2009	2010	2011	2012	2013	2014	2015
平均值	3.103	3.309	3.169	3.038	2.537	2.906	2.627
标准差	5.602	6.732	6.173	5.379	4.702	5.394	3.973
总计	93.103	99.261	95.074	91.133	76.108	87.192	78.818

资料来源：作者自制。

中间中心度均值与网络密度变化趋势的不一致主要原因有两个：一是根据前文分析，采用互惠型合作模式的比例增加；二是各城市承担中介的合作事务数量较总的合作事务并不多，且与传统中心城市的辐射范围相比影响较小，因此出现了很多的小圈子。在网络多边关系中，如果有中介，由三个城市组成的各种形态的三元组是基本的构成单元，所以，中间中心度上升的另一个原因是存在更多基于三角关系的小圈子合作。长三角城市群的环境合作治理多采用结对互惠或三角型的小圈子合作。

最后，各年份中长三角环境合作治理网络中不承担中介作用的城市平均有 5 个，包括温州、宣城、滁州、丽水等城市，这些城市的中间中心度最低，控制资源和信息流通的能力最弱，主要在不同规模的环境合作治理中充当参与、配合的角色，处于网络的边缘位置。

4.5　结果讨论

长三角城市群是我国具有代表性的城市群，经过多年经济发展，城市群内产业丰富，以第二产业制造业为支柱产业，包括南京的电子产业和合肥的家电产业等，但经济发展的累积带来了严重的环境污染，环境合作治理成为了长三角各城市的选择。环境问题表现出明显的负外部性，所以区域内城市间环境合作方式的选择与演化路径与其他领域的合作有很大的不同，与经济贸易合作也会有较大不同。本研究通过长三角 30 个城市地方政府在 2009—2015 年期间生态环境领域的合作行为分析，使用网络关键指标测度行动者与网络之间的双向互动关系，探究区域性公共问题的制度性集体行动机制和演进规律。本研究的相关结论对城市群环境合作有一定的参考价值。

首先，网络分析可以直观地展现出多行动者共治结构的交互关系，但是现有研究往往将互动关系的历史进行累加，从而归纳概括为某一种静态结构。这是在网络关系结构性质不变的假设的基础上进行的，其优势在于数据量足够大，能够得到较高信效度的结果。但是，由于影响主体之间互动关系的因素众多，这些因素会改变行动主体之间的相对比较关系，从而影响集体行为的选择。使用事件划分的分阶段网络结构比较研究，可以揭示地方环境治理合作行动的结构性演变规律。从本研究的分析可以看出，以每两年作为一个阶段，行动者集聚的方向和不同城市在网络中的位置都呈现出较为明显的演变。

在环境合作治理的初期，行政级别较高的个别城市位于网络的中心，牵头较大规模的环境合作，以互利合作的方式发挥着较大的协调作用。随着合作进程的持续发展，一方面行政级别较高城市的中心性逐渐下降，次中心化城市崛起，发挥着越来越多的中心协调作用；另一方面互惠合作方式得到更广泛的认可，区域内城市多采取"小圈子"式合作。

其次，双中心的领导结构是对网络结构理论的补充，形成了更为复杂的网络结构。在经典的网络治理文献中，更多关注由于中心度、密度等指标表现出的个别行动主体的连接重要性。在一个治理网络中，常常存在由一个领导者充当信息或者协同中心者角色的结构，比如领导型网络治理，但是在长三角的合作实践中，我们发现一个网络同时有两个中心（上海和南京）的网络结构。因此我们认为，在地方政府网络中，中心地位的获取往往归结于多重逻辑。上海的中心地位来自其政治地位与经济地位，即嵌入经济和政治网络中的环境治理，而南京的区域中心地位则是来自于大型国际赛事如"青奥会"的环境要求。南京和上海在网络演进中，展现出互补的关系。处于中心地位的城市，通常在一个网络中表现出资源获取的竞争关系，但长三角城市间两个中心可以在不同时期表现出不同的地位，这与驱动力的间歇性转换有关。这种双中心形态的出现，一方面表明了环境治理网络形成的复杂性，另一方面也表明了可以通过驱动力的转换实现区域中心地位的转换。

最后，跨省城市群的省际边界仍然是抑制合作的重要障碍。由于环境污染具有较强的公共性、跨界性和不确定性，地方政府网络不仅需要在城市行动者之间发展，更应当在不同区域不同层级间展开。研究发现，小规模区域环境合作治理主要是省内合作，地理临近性与统一的行政级别提高了治理成效，治理效果显著有效。但考虑到空气污染等具有外部溢出性的大规模环境污染，长三角城市间的环境合作在一定程度上保持了现有特点，即行政级别较高城市承担了组织发起大规模环境合作相关活动的职责。长三角城市在各自所在的省际里形成不同的合作圈，省际协作薄弱，且呈现弱化趋势。这说明区域环境管理体系仍是自上而下以行政区划为单元的管理方式，很难在污染区域范围内形成有效的领导、规划与协调机制，特别是在跨省城市间合作时，既缺乏动力，其行动绩效也很难被衡量，使得跨省城市之间的协作在制度上难以得到保障。因此，目前在政策上，依旧需要创新区域环境管理体制机制，更好地打通跨省际边界城市群，加强城市在环境治理中的自组织协调，完善绩效考核方式，尽可能减少跨省城市间的协调沟通制度成本，营造地方政府网络的新环境。

本章小结

本章以府际协议为数据来源，主要探讨长三角城市群的环境多边共治网络。研究发现，在环境合作治理初期阶段，城市群内部各主体主要采用"小圈子"式合作。发展到一定阶段，以上海和南京为双中心的网络结构成为长三角环境合作的重要结构特征，这种双中心形态的出现，一方面展示了环境治理网络形成的复杂性，另一方面也显示出可以通过驱动力的转换实现区域中心地位的转换。此外，跨省城市群中省际边界还是抑制协作的重要阻力，目前在政策上，仍需通过创新区域环境管理体制，更好地打通跨省际边界城市群链接，加强城市在环境治理中的自组织协调，完善绩效考核方式，尽可能减少跨省城市间的协调沟通制度成本，营造地方政府网络的新环境。

第5章　合作区环境共治网络

5.1　泛珠三角区域合作现状

5.1.1　泛珠三角合作历程

泛珠三角区域即著名的"9+2"经济区，包括广东、福建、江西、湖南、广西、海南、四川、贵州、云南九省（区）和香港、澳门特别行政区。2013 年，泛珠内地九省（区）GDP 为 18.6 万亿元，是 2004 年的 4.9 万亿元的 3.8 倍，约占全国的 33%，经济增速均高于全国 7.6% 的平均值，除广东外，余下 8 省区都有 10% 以上的增长，贵州、云南继续领跑，远远领先于其他省市的经济发展速度。在中国经济增长放缓的情况下，2014 年上半年全国各省区的数据显示，泛珠三角 9 省区 GDP 总额为 88544.2 亿元，经济增速仍均高于全国 7.4% 的增幅水平，增长速度与一季度相比，有所回升。在中国经济增长持续放缓的情况下，泛珠三角区域仍对全国经济情况具有重要的影响作用，其重要性也决定了一体化进程深入发展的同时会给不同区域政府带来巨大的机遇，相对应的合作所带来的巨大投入和跨界治理的问题也给各地政府带来了巨大的挑战。所以对于泛珠三角区域的重要性（即充分性）以及对它进行研究的必要性是选取这个区域合作网络以及这个题目进行研究的重要原因。

在泛珠三角区域经济一体化进程的推动下，通过各项合作协议、会议逐渐建立起来的区域合作也对区域经济研究提出了难题。由于我国尚未形成成熟的区域一体化的治理方案，往往资源配置难以达到最优，如何克服分权体制的弊端，降低在区域合作交易中产生的成本，合作区之间的地方政府应该在哪些领域产生更多的合作，应该与谁产生合作才能带来更大的网络效应，产生更大的价值，这就是此课题研究的目的。

泛珠三角区概念的提出，既是区域经济发展的必然选择，也是"9+2"省区社会和文化发展的必然结果。这一节将梳理珠江流域文化圈的形成和整合过程，重点刻画泛珠三角合作区在多元一体格局下丰富的族群和文化，以及区域合作的人文历史基础。2014 年 10 月召开的泛珠大会是在泛珠合作十周年历史节点上召开的一次承前启后、继往开来的重要会议。泛珠"9+2"各方基于对过去十年合作发展成果的全面总结，深入研究探讨在新一轮的合作中如何建立更加紧密的联系，联手打造泛珠区域经济共同体，增强区域经济竞争力，为全国发展大局做出更大贡献。

自从 2004 年以来，泛珠区域合作已经走过了数个年头。2014 年，泛珠这个面积占全国 1/5，人口占全国 1/3 的区域，已成为中国经济最具活力和发展潜力的地区之一。以 GDP 为例，泛珠内地九省（区）GDP 在十年间就增长了 3.8 倍，达到 18.6 万亿元，占全国 GDP 总量的 33%。泛珠合作走过了不凡的十年，各方围绕"合作发展，共创未来"的主题，把握优势互补、互利、共赢的原则，凝聚共识、建立机制，搭建平台、落实项目，推动泛珠区域合作取得了一系列重大成果，大致概括如下。

第一，基础设施互联互通成效明显。多年来，泛珠地区通过改善交通设施，特别是建设高速公路和高速铁路，使地区间的物流成本大大降低了，沿海地区的部分劳动密集型产业逐渐向内地转移，不仅促进了沿海地区的产业结构升级，还促进了相邻内地地区的经济发展。区域内九省区高速公路里程由 2004 年的 1.14 万公里增加到 2013 年的 3.46 万公里。

第二，经济联系更加紧密。泛珠区域通过消除地区间市场阻碍，促进地区间的资源流动来统一市场，让资源在更大空间范围内得到优化配置，增强各地区的经济竞争力。前九届泛珠经贸洽谈会累计签约 1.95 万个项目，金额达 3.76 万亿元。

第三，社会文化交流不断加强。搭建各种跨地区政府间、民间合作交流平台，保持频繁的交流和对话，为地区间合作与优化组合资源创造更多的可能。同时，农民工法律援助合作、跨省区养老保险转移接续、医疗保险异地结算等机制逐渐完善。

第四，生态环保合作成效显著。共同编制签订南岭山地森林及生物多样性生态功能区规划等一批生态环保规划。

第五，推动与港澳紧密合作和区域对外开放迈出新步伐。内地九省区与港澳贸易总额，以及九省区外贸进出口总额都实现了大幅度增长。其中的合作机制也日臻完善，编制实施了《泛珠区域合作发展规划纲要》以及一系列专项规划。

第六，政策协调。构建统一的社会主义市场经济体系，在社会保障体系的建设上，完善现有的社保结转方式，让在不同地区之间流动的劳动者在社保结转方面都能享受到同本地区就业的劳动者一样的就业、医疗、养老保障，不仅有助于破除劳动力跨地区流动上的障碍，还有助于提高劳动者的社会保障水平，增加劳动者的收入，扩大居民消费。

第七，在产业发展方面。一方面通过更多的交流和对话，协调各地的产业发展，实现错位发展，优势互补；另一方面，承认地区间的产业竞争是市场经济的常态，只有允许竞争、鼓励竞争以及有序竞争，方能促进产业的发展、提高竞争力。

未来泛珠三角区的发展规划要勇于改革创新，奋力破解合作的体制机制障碍，争取形成可复制、可推广的经验，为国内其他地区发展提供示范。要学习借鉴港澳经验，在泛珠九省区范围内，推动统一市场建设，全面清理现有地方保护和封闭市场的政策措施，推进消除限制人员、技术、资本、货物、服务流动的体制机制客观障碍，积极探索社会管理与公共服务体系相结合，构建国际化、法治化一体化的营商环境，率先形成统一开放、公开透明、平等竞争的大市场。发挥泛珠合作战略意义，立足多年合作发展的坚实基础，在新的起跑线上继续推进泛珠合作，推动建立区域间更紧密的联系，打造泛珠区域经济共同体，提升区域经济竞争力，为全国发展大局做出更大的贡献。

5.1.2　泛珠三角合作区的合作机制

泛珠三角合作区从 2004 年起就已经初步形成了合作的运行和协调机制，对推进合作产生了较好的效果，大致可以从以下几个方面来概括。

第一，确立共同目标。地域广阔、发展不均衡的特征，决定了各方利益目标需要进行协调，以获得持续发展和各方利益的最大化。因此，泛珠三角合作区要为区域合作营造一个公平、开放、竞争的市场环境，破除区域合作的边界困境，在合作过程中不断改革经济体制，完善市场经济制度。同时，在基础设施建设、能源、环境、旅游等诸多领域开展广泛合作，最终才能共同推动"泛珠三角"的可持续发展。

第二，构建经济结构互补带来的共同增强效应为泛珠合作的动力机制。"泛珠"区域覆盖东、中、西部三个地区，面积大且人口多，经济发展水平不平衡，经济结构存在较大的互补性，尚有很大的合作空间，且能够获得较大的合作效益。因此，在泛珠三角区域合作机制形成后，各成员互补合作获得了质的突破，实现生产要素的自由流动，资源不断优化配置，在泛珠三角这个巨大的市场内，已经能获得较大的规模经济效益，还降低了交易成本，区域合作的效益显著。通过 20 多年的经济合作，粤港澳三地的功能分工十分明确：香港发展成为以金融和物流业为核心的物流服务中心，广东成为世界性的制造基地，而澳门则成为东南亚的娱乐旅游聚集地。

第三，初步建立运行和协商的机制。泛珠三角合作区里有地方政府和特区政府以及中央政府，因而合作与发展会涉及到两种制度和多种级别的政府，这样就会存在多级政府利益之间的博弈。根据博弈论的观点，作为制度交易博弈的行为主体，会更加注重己方利益的实现和未来的可能收益，这样的博弈会使区域合作关系复杂化，甚至可能为追求政绩而影响投资资源效率，引致重复建设和产业同构。所以，目前泛珠三角合作区运行和协商机制主要包括高层联席会议制度、中层协调制度、日常办公制度和部门衔接落实制度三部分。高层联席会议制度的职责是研究区域合作发展规划；协商区域合作过程中遇到的重要问题；审议、决定区域合作的重要文件；研究决定论坛和洽谈会的承办方。各行政首长负责部署和推动本方参与区域合作的各方面有关工作；研究决定本方参与区域合作的战略、规划以及重大合作项目。中层协调制度的职责包括：事前协商一年一次的行政首长联席会议的议题、商贸洽谈会主办事宜，事后监督行政首长联席会议的决议和商贸洽谈会的落地和执行。

第四，形成了泛珠三角区域合作机制，也就是泛珠三角合作区区域合作与发展论坛和"泛珠"区域经贸合作洽谈会。发展改革委、商务部、国务院港澳事务室、国务院发展研究中心担任论坛指导单位。论坛和洽谈会原则上每年举办一次，其规模和形式由承办方提议，经秘书长协调会议确定。

泛珠三角合作区合作机制为区域合作提供了组织和制度保护，它的形成与发展离不开区域合作程度的提高。此外，区域合作机制的构建也受到了地区政治、经济、文化等因素的影响。泛珠三角区域的未来发展急需构建与该区域特点和发展要求匹配的合作机制。然而，在实际的泛珠三角区合作机制构建的过程中，面临着多方面的问题和障碍。现存的泛珠三角合作区的合作机制问题可以从以下几个方面来概括。

第一，政治制度的差异。作为上层建筑的政治制度具有对经济基础的反作用力，政治制度的不同会影响经济合作的顺利进行。泛珠三角区中比较典型的代表是香港和澳门两个地区。它们在其回归后仍旧沿用资本主义制度，而泛珠三角区中的其他 9 个省份则是社会主义制度。不同的政治制度会产生不同的指导思想、政体以及政党制度。而处在两种政治制度下的政府很可能会因为政治制度的差异使得共同体构建合作中存在阻碍，从而影响双方或其中某一方开展下步合作的积极性。不仅如此，不同的政治制度还会导致法律制度的不同。

第二，经济体制的差异。与政治制度相比，经济体制对区域合作的影响更为现实和直接。区域经济一体化是在经济运行机制的协调的基础上形成的。目前，我国东部市场化的水平比较高，中西部地区相对较低，这一现象会对形成全国统一市场产生影响，生产要素无法顺畅流通，区域合作面临不同区域市场运行机制不兼容的困境。在显著不同的经济发展背景下起来的两种市场类型的经济体制，在两地对接和合作中将出现驳斥，可能会形成构建泛珠三角区合作机制的阻力。

第三，经济实力的差距。经济实力的差距既会促进区域合作，也会阻碍区域合作。从构建合作机制的角度来看，经济发展水平的差距会涉及到双方在众多经济领域的权力以及义务平衡的问题。从经济互补的角度来看，不平衡的经济发展水平会使双方或多方具有合作的意愿。然而，由于两地对外辐射和影响力不同，导致双方各自的经济成长空间和对合作的关注程度不同。

第四，行政区划分的障碍。当下，泛珠三角区的行政区划分有三种，第一种是一般的行政区域；第二种是特区；第三种是特别行政区。这三种类型的行政区域划分会导致行政级别、地区区情、中央及地方政府政策等方面都有不同程度的差异。

随着泛珠三角区合作计划的提出和逐步实施，建立合作机制是摆脱困境的客观要求，是顺利实现地区合作的必然条件，也是双方共同发展的动力和保障。构建泛珠三角区合作机制的基本原则，包括平等、协调原则；互信互利原则；合作机制本土化原则；"三珠"并进原则；市场主导、政府引导原则等等。

5.2　环境治理的结构特征

5.2.1　不同政策领域的对比

研究数据的具体收集步骤为：以泛珠三角合作信息网为数据源基础，根据网络中按照合作领域的分类要闻进行检索，寻找泛珠各省市之间在特定领域达成的正式或非正式协议，包括合作协议、宣言、规划、方案、纲要、备忘录等等，将这些新闻信息初步摘录并存入word，备注时间及相关省市。然后，根据分领域、省市连接情况进行归类并统计。为了方便之后的分析与对比，提取并整理了从 2003 年到 2018 年一共 758 条府际协议数据，每条府际协议数据同时对应参与的相关成员数据。除了环境保护领域的数据，还包括旅游、交通、科教文化、劳务、卫生、贸易这六个领域的府际协议数据，本研究通过其他领域的相关数据，将其他领域的结构特征与环保领域作对比，力求得到更加客观的结论。为了厘清城市群环境合作网络的结构特征，了解城市群环境合作网络的相对发展趋势、合作精密程度、社会关注程度等特性，本研究首先通过对"9+2"泛珠三角区域省区之间 7 个重要的领域缔结的府际协议进行了基础的对比与比较，了解并分析政府在不同政策领域所开展合作的相似性与差异性，如图 5-1 所示。

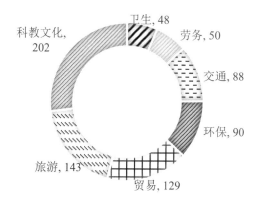

图 5-1　合作区各领域府际协议数量（份）分布

资料来源：作者搜集相关要闻整理。

在进行具体的网络属性比较测算之前，本研究首先整理了从 2003 年到 2018 年 11 个省区在 7 个领域所签订的协议数量，并绘制了合作区府际协议分布图。其中，科教文化领域签订了最多的 202 条协议，环保领域缔结的府际协议总共有 90 条，卫生领域签订的协议数量最少，一共 48 条。通过 16 年来的各领域总体协议签订的分布，可以明显地看出合作区各政府之间在科教文化、旅游、贸易方面所开展的合作更加广泛深入，其原因则可能是合作区的初步发展是强调在经济上的发展，同时在各种会议、协商中如何通过强有力的合作促进双方利益是合作内容的核心。因此例如科学机构之间的相互合作、旅游资源的推广与共享、商品贸易的推进在大概率上成为了"9+2"泛珠三角城市群合作的重心，相关合作签订的协议数量也就水涨船高。然而，简单的协议总数量分布图并没有解决许多问题：从协议总量上来看这几个领域处于主导地位，那这是否说明政府忽略了其他领域的合作？政府成立的合作区开展的区域合作目的是否具有多元性，而不是仅仅立足于经济发展？

为了解决这一问题，本研究对每个签订的府际协议的时间进行了分类，并统计了各个领域 16 年间签订协议的时间及数量分布（见表 5-1）。可以看出，科技文化领域签订的协议数量在从 2003 年至 2015 年的年份中都占主导地位，从 2015 年开始逐渐减少，环保领域从 2013 年开始缔结协议数量则呈增长态势，上文所提到的科教文化、旅游、贸易这三个广泛合作领域所促成的协议数量，从 2013 年开始都有不同程度的下滑。

表 5-1　合作区各领域府际协议签订时间及数量（份）

年份	环保	旅游	交通	科教文化	劳务	卫生	贸易
2003	0	1	0	2	0	0	1
2004	7	1	0	12	4	5	9
2005	5	8	6	14	6	2	11
2006	7	2	2	4	4	3	2
2007	1	0	0	8	2	1	1
2008	4	7	3	4	2	2	3
2009	2	7	2	2	2	0	8
2010	3	7	2	4	6	1	3
2011	0	4	4	4	1	2	1
2012	3	4	5	14	3	6	1
2013	14	30	6	40	2	13	2
2014	14	18	11	20	4	1	2
2015	8	20	15	42	4	6	29
2016	10	17	14	18	6	2	21
2017	8	15	9	8	3	2	1
2018	4	2	9	6	1	2	34

资料来源：作者自制。

研究认为，之所以在之前的合作中得到政府一定重视的领域的合作态势发生了变化，如科教文化领域，是因为协议的累计签订使得合作水平饱和，合作机会减少，合作成果趋向于成熟，且已形成具有累积效应的正向网络结构，因此，再缔结相关领域协议的边际效益变低，最终导致该领域的协议签订数量逐年下降的结果；而环保产业的上升态势，主要出于两个方面的原因：一方面是政策因素的影响，2013 年，我国"十二五"计划提出，中国需要建设资源节约型、环境友好型社会，保护环境生态对国家社会经济发展的作用被着重强调，而"9+2"泛珠三角合作区的大部分省区处于经济发达地区，因此环境问题、污染问题也相应地不容忽视，故而环境合作和环境协同治理开始被提升到了较高的战略地位；另一方面是其他领域因素的影响，也就是其他领域合作所产生的外部性促进了环境领域的合作，如科教文化领域合作使得更多人认识到经济发展中环境保护的重要性，贸易领域合作为了提高经济效益、降低成本、促进贸易意向而研发制造一些低污染的商品，这些因素协同使得环保领域的合作关系逐渐加强，合作更加广泛深入。同时，我们也可以回答之前所提出的问题，政府与政府之间的区域合作不仅仅是为了区域的经济发展，更多的是通过合作来为大众提供一些具有正外部性效应的服务和用品，并以政府政策为导向适当承担一些领域的发展责任。这样不仅有利于合作区域的经济发展，还能使区域合作的目标变得更加多元性。

最后，为了定量分析各个领域开展合作的情况，通过 UCINET 软件对 7 个领域协议所构建的一模省份-省份矩阵 X^N 进行了网络密度计算（如表 5-2），这样计算出来的网络密度的具体数值反应了省份与省份之间在特定领域所共同签订的协议数量。可以看出，科教文化领域具有最高的网络密度，卫生领域具有最低的网络密度，与之前的协议分布和时间趋势相对应，环保领域的密度值为 27.727，表明了省份与省份之间共同缔结的协议数接近 28 条，环保领域的合作趋向深入与广泛。

表 5-2　合作区各领域的合作网络密度及标准差

公共领域	环保	旅游	交通	科技文化	劳务	卫生	贸易
网络密度	27.727	22.582	23.909	57.473	26.291	15.218	31.6
标准差	6.343	5.532	4.734	16.106	4.993	8.608	8.302

资料来源：作者自制。

通过对 7 个不同领域的网络特征与结构的初步对比与分析，可以将"9+2"泛珠三角城市带所开展的环境合作划分为两个阶段，划分时点是 2003 年。在 2003 年之前，区域环境合作可以视为"保守"阶段，这个阶段政府之间的合作，通过协议签订分布来看是更加倾向于科教文化、贸易、旅游这些带来直接经济效益的领域合作，基于此的合作意向加快了政府间的经济发展，但也忽略了一些环境问题与社会问题。在 2003 年之后，区域环境合作则逐渐变为"扩张"阶段，由于环境保护政策的出台以及其他领域的外部性影响，省份与省份之间在环境保护领域的合作动机越来越强。本小节探讨了城市群发展过程中的环境合作问题，分析了城市群环境合作网络的初步网络结构特征，接下来的部分将会进一步探究在具体的环境合作中，"9+2"合作区中的各个省份扮演了怎样的角色，以及省份与省份之间在合作中遵循怎样的合作原则。

5.2.2　环境共治网络结构特征

为了解哪些省区成员在相关的环境合作中占据着主导的地位，可以通过一个重要的网络指标——网络中心度来进行分析。由于要分析省区之间缔结协议时谁扮演着重要的角色，因此需要分析隶属网络矩阵变换出的一模省份-省份矩阵 X^N。网络中心度较高的省份，则意味着他们在与其他省份的环境合作中具有较高的地位，具备较强的合作竞争力以及更加自由的合作意愿。通过 UCINET 以及对环保领域各省份网络中心度进行计算（如图 5-2），可以看到广东省的网络中心度最高，江西、广西、贵州、云南则属于第二梯队，海南、四川、湖南、福建属于第三梯队，香港、澳门的网络中心度最低。

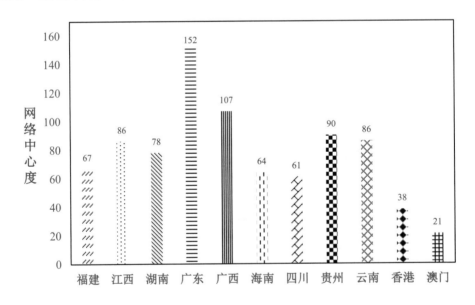

图 5-2　环境合作领域各省份网络中心度

资料来源：作者自制。

通过对具体缔结的府际协议进行分析，可以得出广东在环境合作中具有较高地位的原因：首先，广东作为香港、澳门与内陆的连接点，得天独厚的地理优势以及相互不可排斥的外部性使得香港、澳门在环境合作时只可能选择广东省作为自己的主要合作对象；其次，广东省在经济发展中也同样处于领先地位，经济上的优势使得其在相关的合作中更具有话语权以及引领能力。通过对广东省的高网络中心度分析，我们可以初步得到一个政府在环境合作中所持有的合作态度：即"9+2"合作区中的环境合作是一个相当依赖地理位置以及相关区域经济发展水平的合作平台，选择与地理层面上相邻的省份合作以及选择与经济发达、具有较高环境治理水平的省份合作，是各省份之间进行环境合作的原始动机。但是，仅仅通过对于中心度的分析所得到的上述结论只能是一种假设，是通过对环境合作战略地位而推演出的一种可能性理论。关于什么因素的差异会影响到政府之间的环境合作，本研究在之后的 QAP 回归分析中会进行探究。

为了进一步了解环境合作的网络结构，更加直观地分析相关网络结构特征，通过 UCINET 的 Net Draw 组件绘制出了城市群环境合作网络图（如图 5-3），其中每个点代表参与环境合作的相关省份，点的大小反映各个省份网络中心度的高低，同时也反映了其在网络中的合作地位，其中每根线代表省份与省份之间所缔结的府际协议，线的粗细则代表着两个省份之间所签订的协议数量，粗线代表该省区在区域合作中签订了较多的府际协议，细线代表该省区在区域合作中签订了较少的府际协议。因为之前提到省份-省份矩阵 X^N 是对偶矩阵，因此 X^N 构成了无向的关系，所以城市群环境合作网络图为无向图。

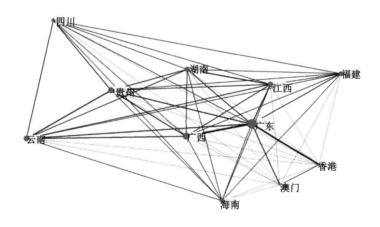

图 5-3　城市群环境合作网络图

资料来源：作者自制。

从网络图中可以看到，各个省份之间均有或多或少与其他省份之间的合作行为，这初步说明从 2003 年到 2018 年的时间里，各省区成员之间的合作是紧密的，没有存在孤立现象；从网络图的线的粗细可以看出，香港、广东、江西、广西四个省份的环境合作十分紧密，而这种紧密合作是由广东作为核心而辐散开来的初级合作网，从广东出发，可以看到广东、广西、香港、湖南、贵州、云南形成了一个二级网络，并且网络结构是呈辐射性的，同时根据点的大小所构成的网络中心度比对，可以得出广东省在整个区域的环境合作中是作为网络中心存在的，这也同时印证了之前分析网络中心度时所提出的理论。

5.2.3　环境共治路径选择

在了解了"9+2"泛珠三角城市带环境合作典型网络结构特征后，我们需要运用一定的方法来了解这样的网络结构是怎样在具体的合作过程中形成的。在第二章我们提到，政府之间在合作过程中不仅需要考虑合作所带来的共同性效益，更需要考虑合作所带来的专有性效益。在环境保护的过程中，这种合作动机的复杂化更具有普遍性，在地理空间上，环境治理问题常常会具有模糊不清的界限，许多的河流、山脉、自然保护区会跨越多个省份的管辖区域，在两个省份相互开展合作的同时，合作采取的环境治理行为一定存在较大的空间外部性，邻近未选择合作的省份也有可能存在"搭便车行为"，因此环境合作双方的专有性效益就会出现下降；或者在合作开始时，合作一方发现开展环境合作所得到的专有性效益不及不合作所达到的额外经济效益，这种低于基本的合作机会成本的合作行为在没有政策限制的情况下常常也会使得双方失去合作意愿，最终共同承担因环境问题所造成的社会成本。总之，政府之间所开展环境合作的动机十分复杂，而为了对合作动机进行更为具体化的诠释，我们将政府的合作行为简化，通过设置两种典型的合作路径，即"抱团"路径和"借势"路径，将原先需要进行复杂博弈而开展的选择行为二值化，利用对立态度的路径选择来对政府的合作行为、合作动机进行分类。

利用之前的环境合作网络图，我们可以将具体的路径选择行为直接显示在网络图上，做到行为可视化（如图 5-4），在图中我们利用第二章的理论建立一个初步的合作模型，将湖南省视作行动者 B，广东省视为行动者 A，贵州视为行动者 C（将贵州比作行动者 C 可以使得分析结果更加明显，也可将广西视作行动者 C，利用下文的分析逻辑同样可以得到相同的结果），广西作为行动者 D，通过粗线可以看到湖南与广东之间、广东与贵州之间、贵州与广西之间都建立了较紧密的合作。

对于广西来说，在这个合作模型中，首先湖南、广东、贵州、广西四个省（区）在地理空间上均为相邻省份，所以可以相对排除一些选择与地理层面上相邻的省份的合作动机；其次广西作为已知合作链的末端，他可以选择与湖南或者广东开展较为紧密的合作，这个合作意向用红线进行表示，作为未知的预测路径。从广西的两种合作意向分析，广西如果选择与广东开展更为紧密的合作，那么广西的合作动机则倾向于选择"抱团"路径，这是因为广西作为行动者 D，其选择与广东合作则暗示了它的强烈的选择偏好，从环境治理能力方面来看，广东作为环境合作网络的中心，是优于湖南的；从地理位置来看，广东也是原珠三角区域的内陆省份，对处理环境合作问题也具有更加丰富的经验；从社会因素来看，广东人口繁多，经济发达，环境治理所储备的知识和人才也更多，总体而言广东在环境保护领域的竞争力高于湖南，因此广西与广东开展环境合作，则意味着其合作动机呈现为典型的"抱团"路径，最终会形成网络中心度高，网络结构连接紧密的环境合作网络。广西如果选择与湖南开展更为紧密的合作，那么广西的合作动机则倾向于选择"借势"路径，这是因为虽然广东的领域竞争力大于湖南，但是对于广西来说与广东合作可能会使广东竞争力过强，在协议谈判中形成垄断或是专权的地位，在之后的合作中广东可能凭借其较强的话语权来博取部分属于广西的利益，因此为了避免这种情况的发生，广西选择更加多地与湖南形成环境合作意向，最终，其合作动机则呈现为典型的"借势"路径，使得整个环境合作网络变为更加松散的网络结构。

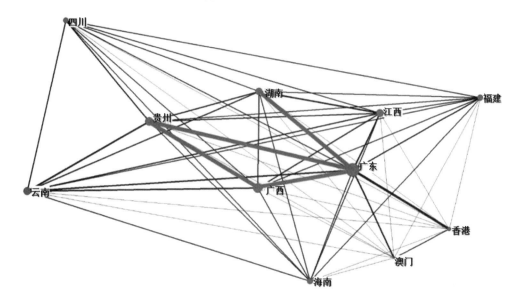

图 5-4　网络图中存在的"抱团"路径示意图

资料来源：作者自制。

从城市群环境合作网络图上来看，广西更乐意与广东省达成更加紧密的合作，这意味着其合作动机在具体的合作行为上形成了"抱团"的路径。在之后的分析中，发现此个例合作模型在其他省份形成的合作中也同样适用，意味着政府之间在环境合作上会更倾向于通过"组队"的方法来解决一些难题。探究其形成原因，一是从之前的环境保护合作协议签订的时间趋势来看，环境保护合作态势从 2013 年后才开始出现增长，说明此领域的合作尚未进入成熟阶段，许多省份在之前的环境保护中都倾向于单干，而不进行联合治理，因此在此领域开展合作的结果很难得到验证，因为在合作中的这些难以观测的因素，所以省区成员渴望通过"抱团"的路径选择来降低合作的不确定性与风险性；二是环境保护自身的特性，环境保护存在比较大的空间外部性，政府之间为了降低治理成本以及相关的社会成本，并且共享由外部性所带来的收益，将外部性内部化，因而选择"抱团"路径而形成的紧密网络结构，这样更有利于信息资源的共享，也更能够实现经验方法技术的累积，使得环保领域的治理水平得到更快的发展。

5.3　环境共治的影响因素

为了回答什么因素的差异会影响到政府之间的合作意向，以及这些因素的影响程度，我们利用上一环节驱动因素回归分析模型来对其进行分析与计算。可以看到，省区与省区之间存在许多差异，包括经济、地理、社会、环境这些方面的差异都可能影响到各省份成员之间环境合作的具体行为。

5.3.1　数据选取与矩阵构建

根据回归分析模型，解释变量是由 $GDP(i,j)$，$GEO(i,j)$，$POP(i,j)$，$POL(i,j)$ 作为诠释经济、地理、社会、环境的差异性因素的四个解释变量矩阵而构成，被解释变量则是由反映环境合作的一模省份-省份矩阵 X^N 构成，模型遵循基本的回归假设。

数据来源于 2003—2018 年各个政府网站所提供的统计数据，GDP 差异矩阵 $GDP(i,j)$ 的数据来自于中国统计信息网与中国统计年鉴，其中港澳的 GDP 数据来自于世界银行；人口差异矩阵 $POP(i,j)$ 的数据来自中华人民共和国国家统计局，收集的数据为各省或自治区各年份的常住人口数；污染程度矩阵 $POL(i,j)$ 的数据主要来自于中国气象数据网以及各省份的环保局数据，污染程度数据主要收集 AQI 空气质量指数作为省份的环境污染特征。

在构建相关的解释变量矩阵时，需要注意作为回归的矩阵必须是一模的，即矩阵反映的是省份与省份之间的特定关系，因此应与 X^N 相同都为对偶矩阵。上文提到，地理位置的差异可能是影响省区之间环境合作的重要因素，地理位置矩阵则采取二值化，对于相邻的省份，其值为 1，不相邻的省份其值为 0，矩阵中城市与城市之间进行组合构成 $GEO(i,j)$；其他三个解释变量矩阵指标均采取 16 年（季度）以来数据的均值差异，均值差异取绝对值后同时通过 UCINET 将其转化为可以进行回归的一模矩阵。

5.3.2　回归结果及数据分析

根据构建的相关矩阵，QAP 相关性分析与回归分析的实证结果如表 5-3 所示。

从图表中可以看出，城市群环境网络与各省区 GDP 差异，地理位置差异以及人口差异具有显著相关性，并且 GDP 差异、地理位置差异以及人口差异是影响较为显著的驱动性因素，从回归性分析和相关性分析中，我们可以得到以下几个结论。

表 5-3　"9+2"泛珠三角地区城市群环境合作网络 QAP 分析

解释变量	QAP 相关性分析		QAP 回归分析	
	相关系数	P 值	回归系数	P 值
GDP 差异矩阵	0.492	0.063*	0.69562	0.0006***
地理位置矩阵	0.526	0.000***	0.40941	0.0002***
人口差异矩阵	0.058	0.002***	−0.46704	0.02020**
污染程度矩阵	0.197	0.197	0.10055	0.26695

资料来源：作者自制。

注：R²=0.51419，调整后的R²=0.49568，迭代次数为5000次，*、**、***分别表示在 1%、5%、10%的置信水平下显著。

第一，GDP 差异矩阵具体准确地反映了各地之间的经济发展水平，可以看到其回归系数为 0.69562，呈正相关关系，说明一个地区的经济发展会很大程度上影响到其与其他地区的合作。这可能主要由于一个地区的经济发展水平越高，其工业制造业相应地也会更加发达，大量的人工生产产生相应的污染排放也就越高，当一个省区污染水平较高，且寻求联合环境治理时，他同样也会想到与高经济水平与高污染排放的省份进行合作。这是因为在合作中双方的合作意愿都比较强烈，并且由于相关产业发展的持续性，开展相关环境合作的关系也就更加长远而稳定。另外，如果与经济水平低的省份开展合作，那么经济发展水平高的省份就会存在需要同时兼顾双方的环境治理的风险，因为经济发展水平低的一些省份可能还未大力发展一些关键的制造产业，相关的污染治理措施也相对不够完善，这时额外的社会成本就会由高水平省份承担，这样的合作在没有政策的约束下不具有很强的可持续性。从数据上可以看到，在 2013 年这个重要的时间节点，政府间一共签订了 14 条府际协议，而其中 11 条协议与成都和广东省有关，10 条是在广东省的主持下进行的，具体府际协议数据也有力地证明了经济发展水平对于开展环境合作所带来的正向重要影响。

第二，地理位置矩阵反映了各地之间是否相邻，可以看到其回归系数为 0.40941，呈正相关关系，说明两个地区之间是否相邻会很大程度上影响到其与其他地区的合作。本研究的地理位置矩阵采用的是二值化矩阵，但不难看出政府与政府之间的地理距离越远，其开展环境保护领域的合作意愿就越低，环境合作具有不可忽略的自身特性，而地理位置作为一个常量，是不可改变的，因此相邻的城市或省区之间开展环境合作，又带来许多合作上的优势：地理相邻的城市之间一般都会共享许多自然资源，这些自然资源的共同维护可以使得未合作前这些自然资源所具有的外部性内部化，合作可以很大程度上消除形式主义和不作为的搭便车行为。另外，地理上的相邻带来的是各种资源上更加便捷的流动性，政府与政府之间可以通过更加明显有效的监督来保证双方合作的平等，增强合作信心，同时交通、运输上的便利使得双方之间具有更加频繁的人口往来，地区之间通过环境合作如生态区的共建，不仅可以带来其他多个领域如贸易、旅游上的合作增强，而且具体意义上对于自然资源的维护与治理也可以带来生态的正向反馈，降低协调成本，产生由环境合作而带来的规模经济效益。

第三，人口差异矩阵反映了各地之间常住人口存在的差别，可以看到其回归系数为-0.46704，呈负相关关系，说明两个地区人口上出现的差别会很大程度上影响到其与其他地区的合作。其负向影响产生的原因可以借用 Feiock 在其地方政府的理性选择中的理论进行解释，Feiock 指出，一个省区所拥有的人口决定了其相关领域合作的潜在交易成本，政府间合作协议缔结的可能性以及缔结之后的可持续性与地方政府之间的人口因素呈负相关关系。在本研究中，可以理解为"9+2"环境合作网络中过多的人口产生了超额的潜在社会成本，因此人口的增长所带来的负效益大于正效益，于是回归系数呈现负值。同时注意到在回归模型中存在香港、澳门这两个特殊的特别行政区，它们的人口相对较少，但协议缔结数量较多，这样省份的存在使得单位人口需要做出对于环境保护合作的单位贡献值增加，但如四川、福建、湖南各类的省市人口较多，单位人口无法对其有限的合作做出足够的贡献，因此回归模型则认定人口因素对环境保护领域合作造成的大部分影响是负向的。

第四，污染程度矩阵反映了各地之间污染程度存在的差别，可以看到其回归系数为0.10055，回归系数不高且此解释变量不显著。文章采用的 AQI 空气质量指数将 SO_2、NO_2、PM_{10}、$PM_{2.5}$、O_3、CO 污染物皆纳入评估因素，客观上可以准确地反映一个城市的空气质量，其在模型中不显著，很大原因可能是 GDP 差异矩阵这个解释变量也包含了省区的污染水平这个因素，因为得到的第一个结论揭示了经济发展与污染排放之间呈正相关，因此污染水平回归因子被分配至两个解释变量之中。虽然污染程度矩阵的回归系数不显著，但我们通过第一个结论可以合理地预测到污染程度与省区之间的环境合作也呈正相关，因为两个相同污染水平之间的省份开展环境合作时，可以保证合作关系的持续性和稳定性。

本章小结

本章从泛珠三角区域大都市带入手进行分析，通过收集相应城市群所在中心省份之间在环保领域相互缔结的府际协议，构建了相应的省份（城市）-协议的二模隶属网络矩阵以及省份（城市）-省份（城市）一模关系矩阵，从而分析多层次的环境共治网络。通过对不同领域政府合作的比较和对比，本章重点研究了环境合作网络重要网络特征，探讨多层次的环境共治路径与困境；同时通过网络结构图揭示了多层次的环境共治结构特征以及对于合作路径的理性选择。最后利用 QAP 分析探讨了影响多层环境共治网络的驱动因素。

第一，政府与政府之间的区域合作不仅仅是为了区域的经济发展，更多的是通过合作来为大众提供一些正外部性效应的服务和用品，并根据一些政府政策承担在效益较低的情况下一些领域发展的责任，这样使得区域合作不仅更有利于单纯的经济发展，而且区域合作之间更加具有目的的多元性。同时经过与其他领域的对比，揭示了"9+2"泛珠三角城市群环境合作在 16 年的发展中总共经历了两个阶段，分别是缔结协议数量较少，增长速度较慢的"保守"阶段和缔结协议较多，增长速度较快的"扩张"阶段，由于环境保护政策的出台以及其他领域的外部性影响，省份与省份之间对于环境保护领域的合作动机越来越强。

第二，"9+2"泛珠三角城市群环境合作网络结构特征明显，其网络结构由广东省为网络中心，是一个网络中心度高，网络结构连接紧密的环境合作网络，同时，政府之间在环境合作上会更倾向于通过"组队"的方法来解决一些难题，形成许多的"抱团"路径，以此来进行信息、资源、资金的充分共享，降低治理成本。

第三，"9+2"泛珠三角城市群在开展环境合作时，省份的经济发展水平越高，其他省份与其开展环境合作的意向越强烈；省份之间地理距离越紧密，其开展环境合作的可能性越大；省份之间污染水平越相近，越容易形成相关环境合作；省份之间人口的差异越大，其达成环境合作的可能性就越低。

第6章　大气污染共治网络组织

6.1　大气污染协同治理组织的内涵

目前对于大气污染协同治理组织尚未形成权威的界定,现有研究中往往包括联席会议、协议、议事协调机构等不同表现形式。联席会议是通过自愿协商形成的工作机制,为了更好地实现不同主体间的充分协同而形成的自组织机制(锁利铭、廖臻,2019);协议主要是通过协议文本的签署与发布,在不同地方政府之间形成契约合作机制;议事协调机构是政府机构内为完成某项特殊性或临时性任务而设立的跨部门的协调机构(朱春奎、毛万磊,2015)。这些定义从不同侧面描述了现有的大气污染协同治理的机制特征,但却忽略了组织多样性的全景呈现及其内在因素。

首先,大气污染协同治理具有多样化需求。大气污染的出现对于国民经济和社会发展有不同层面和不同阶段的影响,决定了对其协同治理的需求在周期、对象等方面的多样性。长远来看解决的是生态和人居环境的需求问题,其受益的对象是广泛的人类社会。根据长期需求,协同应该发生在最广泛的经济社会政治行政系统之中,形成环境共治体系(张文明,2017)。从中期角度来看,大气污染治理牵扯到产业结构以及城市生活方式等,而本身作为一种环境现象只是其出现的末端,从而治理要解决的是产业升级和市民生活的改善,受益对象是经济系统和社会体系,而协同发生在政府不同管理部门之间。对于短期来说,则可能需要针对某项具体活动和人群,提供特定服务功能,比如临时性的人员聚集需要的环境条件,或者气候原因引致的突发性污染事件等,此时的协同又需要发生在某个具体空间范围内的经济社会行政组织中。

其次,大气污染协同治理的组织面临着有限理性的约束。与所有组织一样,协同治理的构建和决策依然面临着有限理性约束。制度性集体行动理论(ICA)认为,地方政府往往出于交易成本、合作风险和合作收益的衡量,决定是否从事协作以及采取何种方式协作。交易成本与合作风险的叠加组合,形成了地方政府合作行为选择的制约因素(Kim et al.,

2022）。由于世界的复杂性，人类的计算能力有限（Simon，1947），进而决策者的理性也是有限的。ICA 框架假设决策者寻求最大化集体行动的利益，以"满足"摆脱目前困境而寻求最佳解决方案。但对合作风险和回报的感知具有主观性，参与者准确评估这种风险和回报的能力有限，叠加到组织协同上，就出现了有限理性集体行动。

再次，大气污染协同治理组织面临着资源依赖的约束。资源依赖理论指出，组织无法单独地运行，需要依赖于环境赋予的资源条件，以及与其他组织或权威的交换，为组织提供运行的条件（Pfeffer & Salancik，1978）。对于政府机构而言，单个部门往往缺乏与集体行动关键问题有关的专门知识、技术信息、财政资源和权威等，由此政府机构比其他类型的利益相关者参与协同治理的倾向更大（Lubell et al.，2014）。大气污染治理需要科技、资金、政策、人员等多方面的资源的支持，同时，协同组织内部的资源共享、交换等本身也需要付出协同平台和合作的过程性投入，即克服交易成本和合作风险仍然需要付出资源。这些资源可能来自中央或上级政府的投入，或者地方的财政资金，组织规模、结构及其互动关系会受到资源约束的影响。

最后，协同治理组织本质上是府际间网络治理的体现，是面对公共事务治理中的集体行动困境，促进不同利益相关者有效合作的重要途径（锁利铭、阚艳秋，2019）。综上而言，大气污染协同治理组织是面向不同的大气污染治理和集体行动需求，充分考虑到组织的有限理性和资源约束的情况下，设立的具有高效协作的多样化政府机构间合作网络。

6.2　大气污染协同治理组织的现状

6.2.1　数据说明

随着大气污染协同治理已成为实务界和理论界的共识，我国成立了多样化的政府间协同治理组织作为实现治理区域大气污染的重要机制。本章以 2018 年国务院出台的《打赢蓝天保卫战三年行动计划》规定的京津冀及周边地区、长三角区域、汾渭平原等重点区域范围为基础，并辅之以粤港澳地区和成渝地区，对这些区域的大气污染协同治理组织结构情况进行搜集整理。主要通过中央、省和相关 90 个城市的人民政府及职能部门官网、区域组织网站、权威报刊网站等，以"大气污染防治协作（领导）小组""联席会议""协作""合作""协商"等相关关键词及其组合进行检索，得到了组织的相关信息文本；通过人工筛选，剔除部分信息不完整的组织文本，最后保留了 178 条有效组织信息，年度数量趋势如图 6-1 所示。从大气污染协同治理组织的区域分布来看，包含京津冀及周边地区（62）、长三角（47）、粤港澳（17）、成渝城市群（29）、汾渭平原（23）。

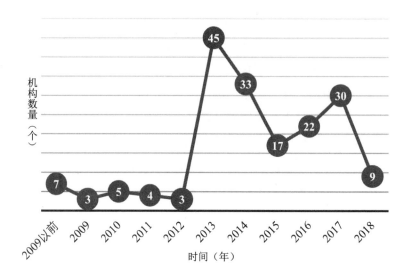

图 6-1　大气污染协同治理组织机构数量发展趋势

资料来源：作者自制。

6.2.2　工作性质

按照大气污染协同治理的工作性质划分，可分为联席会、领导小组和工作组。联席会议是指由某个团体或组织自愿发起、自由参与的会议，旨在通过召开联席会议的形式，加强联系与沟通，相互学习，借鉴经验，探索新经验与新方法，比如长三角地区环保合作联席会议等。领导小组是中国所特有的一种组织方式和工作机制，是党政系统中常规治理方式之外的补充，并在特定时期拥有跨部门的协调权力，比如北京市大气污染综合治理领导小组等。工作组是其他无领导科层级的专项职能型组织，比如济南市扬尘治理与渣土整治行动工作组等。由于这个分类不能囊括数据搜集中所有的组织或机制，比如大气复合污染成因与防治重点实验室这类属于研究机构的，以及山西省环境保护法律协会等非营利性社会组织，所以这种划分方式的总数是 166。其中，联席会有 27 个，占比 16%；领导小组有 112 个，占比 68%；工作组有 27 个，占比 16%。说明在大气污染地方政府协作组织中更多还是自上而下带有领导性质的组织，而任务型的工作组和开会互通的联席会相对较少，具体如表 6-1 所示。

表 6-1　组织性质及层级情况

组织类型	总计	中央级	省级	市级
联席会	27（16%）	4	4	19
领导小组	112（68%）	1	16	95
工作组	27（16%）	2	9	16

资料来源：根据已搜集数据自制。

6.2.3 发展成效

一方面，逐步建立起多层级大气污染协同组织体系。首先，从中央到地方都成立了相应层级的协同组织，如大气污染防治（领导）小组。中央层面包括全国大气污染防治部际协调机制，重点区域成立了由国务院领导人、相关部委和各省领导人组成的京津冀及周边地区大气污染防治领导小组、长三角区域大气污染防治协作小组、汾渭平原大气污染防治协作小组，另外各省市也成立了自己区域的联防联控领导小组或联席会。其次，从省到市，基本上已经形成了不同功能目标导向的组织的合力。根据不同的功能作用，各省市基本上成立了负责制定规则、宏观统筹的大气污染防治领导小组，负责重污染应急的重污染天气应急领导小组，以及负责具体某一行业或领域大气污染防治执行的联合执法小组，这些组织共同协同各部门行动，为促进大气污染防治发挥了不同的作用，形成了基于不同功能取向的大气污染防治组织体系。

另一方面，大气污染协同治理组织结构不断成熟。2013年以后，我国大气污染协同治理组织数量出现明显增长，基本搭建了全国协同治理的组织体系，各地方政府也不断探索组织结构改进。为了加强防治大气污染工作的组织协同，部分组织进行组织成员的调整或提升组织的权威性。如原京津冀大气污染防治协作小组，成员为京、津、冀等七省区市及生态环境部等八部门，调整之后的京津冀及周边地区大气污染防治领导小组由国务院领导牵头，领导层级更高、参与成员更多、职责分工更细，使其工作内容常态化，成为解决京津冀跨区域大气污染的实效机构，而不再仅仅服务于"重大活动"。

6.3 大气污染协同治理组织类型的差异与选择逻辑

6.3.1 组织类型的差异

大气污染协同治理组织的多样性源自治理需求的差异化以及协同组织自身的约束条件，对其进行类型划分可以更好地呈现出组织形式的理性选择结果。治理需求反映了治理功能和目标，而组织的约束则典型地反映在其存续的周期上。由此，针对大气污染治理，本章节具体基于周期和职能两个维度将组织分为：综合常设类、常设单一类、单一应急类以及应急事件类（如下图6-2所示）。一方面从组织运行的周期维度来看，综合常设类和常设单一类组织都属于常规性组织，虽然可能发展过程中有部分组织涉及到名称变化或者机构设置调整，但总体而言这两类组织运行周期相对较长。单一应急类组织主要是针对秋冬季重污染天气应急，因此其组织存在的周期较短。应急事件类组织主要是针对某项活动或大型事件而设立，其存在的周期就是活动或事件的时长，由于具体的活动不具有重复性，从而应急事件类组织不存在组织周期。

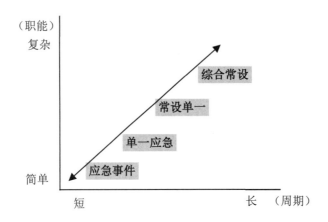

图 6-2   组织建设目标定位的两个维度

资料来源：作者自制。

另一方面，从组织的职能维度来看，如果只针对大气污染防治，则是专项组织，如果还涉及到其他领域的污染防治，则属于综合类组织。综合常设类组织主要涉及到整个生态保护层面的工作，涉及的职能范围广，大气污染防治只属于其中的一个主要工作。而常设单一类、单一应急类以及应急事件类组织则是专项针对大气污染的联防联控、日常治理、应急防控等，因此属于专项职能的组织。但就具体职能的复杂性程度而言，常设单一类组织涉及到大气污染防治各方面的工作，单一应急类组织则只涉及重污染天气的应对，应急事件类组织更是只针对特定事件过程的大气保障工作，从而其职能复杂性依次减少。

6.3.2   组织类型的选择逻辑

在相关政策目标梳理的基础上，本章节从组织结构形态、结构配置以及结构运作等方面（魏娜、孟庆国，2018），与实践运行的组织实例或基于法律内容的组织结构相结合归纳差异化的协同结构特征，呈现中国大气污染协同治理组织的多样化结构设置如何回应治理过程中的有限性约束。

（1）综合常设类组织

政策层面，从国家到区域的政策制定中都为综合常设类组织的出现提供了建设基础以及发展要求，即实现环境治理多领域、多主体的共保联治。2015 年出台的《生态文明体制改革总体方案》，明确了综合常设类组织的应有之义，即要求建立污染防治区域联动机制，并在管理制度上探索将分散在各部门的环境保护职责调整到一个部门，形成有序整合且权威统一的环境执法体制。区域层面的《京津冀协同发展规划纲要》等文件中，特别强调突破行政区划限制，从产业结构调整、统一标准、协同监管等方面实现环境治理的共保联治，并在组织机制上成立推动环境协同联治或一体化发展的领导小组，负责顶层设计和重大事项的规划、安排、监督等。在政策层面对于综合常设类组织从"打破行政区划限制"的指导性提法，转向更为具体的指导和要求，即建立联席会议制度、成立组织机构，政策目标的核心在于注重联防联控的机制构建与权威统一的顶层设计。

综合常设类组织涉及到的治理领域广泛且治理主体复杂，比如"长三角地区环保合作联席会议"旨在发挥区域联动效益，共同提升长三角区域环境质量，属于典型的环境治理综合常设类组织。以该组织为例，从组织结构形态来看属于在平行主体协议推动下形成的分工牵头机制，各执行主体组织结构上体现为一种平行网络机制，强调多主体之间的交叉联系与协调互信，进而也对于多主体的资源能力互补以及决策目标协同提出更高要求。

从组织配置来看，综合常设类组织需要完成的功能目标往往涉及多个领域，需要相关部门间的高效协同以解决行动者之间参与约束与合作风险问题。大气污染属于重点领域之一，需要与其他领域的工作产生协同和互惠，但由于单个主体的理性有限，主体间的有效分工就需要外部支持加以协调。这种结构在"长三角地区环保合作联席会议"2009 年的会议上形成了工作方案，即上海牵头"加强区域大气污染控制"工作；浙江省环保厅牵头"健全区域环境监管联动机制"；江苏省环保厅牵头开展"完善区域'绿色信贷'政策"。与此同时"生态环境部华东督察局"这一外部支持重点承担协调指导和纠纷处置等职责。

从组织运行来看，综合常设类组织需要形成相对固定的工作机制，明确分工并系统推进治理事项。"长三角地区环保合作联席会议"针对不同的专项内容，各种牵头事项保证了同一时期内协同主体的相互制约，有利于减少产生机会主义行为。同时该组织的会议定期召开、协议签署和中央派出监督机构成为支撑组织运行的重要制度性约束与协调性支持。在具体运行过程中组织需要会议机制推动主体协商与共识塑造，伴有协议文本的产出与公布有利于形成协同执行的社会约束。同时，将中央机构邀请至组织网络之中，一方面中央环保督察的强制性约束力在协议执行和协同行动中具备更强的政治约束性；另一方面，增加组织主体层次并加强央地互动，以缓解生态环境不同领域中协同治理资源有限的局面，加强在不同环境治理问题中的再协调，以实现资源的有效配置（锁利铭，2020）。

（2）常设单一类组织

政策层面，国家政策为针对大气污染治理的联防联控工作提供了逐渐细化的指导，尤其强调环境保护部门牵头下不同政府及职能部门的协同。中央在 2010 年首次出台专门政策文件《关于推进大气污染联防联控工作改善区域空气质量的指导意见》，要求建立区域大气污染联防联控的协调机制。2012 年发布的《重点区域大气污染防治"十二五"规划》中，要求建立"统一协调"的区域联防联控工作机制，并明确要求由生态环境部牵头，成立重点跨省区域和城市群的领导小组，表明了中央政府强调大气污染治理机制性质的转变以及区域协调的必要性。2013 年《大气污染防治行动计划》的出台，标志着我国区域大气污染治理进入新时期，通过加强上级领导和区域中心城市的带动，提升组织协调力。随着全国大气污染治理进入三年"攻坚保卫战"时期，中央于 2018 年出台了系统性的协同计划，强调发挥职能部门的作用。

　　作为大气污染治理最高准则的《中华人民共和国大气污染防治法》从最初的 1987 年到 2018 年总共修订了 5 次。其中，2015 年提出环保职责不仅局限于环境保护部，要求与国务院有关部门协同，从一定程度上突破了职能严格划分的情形，从法律上为协同组织建设和相关改革提供了导向与要求。常设单一类组织是针对区域大气污染防治的核心治理平台，在《中华人民共和国大气污染防治法》2015 年的修订中增加了第五章"重点区域大气污染联合防治"，为区域大气污染联防联控机制的构建提供了结构化指导，进而本章节据此刻画了常设单一类组织在法律层面体现出的协同治理结构。如下图 6-3 所示，常设单一类表现为中央和地方之间由国务院环境保护主管部门作为"枢纽"的治理机制，体现出中央的战略支持性。此外该类型组织中重点区域内政府需要在区域内再确定牵头组织，并及时通报对本区域内大气环境质量产生重大影响的项目，进行协商处理，从而发挥着地方层面的衔接与协调职能，体现出地方的回应与支持性。但在实践中的大气污染防治中，组织结构表现为各人民政府或有关部门联合防治的协商机制。

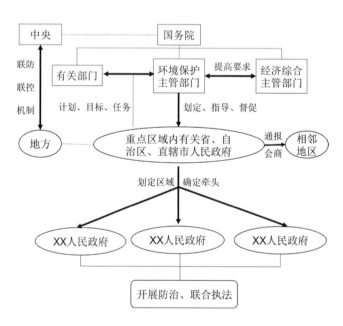

图 6-3　常设单一类组织协同结构

资料来源：根据《中华人民共和国大气污染防治法》2015 年修订版第五章自制。

　　从组织结构配置及运行来看，常设单一类组织中的中央部门注重规则制定、向下赋权与指导督促等战略指导性职能的发挥，尤其是环境保护主管部门会同国务院有关部门和大气污染防治重点区域内政府，制定计划、明确目标并提出措施。具体重点区域内的大气污染治理中需要划定本行政区域的大气污染防治重点区域，并确定实际牵头的地方人民政府发挥集体行动的执行与协商功能，反映出常设单一类组织中向下依附性较强。在各主体发挥功能的过程中，应当定期召开联席会议，开展大气污染联合防治，这形成了常设单一类组织常态化与持续性的工作运行机制。但对于牵头政府而言，在协调同级政府进行联防联控，以及与上级政府进行汇报沟通中会缺乏一定的权威性，进而需要在组织成员中有足够的话语权与较高的网络地位，以推进组织的有效运行。由此看出，央地战略支持的目的在于弥补具体执行主体的资源配置不足与组织权威缺乏的有限性。

（3）单一应急类组织

政策层面，国家关于单一应急类组织的政策指导逐渐强调建立监测预警体系以及部门间基于数据共享的联动应急治理格局。环保部在 2013 年出台了《关于加强重污染天气应急管理工作的指导意见》，要求各省市政府将重污染天气应急响应纳入各地区突发事件应急管理体系中，各地方按照中央政策予以执行，设立了由政府分管领导任指挥长的应急指挥部，指挥部办公室设在环保部门。在此期间，区域应急联动基本属于行政区治理模式，治理标准也具有属地化特征，体现出资源建设能力的有限以及协同联动能力局限。2018 年在《打赢蓝天保卫战三年行动计划》中指出，"强化区域环境空气质量预测预报中心能力建设"，进而随着全国污染源监测数据的打通以及区域环境监测超级中心站的建设，区域应急联动不断深化，在政策层面上也将区域应急联动措施纳入城市重污染天气应急预案，逐渐形成了以信息共享为主要驱动力的多主体联动应急格局。

重污染天气的治理是单一应急类组织的核心职能，在《中华人民共和国大气污染防治法（2015 修订）》中的第六章"重污染天气应对"明确了相应内容，可以由此刻画出单一应急类组织在法律层面体现出的网络结构与协同机制（如下图 6-4 所示）。从组织结构形态来看，单一应急类组织在中央和地方之间仍然由国务院环境保护主管部门牵头，但在应急治理中则由具体行政区域内的政府及各部门之间建立会商机制协同治理。总体体现出单一应急类组织在国务院环境保护主管部门牵头下，构建起的地方政府部门间协同机制。

从组织结构配置与运行来看，单一应急类组织中作为中央机构的环境保护主管部门与作为地方机构的重点区域内政府之间强调双向互动。由央地政府协调并会同其他相关部门建立重点区域重污染天气监测预警机制，统一预警分级标准并及时通报，在中央规则制定的过程中赋予了地方政府的执行依据与权威支撑。重点区域内政府需要建立本行政区域重污染天气监测预警机制，并纳入县级政府，制定应急预案后完成备案并向社会公布。此外，单一应急类组织治理层次较多，从国务院到县级政府都囊括在内，而多层次主体间的资源有效配置、执行力保证与协调机制有序运行，依靠中央与省级的环保部门的牵头推动，以确保组织的权威性和缓解地方主体的理性有限程度，同时地方人民政府环境保护主管部门会同气象主管机构建立会商机制，以促进主体间的协调与治理任务的落实。

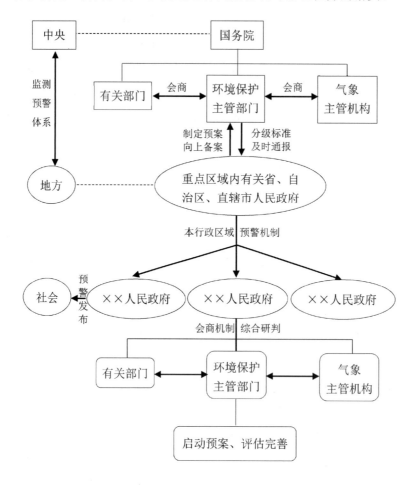

图 6-4　单一应急类组织协同结构

资料来源：根据《中华人民共和国大气污染防治法》2015 年修订版第六章自制。

（4）应急事件类组织

政策层面，我国对于应急事件类组织主要是强调在国家大型节事期间充分运用区域联防联控机制来保障活动期间的空气质量。该类型组织面临的大型事件可能涉及不同区域、不同层级以及不同领域，从而环境的复杂性较高。但应急事件类组织的性质与职权等问题并没有明确界定，缺乏行政管理权力，治理组织的构成和组织活动开展并不具有稳定性和连续性，往往是在重大节事等应急事件中才真正采取短期、高强度协作。中央政府在多次动员中强调要将节事活动作为检验和深化协作机制的重要契机，具体实践过程中应急事件类组织结构具有很强的协同能力，实现了预期的大气治理目标。但是应急事件类组织的特殊性、临时性、短期性和治理的高强度，并不是常态化制度安排，而是复杂情景下有限理性的权变选择，因为其协调的高成本和收益分配问题造成其可持续和可复制的困难，并不能解决长期的、大规模环境问题。

应急事件类是只针对某一个重大活动而设立的协调机构，与单一应急组织的跨部门协同框架不同，该组织主要是在"省部协同"的框架下实现。以奥运会空气质量保障工作领导小组为例，从组织结构形态来看，组织的设立是为保证北京奥运会期间空气质量达到标准要求，在环保部的支持下，北京市、天津市、河北省、内蒙古自治区和山东省六地区共同组成了奥运会空气质量保障工作领导小组，积极探索区域大气污染联防联控管理机制。由此可以看出，应急事件类组织内多主体之间主要表现为基于精准目标导向下的省间协同联动结构。

从组织结构配置与运行来看，通过奥运会空气质量保障工作领导小组这一组织形式，各省市负责人聚集召开了五次会议，共同商讨活动期间大气污染政策落实的相关问题，着力合作推进奥运会活动期间大气污染联防联控治理。在空气质量监测方面，由主管副市长牵头，国内外环境领域专家参与成立了空气质量监测预报领导小组，全面开展奥运期间空气质量监测、预测工作，为出台针对性空气质量政策和赛事安排决策提供依据。在此期间，环保部一直发挥着动员、督促、指导的职能，与六个地区保持着协同会商的运行机制，同时还将企业、专家等社会力量融合进应急事件类组织的治理过程中。从而在应急事件类组织的治理过程中，面临影响因素多样化与环境复杂性共同作用下，治理要求又很高的局面，环保部与省级政府的协同联动，有利于加强执行力的同时充分容纳多元主体以克服组织刚性与资源有限性。

6.3.3　组织类型的比较

从治理组织的功能属性与政策导向来看，具体如表 6-2 所示，综合常设类组织属于周期较长且职能广泛的治理组织，政策制定不断强化了环境治理共保联治的趋势，核心在于纵向权威与横向联动的构建。常设单一类组织则是针对大气污染治理且周期较长的组织，不断细化了不同层级政府及其不同部门在大气污染治理中的角色和职能，强调主体的协同力与执行力提升。单一应急类组织是针对重污染天气治理的短周期组织，近年来相关应急治理的规范程度愈发成熟，关注主体的层级互动与标准统一。应急事件类组织则是在重大活动中保障空气质量的治理组织，主要针对相关应急事件形成了一定的非正式制度惯例。

从治理组织的协同结构来看，四类组织都强调需要处理好央地关系、省部关系以及职能部门间关系，旨在形成有序协调和高效协同的大气污染政府间治理组织。但不同工作情景下的治理组织结构需要根据具体的治理目标和现实情况有所侧重，表现为横向上的形态多样化与纵向上的主体关系不断演化的过程，旨在缓解单一主体资源有限带来的组织依赖性和有限理性决策，以及多元主体间互信度、执行力与权威性构建带来的有限性约束困境（李细建、廖进球，2009）。

表 6-2　四类组织的功能属性与协同结构比较

组织分类	职能	周期	政策导向	结构特征	逻辑解释
综合常设类	综合：环境治理	长	由虚到实：环境治理的共保联治	交叉联系+外部支持	基于多主体有限性的再协调
常设单一类	专项：大气污染治理	长	逐渐细化：环保部牵头下的职能部门协同	战略性央地支持结构	精准目标下有限性约束相对较低的协同联动
单一应急类	专项：重污染天气治理	短	逐渐成熟：监测预警体系与联动应急治理格局	跨部门牵头组织	
应急事件类	专项：重大节事空气保障	无	非常态化制度安排：事件区域内的联防联控机制	省部协同支持网络	复杂环境下的组织权变选择

资料来源：作者整理。

如上表所示，组织差异的选择逻辑中综合常设类组织呈现出"交叉联系+外部支持"的特征，通过中央机构等相关外部支持提升组织内部协调能力与执行力，并强调塑造组织的规范性，实现对于多领域多主体有限性基础上的再协调。常设单一类组织呈现出"战略性央地支持结构"的特征，尤其是关注中央机构与地方政府如何在大气污染治理领域中实现有效协调，突出战略导向下的支持力度，但同时也强调具体执行部门间的协商。单一应急类组织呈现出"跨部门牵头组织"的特征，强调在特定时期内由国务院环境保护主管部门牵头，并协调跨部门协作关系，以增强组织的结构权威性与任务落实程度。应急事件类组织呈现出"省部协同支持网络"的特征，针对特定活动事项，需要由中央相关部门做好省际协同工作，并在面对不同情境中表现出缓解组织刚性的权变选择。

6.4　大气污染协同治理组织的内外部关系结构

6.4.1　内部结构特征

（1）纵向嵌入的层级结构

我国大气污染协同治理组织可以分为中央级、区域级、省级和市级 4 个层级，其中区域级又包括跨省和省域内的。中央层面主要是部际联席会，跨省区域级主要有长三角区域、京津冀及周边地区、汾渭平原的协作小组或领导小组；省内区域则主要包括成都平原城市群、山东省会城市群的协作领导小组等；市级组织主要为相关城市主要领导统筹下的领导小组和联席会等。

受政府层级制度塑造，下一级协同组织在上一级政府的领导、协调下开展联防联控；同时上一级政府通过目标设定、检查验收等形式对下级政府参与大气污染协作治理进行控制；由于协同组织的松散型、非权威性等特点，使得上下级协同组织间只存在某种程度的指导与被指导关系。因此，我国区域大气协同组织的运行呈现出依靠纵向层级政府嵌入式推动的特点。例如，京津冀及周边地区大气污染防治协作领导小组在党中央、国务院领导下成立，是区域内各省市开展大气污染联防联控的协商平台，同时中央政府通过与各省市签订目标责任书等方式来实际推动协同目标的实现。

（2）横向交叉的职能嵌套

首先，不同类型协同组织之间存在着职能重叠、职责不清等职能嵌套的情况。体现在综合环保的常设组织与大气领域的常设组织之间的职责交叉。从中央层级来看，虽然二者在协作时间、协作规模等方面有差异，但在大气协同治理上存在职能重叠现象，削减了协同组织的统一性和权威性，造成组织资源的浪费和治理的失效。例如京津冀及周边地区大气污染防治协作小组与京津冀环境执法联动工作机制领导小组的职能范围均包括对京津冀三地大气污染的联防联控。从省或市层级来看，大气治理常设的组织实际是属于环境治理常设组织下的专项职能型组织，在省或市政府领导下开展大气污染协作治理，其组织结构基本相同。如四川省大气污染防治工作领导小组与四川省大气、水、土壤污染防治"三大战役"领导小组，山东省省会城市群及周边重点城市大气污染联防联控协作小组与生态山东建设工作领导小组。

其次，协同组织之间存在机构重叠、职责边界不清的情况。从组织级别和功能来看，大气领域的常设组织是区域大气污染治理的最高协作组织，而大气领域应急型组织是按照各级政府相关法律法规予以设置的政府专项应急机构，二者应该是从属关系。而事实上，二者在人员结构、事权分配上交叉重叠，且多为平行关系。如各地的大气污染防治工作领导小组，一般由市长担任领导小组组长，市委副书记、有关分管副市长任副组长，市政府相关部门和各县（市、区）政府主要负责人为领导小组成员。领导小组下设办公室，负责领导小组的日常事务，办公室设在市环保局。另外，虽然各层级、各地区设立了常规类协同组织，但其运行还是主要依靠重污染天气的应急防治和重大节事下的高强度治理来驱动，日常工作也主要由生态环保部门负责，并未形成常态运行的协同机制。

6.4.2　外部关系特征

协同组织作为大气污染治理中的主要协同载体而存在，而作为复杂技术与社会广泛嵌入的大气治理，与专业组织、以多种形式参与协作治理的非政府组织以及其他治理领域的府际协作组织之间需要密切合作。实践中，表现为协同组织与外部组织的深入联系合作，形成了组织外部关系结构。

（1）生态环保组织的"枢纽"型连接关系

在实施大气协同治理以前，受专业分工影响，相关环境保护职能集中在环保部门，且以属地治理为主。在当前我国大气污染治理组织结构呈现出跨区域、跨部门、跨层级特点的背景下，生态环保部门的职能及其在大气治理网络中的位置与角色也随之变化，从专业管理职能转变为协调职能，从大气污染的主管机构转变为协同中的"枢纽"机构。一方面，生态环保部门要接受上级环保部门的工作指导、承担同级人民政府授权的职能等一般性科层任务；另一方面，需要负责协同组织的日常工作任务、落实协同组织的决策部署、沟通协调同级部门及下级单位的联合行动。按照现行组织运行情况来看，跨省、省域、市域等不同层级、不同区域的大气污染防治协作（领导）小组的主要领导人为上级政府或地区行政首长，成员包括各部门及下级政府相关负责人，组织运行主要依靠常规和非常规的小组会议推动，以及设立在环保机构的办事机构来处理日常工作。

（2）与非政府组织的"驱动"型连接关系

这里的非政府组织是指不以营利为目的的参与大气污染协同治理的公共机构。大气污染问题具有高度复杂性，需要较强的专业性、科学性和创新性来实现有效治理。目前中国区域大气污染治理中，多以成立临时专家小组或者依托科研机构的形式，从解析污染源、大气污染化学过程观测、气象诊断、项目技术评估和可行性研究等方面为各区域大气污染联防联控决策提供科学支撑。如京津冀及周边地区、长三角区域在成立大气污染协同治理组织的同时，注重专家团队对联防联控工作的技术支持，依托高校等科研机构成立了大气污染防治专家委员会。但总体来说，当前区域大气治理核心主体还是各地方政府，专业技术的严重缺乏使得治理主要依靠行政手段解决，表现出明显的"一刀切"特点，科学化、精细化不足。因此，有必要通过拓展治理主体的多元性，吸纳更多专业性组织，让专业机构承担专业事项，构建起依靠专业组织的技术驱动型协同治理体系。

（3）其他领域协同组织的"桥接"型连接关系

在区域治理体系建设的进程中，我国区域性府际协作主要有三个阶段。一是以经济发展为核心，围绕跨界经济技术合作展开多形式的区域经济一体化发展；二是聚焦于都市圈一体化的规划与实践，在公共基础设施方面促进政府间协作；三是围绕多领域的公共事务治理，呈现区域协作治理的行为特征。可以看出，政府间协作的发展逐渐从单一经济领域的规范与约束延伸到了多领域治理中的协调与合作。就大气协同治理组织与其他领域协同组织的关系而言，部分是在同一区域协同发展战略下的不同职能分工，二者可谓是"同宗同源"的结构关系；还有一部分是由于协调规模、协作成本、协作利益等造成协调难度大，依靠区域内部建立的协作关系难以实现有效治理，而由更高级别政府介入成立的协同组织，它们与其他领域协同机构之间无直接关系，但地方政府之间基于已有互动形成的协作关系能为大气协同组织的建立和网络发展起桥接作用。

6.5　"战略–政策"影响下大气污染协同治理组织结构的变迁

6.5.1　战略、政策与治理组织结构的变迁

关于战略与政策如何影响组织内交易成本，制度性集体行动框架提供了交易物属性、行动者经济社会特征、政策网络和制度规则。交易物属性即区域治理的领域，领域的资产专用性和绩效可测量难度会直接影响交易成本，但是对于大气污染领域而言，领域已经给定；大气污染组织对这种同质性/异质性也无法发生作用，因此也视为常量。那么对于影响组织内交易成本的因素，本章节主要考虑的是后两种，即通过政策网络和制度规则的纵向力量来解决组织内的交易成本。

首先，从战略来看，区域战略可以优化区域的合作基础，为大气协同组织赋权，提高协作的可能性。一方面区域协调发展战略往往是面向区域全体成员与多元领域的综合整体战略，可以加速稳固成员之间的重复合作，促进主体之间形成"政策网络"进而可以减少机会主义，并产生一种加强未来合作和集体行动的反馈机制，提升大气领域合作的承诺可置信程度。另一方面，战略往往由中央政府牵头，中央的权威则在战略的实施中得以真正体现，而且大气治理领域会被统合或纳入区域协调发展战略所依托的组织权力构架之下，共同使用战略实施带来的资源和权威，相应就会提高组织及其代理机构的层级，赋予更多的决策权和监督权，减少内部的交易成本和合作风险，来提升协作的可能性。

其次，从政策来看，大气污染治理的国家政策可以为协同组织提供具体行动规则，提升合作的确定性。大气污染本身的扩散性以及大气治理结果和绩效可测量难度高，都为其协同治理带来了很高的交易成本。政策不但会划定相应的重点防控区域，还会规定具体的规则依据，提出指标和违约责任，使得协同变得更确定，促进参与个体尽量避免负外部性和捕获正外部性，降低了合作的交易成本，进而联合战略影响共同对组织结构变迁产生作用（如下图 6-5 所示）。

最后，从组织变迁的方面来看，组织结构变化存在两个不同的方向：纵向化和横向化。纵向化的结构变迁包括组织牵头人的行政级别提升和综合化、组织出现了常设代理机构、信息传递的直线性、考核机制的加强等，带来整个行政层级结构的增多和纵向管控机制的加强。比如牵头单位由省级职能部门变为中央部委，或者变成省级党委或政府首长，设立协调办公室等。而横向化变迁包括成员规模和成员结构的拓展，出现中心性成员、共同委

托资金等。比如牵头机构并未发生变化，但是更多的部门和区域成员加入，边界进一步拓展。

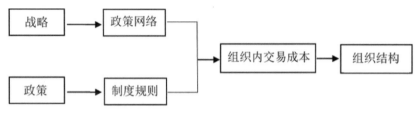

图6-5 "战略-政策"影响组织结构的逻辑

资料来源：作者整理。

现实中，大气污染治理区域往往在不同区域或者同一区域的不同时期，其依托的战略和政策不同，对大气污染治理组织的形成与结构也产生不同程度的影响。如表6-3所示，处于右上角的战略地位高的政策性区域则为组织提供纵向机制降低交易成本的可能性越大，则组织倾向于纵向结构发展；而处于左下角的战略地位的非政策性区域，则为组织提供纵向机制降低交易成本的可能性就越小，则组织会倾向于横向结构发展。而处于中间状态的左上角和右下角的两个结构，则会介于二者中间，组织有可能不受影响。

表6-3 "战略-政策"四种组合的潜在影响

政策区域化	区域战略化	
	低	高
是	不确定	纵向化变迁
否	横向化变迁	不确定

资料来源：作者整理。

6.5.2 "战略-政策"的升级与演进

在大气污染防治过程中，涉及到的区域伴随着区域战略地位和政策要求而变化。简单说来，区域的战略化是在行政地位不变的情况下提升战略地位，而政策的区域化是将目标要求在所涉及区域进行统一化国家管理，提升被管理权限。但由于战略和政策分别出现在不同时期，其叠加关系对某个区域而言会呈现出三种不同的背景，即表6-4中包括既是战略性区域也是政策性区域；战略性区域但非政策性区域或非战略性区域但是政策性区域；非战略性区域也非政策性区域。

以《大气污染防治行动计划》和《蓝天保卫战三年行动计划》这两个关键行动计划为时间节点，研究发现其中涉及到的区域在不同时期其战略地位和政策地位也是在发生结构性变化。两个政策涉及到的重点区域包括《大气污染防治行动计划》的京津冀、长三角、珠三角和《蓝天保卫战三年行动计划》中的京津冀及周边地区、长三角和汾渭平原。

表 6-4　大气污染政策中防治区域的"战略-政策"地位

政策性区域	战略性区域	
	否	是
是	京津冀、长三角、珠三角（气十条，2013）长三角、汾渭平原（蓝天保卫战，2018）	京津冀 长三角（蓝天保卫战，2018）
否	汾渭平原（蓝天保卫战，2018）	珠三角《蓝天保卫战》之后

资料来源：作者整理。

从表 6-5 可以看到，两个行动计划之间的区域差异涉及到的四个重点区域在两个时期里均有变化：京津冀虽然一直在政策性区域，但在 2014 年京津冀上升为国家战略，进而成为战略-政策双区域；与京津冀类似，长三角也一直在政策区域，在 2018 年 11 月之后也变成了战略-政策双区域；而珠三角在第一个行动计划里是政策性区域，由于其率先达标，就未进入第二个行动计划；汾渭平原在第一个行动计划里未出现，出现了在第二个行动计划里的政策性区域，在 2018 年 11 月后，也是三个重点区域中唯一不是战略性区域的区域，但是在蓝天保卫战强调"建立汾渭平原大气污染防治协作机制，纳入京津冀及周边地区大气污染防治领导小组统筹领导"。

表 6-5　区域战略升级与大气政策性区域的演变

时间	2013 年 9 月	2014 年 2 月	2017 年 12 月	2018 年 6 月	2018 年 11 月
大气政策	《大气污染行动防治计划》			《打赢蓝天保卫战三年行动计划》	
国家战略	京津冀协同发展战略、长三角一体化发展战略				
重点区域	京津冀[3] 长三角[3] 珠三角[3]	京津冀[1] 长三角[3] 珠三角[3]	京津冀及周边[1] 长三角[3] 汾渭平原[3]		京津冀及周边[1] 长三角[1] 汾渭平原[3]
相关区域	汾渭平原[4]			珠三角[2]	

资料来源：作者整理。

注释：①战略-政策区域，②战略-非政策区域，③非战略-政策区域，④双无区域。

6.5.3　区域大气污染协同治理组织结构的变迁

大气污染治理的进程伴随着区域战略化的升级过程和两次重要政策性行动计划，组织结构也在发生变迁。京津冀和长三角在行政层级与边界的结构上较为复杂，既涉及到跨省域城市间合作协调问题，也涉及到不同层级纵向协调问题，具有较强的可比性。因此，本节选取这两个区域作为重点观察的对象，梳理其在战略升级与政策发展的进程中，大气污染治理组织产生了何种变迁。

（1）京津冀区域

①协作小组结构

为推动完善京津冀及周边地区大气污染联防联控协作机制，自 2013 年国务院印发《大气污染防治行动计划》后，为进一步强化京津冀区域协作机制的领导力与执行力，结合落实京津冀协同发展战略，加快区域空气质量改善进程，京津冀及周边地区大气污染防治协作小组正式成立。由政治局委员、北京市市委书记任组长，副组长由环保部部长、北京市市长、天津市市长和河北省省长担任，领导小组办公室设在北京市环保局。但这并不是一个正式的机构，在权力层级、人员编制、权限设定、职责范围、工作要求等方面还没有正式的定论。其次，"协作小组"其主要工作定位还是放在了重大活动期间的大气质量保障上。在协作小组中，各主体之间是平等关系，协作更加类似于一种通报机制，在信息交换、重污染天应急等方面发挥了良好效果。但随着区域协同发展战略的推进与大气污染防治政策进入新阶段，就需要从更高层面统筹、更大力度推进和更高程度协作。

②领导小组组织结构

2017 年 4 月 1 日，中共中央、国务院决定设立河北雄安新区的消息正式公布，至此京津冀协同发展的战略布局基本完成。2018 年出台的《打赢蓝天保卫战三年行动计划》直接作出部署，将京津冀及周边地区大气污染防治协作小组调整为京津冀及周边地区大气污染防治领导小组，并建立汾渭平原大气污染防治协作机制，纳入京津冀及周边地区大气污染防治领导小组统筹领导。组长由国务院副总理韩正担任，副组长由生态环境部部长、北京市市长、天津市市长、河北省省长担任，成员由国务院办公厅、发展改革委、工业和信息化部、公安部、财政部、生态环境部、住房和城乡建设部、交通运输部、气象局、能源局、山西省、内蒙古自治区、山东省、河南省的相关负责人组成。领导小组建立了专门的工作机构，即领导小组办公室，设在生态环境部，承担领导小组日常工作。

这一调整体现出协同治理组织结构的纵向化提升，即小组负责人行政级别的提升，这使得京津冀的大气污染政策性协同组织级别与协同发展的战略性协同组织级别对等，综合协调机构由地方提升为中央部委，为协同赋予更强的能力与资源。双无区域的汾渭平原也纳入京津冀及周边地区大气污染防治领导小组统筹领导，这对协同组织的协调能力又提出了更大范围的要求，需要更强的纵向权威介入。同时，雄安新区战略性区域的设立，对区域绿色发展及其规划的制定，也提出了更高的要求，使得调整之后的京津冀及周边地区大气污染防治领导小组转变为一个正式机构，与战略性协同组织更加接近与融合，也使其成为治理京津冀跨区域大气污染的长效机构。

（2）长三角区域

①联席会组织结构

长三角区域在区域环境治理方面起步较早，在 2008 年苏、浙、沪两省一市环保部门签署的《长江三角洲地区环境保护工作合作协议（2008—2010 年）》基础上，建立了"长三角地区环保合作联席会议"，形成了跨区域环境污染协作治理组织，该组织旨在发挥区域联动效益，上海市、浙江省与江苏省分别就污染治理、区域监管和绿色信贷完成牵头工作，创新性地形成了一种互惠、互保的横向分工协作组织。在 2009 年的首次会议上，联席会邀请了"环保部华东督察局"作为外部参与，强化了协同行动执行的可信性。

②协作小组结构阶段

随着"气十条"颁布实施，要求加强长三角区域大气污染联防联控的机制，2014 年 1月，在国务院的支持下，长三角三省一市和环境保护部、国家发改委、工业和信息化部、财政部、住房和城乡建设部、交通运输部、中国气象局、国家能源局等国家八部委共同成立了长三角区域大气污染防治协作小组，办公室的办公地点设在上海市环保局，其工作内容主要包括：会议协商、协调推进、工作联络、信息发送、情况报告和通报、调研交流、研究评估、文件和档案管理等。除了明确三省一市和各成员单位分工协作，协作小组提出将建立大气污染源、空气质量监测、气象信息共享制度和信息化应用的区域共享平台，还将建立共享联动机制、区域大气污染预报预警体系，落实区域大气和水污染防治以及环保合作重点工作。

可以看到，相对于上一个"联席会时期"的组织来说，有三个主要变化：一是设立的协作小组相对于联席会来说参与合作的主体增多，由两省一市变成了三省一市加发改委等8 个部委，进而其治理结构和政策网络也发生了演变。二是从联系的轮值分工牵头，变成上海市牵头，并在国务院的领导和指导下开展工作，其行政层级获得了提升。三是设立了专门办公室，负责统筹协调，具备了更强的协调能力。

（3）区域结构变迁比较

从京津冀与长三角大气污染协同治理组织的两个阶段典型结构变迁来看，整体上都体现出正式化和纵向化，具体如表 6-6 所示。

表 6-6　京津冀与长三角大气污染协同治理组织变迁

区域	组织	主体规模	牵头单位	协调机构	政策网络	机制
京津冀	协作小组-领导小组	15-17	地方-中央	地方-中央	央地-央地	政府委员会
长三角	联席会-协作小组	3-12	无-有	无-有	地方-央地	多边协议+工作小组-政府委员会

资料来源：作者整理。

但不同的是就长三角区域的协同治理组织的变化来说，更倾向于结构性和属性的变化，包括成员的结构从地方间横向关系变成了央地纵向关系，进而其治理机制从多边协议加工作小组的强制性较弱的结构改为政府委员会制。从时间分布来看，在协同发展战略与两次行动计划政策的共同作用下京津冀协同治理组织变化更强，更为强调纵向化的治理能力的提升；而长三角的设立则是受单一政策性影响，其变化更多体现在增强横向沟通协作能力方面，在第二次行动计划中并没改变其组织结构，而长三角一体化战略也是在《蓝天行动计划》之后，目前也尚未改变其结构。

6.6　大气污染协同治理组织的网络要素与特征

6.6.1　组织的网络要素识别

依据 Provan 和 Kenis 提出的共享型（SG）、领导型（NLO）与行政型（NAO）三种网络治理模式（Provan & Kenis，2008），本章节对大气污染协同治理组织进行结构特征的分析，同时考虑 Ansell 合作治理框架中关于初始条件的研究（Ansell，2008）。但在我国大气污染治理实践中，需要根据实际关联区域可能涉及到的行政区来划定参与规模，进而与共享型模式相近的组织其规模不一定很小；由于我国政府级别设置，往往在运行中核心领导角色会受到行政权力的影响，从而与行政型模式相近的组织中支持与领导单位不可能完全脱离组织网络。因此，为与三种网络结构有一定区别，本章节分别采用联席类组织、牵头类组织和支持类组织来划分大气污染协同治理组织（见表 6-7）。

表 6-7　大气污染协同治理组织类型特征识别

组织类型	初始条件			特征识别		
	信任密度	成员异质性	网络能力需求	规模	资源获取	运行特征
联席类	高	低	低	相对较小	内部共享	轮值
牵头类	低	高	中等	中等	借鉴协调	协调
支持类	中等	中	高	较大	上级支持	领导

资料来源：作者整理。

（1）初始条件

初始条件是指组织成立之前各地方政府之间已经存在的特征。通过对共享型、领导型与行政型三种网络治理结构与合作治理框架的分析，大气污染协同治理组织的初始条件主要包括地方政府之间的已有成员信任密度、成员异质性以及网络能力需求三个层面。

从信任密度层面来看，联席类大气污染协同治理组织信任密度高，要求各参与主体合作基础比较牢固，从而才是一种有效的治理模式。牵头类大气污染协同治理组织信任密度偏低，需要核心领导者的集权以保证组织运行的有效性。支持类大气污染协同治理组织信任密度中等，各参与主体间依赖特定机构的支持，也需要彼此监督与协作以保证大气污染治理的进度与效率。

从成员异质性来看，联席类大气污染协同治理组织由参与者依靠承诺和信任及公共事务治理目标形成，具有高度的灵活性和适应性，究其根本而言强调组织内部各成员高同质性。牵头类大气污染协同治理组织强调成员内部异质性高，其中有一个经验好、资源充足并且机制成熟的成员担任组织内部的领导角色。支持类组织对于成员异质性的要求不如前面两种组织，因为这类组织更多强调的是来自外围的领导与支持。

从网络能力需求层面来看，当相互依赖的任务需求很高时，联席类大气污染协同治理组织将不可能是有效的形式，因为需求将赋予个体网络成员以技能，而这些技能却是他们不具备的，比如污染治理的某项授权、主体监控，甚至污染冲突解决。相反地，恰是这些任务，更适合于牵头类和支持类大气污染协同治理组织，因为这些模式更有能力发展出网络层面的具体技能。

（2）特征识别

从规模层面来看，联席类大气污染协同治理组织适用于成员数量相对较少的网络，但需要根据实际大气污染的需求设定组织规模。牵头类和支持类大气污染协同治理组织在网络成员数量较多、网络边界模糊时更加有效，其中支持类网络治理模式能够应对更多的网络参与者，在规模最大的网络中可能是最有效的。

从资源获取方式来看，由于网络成员参与治理的广泛覆盖性，联席类大气污染协同治理组织能够有效解决网络内部合法性需求，组织成员间都需要彼此的扶持与协作，相互之间平等获取资源和信息。牵头类大气污染协同治理组织中的核心领导者很大程度上可以代表整个网络进行活动，因此在资源获取上往往由这个领导角色进行组织内部的借鉴与协调工作，而支持类组织需要来自上级或者外部某一部门的扶持与帮助以获取资源。

从运行特征来看，联席类组织内各成员间在一定周期内轮值协调区域公共事务，从而各参与主体中实现了成本节约与总体风险较低，但背叛和分配的风险会增高，因为没有承诺的协调。牵头类组织往往是组织中担任领导角色的行动者，一般由相关领导担任组长，保持这种状态进行组织内部的协调。支持类组织是由来自上级的某一部门对组织成员进行行政领导与支持。

6.6.2　组织的网络特征比较

联席类、牵头类和支持类组织目的都在于解决大气污染的各种问题，同时这三类组织又呈现不同的结构特征，从而出现出不同的实践。通过对三个典型案例的验证分析，具体组织特征比较如表 6-8 所示。

表 6-8　大气污染协同治理组织比较

案例样本	组织特征						组织效率	组织性质
	信任密度	成员异质性	网络能力需求	规模	资源获取	运行特征		
京津冀环境执法与环境应急联动工作机制	高	低	低	相对较小	内部共享	轮值	初期效率高，后期略有下降	属于联合机构，联席会形式居多
长三角区域大气污染防治协作小组	低	高	中等	中等	借鉴协调	协调	效率相对较高，过于关注领导可能导致下降	具有领导、指挥和协调等工作性质
山东省省会城市群及周边重点城市大气污染联防联控协作小组	中等	中	高	较大	上级支持	领导	能较好的处理效率与包容性之间的平衡关系	属于非营利性组织或具有领导性质的组织

资料来源：作者整理。

（1）组织运行特征与效率比较

联席类组织强调选择合作基础较好、信任密度较高、异质性低且大气污染治理目标高度一致的成员组成，但组织规模不一定较小。在相应联防联控、治理大气污染过程中，强调成员间的平等协作、资源共享与责任共担，从而对组织内成员的网络能力需求相应较低，同时强调不同时段的组织成员间轮值负责。在联席类大气污染协同治理组织中，由于平等协调关系及目标一致性高，各地方政府初期参与非常积极，但随着时间和精力的消耗，热情度和实际效率会有所下降。

牵头类组织强调在中等规模内选择具有一定合作基础与信任密度、异质性高的成员组成，但实际运行会受到行政权力的影响。在相应环境污染防治攻坚过程中，强调有一个资源丰富、经验充足并且治理能力较强的成员担任领导角色，各组织成员及组织运行依靠组织中领导者的协调。牵头类大气污染协同治理组织效率相对较高，但这种模式过于关注领导者的需求，可能会降低网络参与者的承诺，从而导致整体网络效率的降低。

支持类组织强调在较大规模内选择具有较好合作基础与信任密度、异质性中等并且组织目标性较强的成员组成。但在相应大气污染防治过程中，强调有一个网络能力较强的上级政府或机构对组织进行行政领导和外部支持，通常在大气污染中由某一部门作为牵头和支持单位。支持类大气污染协同治理组织能较好地处理效率与包容性之间的平衡关系，允许网络中的重要成员参与关键决策，同时让其他网络成员承担更多日常行政负担。

（2）组织性质比较

联席类组织由参与者依靠承诺和信任及公共事务治理目标形成，具有高度的灵活性和适应性。在大气污染防治的实践中，这类组织属于联合机构，往往具有联防联控、联动机制的性质，联席会的形式居多，但要视具体的机构内部设置情况而定。强调部门间的联动与分工协作，同时强调机制内部各成员之间优势互补、协商统筹、责任共担、信息共享与轮值，主要通过正式的会议对大气污染防治工作进行整体部署，各部门、各级政府分工协调，并相互监督检查。

牵头类组织中"领导者"成员努力保持其在网络中的主导地位，从而使组织更加倾向于稳定。在大气污染防治的实践中，该类组织往往具有领导、指挥和协调等工作性质，由较为优质的组织成员担任领导角色，负责组织的日常工作，实施组织协调工作。比如该类型的中央级别组织办公室往往设置在生态环境部，并承担统筹部门、协调地方、沟通信息、衔接政策等职能；省级组织往往由生态环境厅厅长担任办公室主任或者选择某个条件符合的部门设立办公室，承担组织协调、任务落实、工作推进、督导检查、调度通报等，同时领导角色的选任也要看具体的污染防治工作性质。

支持类组织存在实体的代理者被授权管理网络参与者，会更加强调网络的稳定性。在大气污染防治的实践中，该类组织往往是由多种类型或不同行政级别成员组成，一般属于非营利性组织或具有领导性质的组织。在多类型成员的组织中，往往由某一政府机构发起并积极提供各种资源支持；在领导性质的组织中，往往由上级政府机构牵头，作为统一领导并提供经费保障、完善激励政策等外部领导与支持。

6.7　大气污染协同治理组织的建设困境与优化路径

6.7.1　大气污染协同治理组织的建设困境

自 2013 年"气十条"发布以来，大气污染政府间协同机制从局部试点发展成全国推广的制度安排，建立了丰富多样的协同组织，并在区域大气污染治理中取得了显著成效。但应当看到，作为新时期经济社会发展下应运而生的现代化治理机制，目前大气污染协同治理组织建设还存在不少结构上亟待厘清的问题。

（1）权力配置低，权威性不足

大气污染协同治理组织解决的是不同地方政府或部门之间协调不畅的问题，其本质是协调具有不同利益诉求、不同资源禀赋的政府主体行为，使之突破行政边界的空间限制，进而实现跨域协同治理。但大气污染的强溢出效应会降低彼此的合作动力，且会增加合作过程中的信息搜寻成本和背叛风险，不利于信任机制建立；另外大气污染治理是一项需要长期大量资源投入且见效慢的系统工程，与地方政府追求经济发展短期绩效考核目标相冲突，在不改变现有制度条件下很难期望地方政府真正转变发展观念和行为。因此，必须通过强有力的、具备相当权威的、稳定的协同组织结构才能够有效协调地方政府行为。

但目前大气污染协同治理组织建设多数缺乏必要的权威性，呈现出"上小下大"的权力关系结构，对各协同成员的依附性强。而且通常协同组织内部设有日常办事机构统筹协同工作，与环保局之间是委托关系，即协同组织的办公室负责联防联控具体联络协调工作的权限等级属于处级机构（赵新峰、袁宗威，2014）。但大气污染协同治理一般是跨省层级的，处级机构显然在协调与联络省级层面政府部门时是缺乏足够权威的。从法制建设来看，我国《宪法》和《地方组织法》对区域协同组织建立方式、职能无明确法律规定。进而区域大气污染协同治理组织没有相应的法律法规来界定其职责内容、权力地位与运行制度，从而在规范性、强制力方面缺乏相应保障。

（2）协同结构松散，位势不对等

大气污染协同治理组织的结构形态与原有属地治理的制度格局息息相关，地区行政空间界限所带来的利益分割和竞争不利于大气污染治理协作关系的建立。即使在社会经济发展新时期，中央要求各地区开展大气污染联防联控，地方政府对原有路径的依赖和制度惯性使得区域治理难以在短时间内打破属地限制，形成紧密协作的行动集体，进而塑造了大气协同组织的松散结构。尤其是在缺乏上级政府或同级政府明确授权的情况下，协同组织往往具有临时性，成为地方政府某个职能部门的下设机构，负责搭建政府间交流与合作的平台，难以制定统一认可的区域政策。同时由于协同组织没有纳入行政编制系列，也没有正式的组织规章制度和工作程序，进而当面临机构调整时稳定性就受到影响。

区域大气污染协同治理组织内部成员间身份和地位的不对等状态，增加了协作的成本和风险，加剧了内部不协调。大气污染协同组织成员之间在经济、社会、政治等方面存在异质性，如北京、上海、成都等城市都是各自区域内的中心城市，拥有相对高的行政层级与发展水平，可获取和可支配的资源更多，也拥有更高的协作意愿和协作能力，而其他成员城市则相对被动。另外，在大气污染协同治理组织中，政府之间合作的动力主要来源于中央的安排和鼓励以及互利收益核算之后的自发合作（周志忍、蒋敏娟，2010）。但不同经济社会发展水平会导致成员间利益取向差异明显，不尽合理的利益协调机制和激励机制等会使得协作动力不足。同时中央政府通过目标设定和任务发包组织协调各地方进行跨区域协作，但在具体的执行过程中，会出现"财权"与"事权"不对等等情况，中央向地方层层放权的过程中也会出现权责不清、扯皮推诿的现象。

另外，结构不对等还表现在各地政府之间、政府部门内部的"信息孤岛"问题。当前各地政府及政府部门间以大气治理为核心的信息资源共享意识不足，彼此间互相敌对和缺少信任。由于部门本位主义，各职能部门不愿意共享大气污染治理相关的数据，对实现数据共享造成了障碍（锁利铭，2019），由此不可避免地出现了大气污染治理的"囚徒困境"。而且数据共享平台建设工作还未完成，造成了目前实现数据共享的条件不充分，进一步加剧结构松散性。

（3）结构运行非常规，运动性明显

在我国大气污染协同治理中，无论是从政策层面还是各区域实践来看，均建立起了府际协同组织，但是大量的协同组织并非处于常态化运作，而是临时的应急模式，具有不可持续性。尤其是重点区域大气污染治理的突出特点之一就是运动式治理，这是一种以运动式的非常规手段来开展各种治理行动的常态化国家治理模式（杨志军，2016），主要表现为应对重污染天气的应急协同和大型节事期间的临时事件类协同两方面，而且活动结束后往往出现污染反弹的现象，并衍生出一系列社会矛盾和冲突。

另外，协同组织运行主要通过联席会议或联合执法等形式展开，呈现出很大的不确定性，其实质是地方政府领导组成的柔性协商结构，相较于刚性协调结构而言，由于权威性和执行力不足，会使协同治理陷入"议而不决，决而不行"的境地。例如各区域"协作小组"主要是通过不定期会议来落实上级政府任务，协商部署下一阶段的重点工作内容。但是会议或者联合执法行动的展开具有相当大的随机性。特别是协作小组会议一般是在重要领导有空时召开，涉及多个核心领导时需要协调其时间安排；联合执法则一般应中央政府要求或者为了保障重大活动期间空气质量而展开行动。

6.7.2　大气污染协同治理组织的优化路径

（1）结构优化路径：组织向内收缩

在厘清各大气协同组织内部职责基础上，应该对某些协同组织进行归并或整合，避免协同组织的无序扩散，实现一定程度的向内收缩，具体如下图 6-6 所示。

一方面是破解组织内部职责交叉与机构重叠的问题。从综合环保的常设组织与大气领域的常设组织来看，在不同的层级中应当视大气污染问题复杂程度及协同层级，将出现职能重叠的大气治理常设组织从环保常设组织中剥离或与之整合。从大气常规组织和应急组织来看，由于重污染天气的应急性，其组织运行具有间歇性，可合并为大气治理常规型组织的隶属工作组，在保证成员结构的同时避免机构重复设置、厘清职责边界。

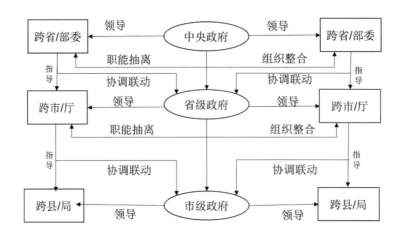

图 6-6　大气污染协同治理组织的向内收缩

资料来源：作者自制。

另一方面需要加强上级政府在组织运行中的权力运用。应急组织实则是临时工作组，具有治理的短时性、高强度、协作网络的高中心性等特征。通过中央强力介入，以政治动员、行政命令等方式，驱动常规组织实现短期内的高强度协作治理，并以此作为探索深化相关协作机制的重要契机。值得注意的是，重大节事活动地一般集中在一个城市，其活动收益和治理收益在区域城市之间的分配不均，极易导致协作过程中的机会主义行为，必须要强有力的上级组织予以协调才能达到组织目标。因此，在设立常规组织时，可将协同应对重大紧急事件作为其重要职能之一，必要时增加上级权威的介入程度。

（2）功能耦合路径：推动组织向外整合

治理的本质是多元主体之间的协作，但由于制度条件、社会组织能力不足等原因，目前我国区域大气污染治理主体仍然以政府为主，社会性不足；形式和环节相对单一；治理精细化水平不足且成本较高。从而有必要通过立法途径强化科研机构等专业性组织在大气污染治理中的地位和作用，使其成为驱动大气协同组织运转的技术力量。具体如下图 6-7 所示，通过设立全国性的大气环境研究中心，在京津冀、长三角、汾渭平原、成渝地区等重点区域设立分中心，将政府内部系统的科研机构，社会和市场中相关专家、技术人员予以整合，由中央财政和地方财政共同承担其预算，负责定期提供咨询报告、建议等；赋予其审查排污许可的权力，并作为独立的第三方机构向社会发布对大气污染治理进展和行动检查、评估的结果，成为推动大气污染治理公开透明化和打破地方利益保护的重要渠道。

同时，区块链技术的出现和应用为应对具体动态性、跨区域和时敏性的大气污染问题提供了新模式，有助于改变传统的中心化、属地化的治理机制。首先，区块链不可篡改、可追溯的共识机制，可以为跨区域、跨部门、跨层级的大气污染协同治理组织创建可信任的交流合作平台，并构建低成本的可追溯可信任机制，甚至实现跨区域跨部门跨领域的组织之间直接协同合作，从而显著降低交易成本，可以灵活有效地应对瞬息万变的大气污染问题。其次，区块链有助于提升大气污染协同治理的精细化水平。一方面可以提供去中心化的透明信任机制，有助于精准锁定大气污染的源头，缓解部门之间往往存在的相互抵赖和推诿现象；另一方面构建去中心化的可信任的交流沟通平台，有助于大气污染协同治理政策和措施的精准实施，尤其是在存在利益博弈的大气污染治理组织中落实。

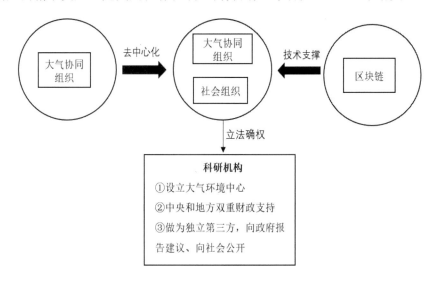

图 6-7　大气污染协同治理组织的向外整合

资料来源：作者整理。

（3）系统提升路径：促进组织自我优化与向上提升

大气污染协同治理组织设立的目的是解决现有"条块"体制下大气污染治理中的集体行动困境，其核心作用在于协调不同地区、不同部门的行为。而当前中央层面的大气污染协同治理组织是松散的协商结构，对其省、市层级协同组织的权威性和约束性有限；作为城市地方政府的直接上级，省级政府及其领导的协调小组应该作为最直接、最主要的跨界协调者，而目前其组织运行基本上以依托政治嵌入的末端治理和事件治理为主，在短时期内能快见成效，但长期下来会陷入疲软状态。

如图 6-8 所示，面对中央层面协同组织权威性缺乏的问题，从机构精简及相关治理经验来看，现阶段并不宜设立正式的政府机构，应当保持协同组织本身的弹性。可行的解决之道就是"赋权增能"，通过政策法规将其职责以法定形式固定下来，建立更具常规性的工作制度，负责区域大气污染治理政策、标准、规划等顶层设计，享有大气目标任务的设定权、对地区大气协作落实情况的监督权和检查验收权。对省级层面来说，则是要在中央指导下完成辖区内目标任务的分解，以区域政策标准为基准，结合本辖区内各城市实际情况进行包括产业结构、污染物排放等方面的调整和控制。城市层级的协同治理组织主要在上

级协同治理组织设定的目标下开展本辖区的工作，重点是执法监察、协调应急事件，同时
积极与其他地区开展协作。总体而言，需要强化中央层级协同组织权威，并实现各级协同
组织的职责异构，提高协调能力。

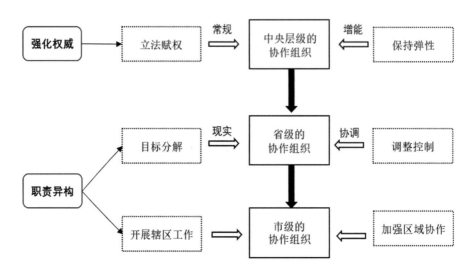

图 6-8   大气污染协同治理组织的自我优化

资料来源：作者整理。

　　不同经济社会发展阶段需要有不同的治理模式和结构与之相适应。就区域大气污染协
同治理组织而言，应当在职能整合的基础上提升大气协同组织的权威性。如图 6-9 所示，
对于跨省大规模协作区域而言，由于协同成本和风险较高，应该由全国人大会常委员会或
国务院决定在现有区域一体化组织下设具有稳定组织形式、职权明确的正式的综合性环保
协同机构，将原有的大气协同组织纳入其中作为专职机构；对于不适合建立正式组织机构
的区域而言，则可以通过府际协议的方式规定其协同组织形式，并规定其具体职责和组织
运行程序，建立相应的惩罚机制。

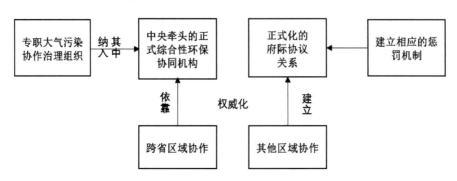

图 6-9   大气污染协同治理组织的向上提升

资料来源：作者整理。

本章小结

　　本章讨论大气污染协同治理组织的现状、结构与发展方向，指出目前的困境及解决思路。具体而言，大气污染协同治理组织是具有高效沟通协作的多样化政府机构间合作网络，目前在国内形成多样性组织体系，基于职能与周期可以分为综合常设类、常设单一类、单一应急类以及应急事件类。同时大气污染协同治理组织在内部纵向嵌入与横向交叉的基础上与外部多主体间形成了多元关系，并在"战略-政策"双重作用下实现组织结构的变迁优化。此外，目前国内联席类、牵头类和支持类组织反映出了差异化的网络特征，但依旧存在权责、结构与运行等方面的困境，需要通过结构优化、功能耦合以及系统提升的路径实现优化。

第 7 章 大气污染共治网络的边界

7.1 区域环境治理的边界发展

7.1.1 "一亩三分地"下单一边界的治理困境

面对京津冀大气污染的严峻形势与协同困境，2014 年 2 月，习近平总书记在京津冀协同发展座谈会上提出要"打破自家'一亩三分地'的思维定式"，进而提出了京津冀协同发展的国家战略。这里的"一亩三分地"，就是对我国长期形成的以行政区划为边界的地方政府间竞争驱动个体增长模式的典型描述，"一亩三分地"以行政区为边界、以经济增长为目的、以府际竞争为手段，形成了一整套适用于行政区属地的制度安排，推动了我国区域经济的持续增长。然而，"一亩三分地"思维定式却难以打破，这种制度安排下，绩效对制度形成了一种正向反馈，并构成了制度的路径依赖，进而影响到除经济发展之外的其他政府目标和职能，其中最重要的问题之一就是生态环境问题。于是，生态环境的跨界性与行政区的属地化管理之间形成了"边界冲突"的治理困境，进而影响到国家治理框架下的区域治理何以有效的重大现实问题。

党的十八大以来，随着生态文明被写入"五位一体"的总体布局，地方政府的发展任务呈现出从单一经济增长，到多重治理领域的拓展局面。生态、环境、卫生、教育等公共事务的跨界性需求，成为突破"一亩三分地"固定思维的内生动力。就生态环境而言，中央层面通过政策规划不断推动地方之间横向协同合作，相继出台了《大气污染防治行动计划》（2013 年，简称"气十条"）、《打赢蓝天保卫战三年行动计划》（2018 年，简称"蓝天保卫战"），着重强调跨区域大气污染联防联治。除了环境治理的专项政策规划之外，跨域环境合作也成为区域协调发展战略的重要举措。比如，2015 年《长江中游城市群发展规划》提到要建立跨区域生态文明建设联动机制，加强环境污染联防联治；2018 年中共中央、国务院的《关于建立更加有效的区域协调发展新机制的意见》进一步提出深化区域合作机制，推动城市间环境治理的协调联动，构建区域基础设施体系，严格区域环境准入标准，加强区域生态环境共建共治的要求。然而，地方政府在应对大气污染时，常常面临两个关键性边界难题：一是污染边界的划定难题，大气污染的溯源与污染源解析是一项高成本的技术工作，与技术水平和管理权限有着很大关系，即使地方政府有协作意愿，都可能面临着"与谁合作"的边界模糊问题；二是治理边界的绩效难题，对于地方政府而言，大气治理牵扯到经济结构转型、城市管理方式的转变以及监测，会耗费大量的人力财力，那么大气质量改善的绩效评估就变得成本高昂，以至于难以确定绩效的来源是评估对象还是其相邻区域。这两个难题深刻地影响着边界内地方政府合作对象的选择与合作机制构建，成为大气污染中"一亩三分地"边界困境的实质所在。

在"一亩三分地"的边界困境的约束下，随着地方政府之间的合作推进，形成了以单项治理功能为核心的治理边界和制度安排。例如，以污染区域为重点的"大气污染联防联控机制"；以合作交流为内容的"全国大气污染防治部际协调机制""长三角区域大气污染防治协作小组"以及"长三角地区环保合作联席会"等；还有以任务项目形式为支撑的灵活的专项督查、执法小组和应急领导小组等。每一个合作规划和合作机制中都有一个重要特点，即具有相对稳定的多个协作主体，但这些协作主体又不以某一个"单一行政边界"为单元。如并非属于同一个省的全部城市，这些成员城市在这些制度和机制下，一方面突破了原本辖区的"一亩三分地"单一行政边界，另一方面又形成了基于治理功能的新合作边界。对城市而言，是在上级政府的行政辖区边界内进行合作，还是寻求政策规划范围内的边界拓展，成为地方政府大气污染治理合作行为面临的重要选择，也成为"边界困境"的现实写照。

现有研究已经意识到了地方政府大气污染合作治理中的"边界困境"，大都市区的整体性治理存在着行政区域边界与功能区域边界的不一致"边界冲突"，地方政府合作网络的范围可能是由几个行政单元组成的区域，也有可能是某个环境单元组成的生态区域（易承志，2016）。环境本身具有公共资源属性、外部性、空间外延性，这就要求区域环境治理要具备整体性（杨妍、孙涛，2009），进而区域环境合作中的边界是强调以某一生态或环境单元为基础，而形成的相互联系、相互依存的统一整体（李冰强，2017）。为了破解行政区划与生态环境污染区域不匹配的边界难题，地方政府需要建立一种跨行政区、跨行政层级的政府间合作机制来打破资源配置等级化格局，如组建区域大气污染治理政策工具的协调机构（赵新峰、吴芸，2019），或者大气污染跨区域联防联控的区域合作博弈、府际权责划分机制、区域复合行政等合作模式（赵树迪、周显信，2017；张雪，2018），并将这些合作模式表述为"跨区域大气治理合作""城市群大气污染治理""跨界大气污染治理"或"跨行政区大气治理合作"等等。术语的差异不仅体现了研究偏好的不同，也反映了大气污染治理主体在行政辖区和生态污染区域两种治理边界内的模糊回应和复杂选择。

然而，现有研究依然不能绕开合作治理的前提，就是"一亩三分地"的治理边界范围是什么，这种边界思维约束程度到底有多大，否则难以解释属地化管理的边界因素和跨界合作之间的复杂作用关系。由此，"一亩三分地"的边界在区域治理上的含义是什么，现实中的行政辖区边界、地理边界和政策功能边界等共同形成的多重边界如何改变地方政府跨域公共事务集体行动，以及多重边界的相互作用又如何等议题，是理解国家治理框架下的区域治理何以有效的重要小切口。

7.1.2　地方政府理性选择与多重边界的形成

制度性集体行动框架的分析前提在于地方政府合作关系的建立是理性选择的结果，不同的合作领域中的决策原则都是基于自身收益的考量，并以此形成自组织网络关系（Feiock，2007）。地方政府的合作是网络决策，而网络决策的本质是地方政府通过选择谁合作，建立什么性质的合作，通过合作者的关系连接，形成一个新的合作网络（锁利铭等，2018）。地方政府间大气污染协同治理形成的合作网络，其节点就是参与大气污染治理的各地方政府，网络连线就是两两地方政府之间通过实地考察交流、会议协商、签署合作协议以及建立合作机制而形成的合作关系。合作网络中的连接关系建立与合作行为的发生，受到合作收益的驱动和交易成本与契约风险的约束（锁利铭，2014；Trevor & Potoski，2003）。合作收益主要分为集体性收益和选择性收益。集体性收益是基于合作整体的收益，受益者包含所有参与行动的合作者，主要包括规模经济和内化外部性。选择性收益则是基于参与合作的个体所能获得的差异性的收益，受益者是参与者个体，主要包括社会声誉、信任累加以及影响力扩大等（锁利铭，2017）。对于约束条件而言，交易成本主要包括信息成本、协调成本、执行成本和监督成本，契约风险包括协调不力、背叛以及分配不合理三个方面（Feiock，2007）。在理性选择的驱动下，多个地方政府的合作便形成了一种治理边界范围内的集体行动，只有在合作收益大于交易成本，并能抑制契约风险的情况下才会实现（锁利铭、李雪，2018）。

地方政府合作伙伴可能是同属一个行政辖区的行政边界，也可能是政策规划界定的功能边界或是地理相邻的地理边界，这三重治理边界通过交易成本生成机制影响着行动者的积极性。多重边界的"清晰"程度是各异的，奥斯特罗姆在"公共池塘资源"的研究中曾明确提出要"清晰地界定边界"。在应对公共问题尤其是在大气污染问题时，治理边界的划分与界定，不仅关系到相关治理主体的权责利益归属和职能划分，更关系到保障治理效果而采用的政策工具，明确治理边界也成为地方政府合作治理的重要前提。行政边界在一定历史时期内是固化的、明确的，而政策功能区域的边界则因治理功能差异而不同。大气污染问题的负外部性较强，在自然因素和人为因素的双重影响下污染源扩散的可控性较低，这就会滋生搭便车行为和机会主义行为，而污染物治理成本的转嫁会导致环境治理主体受益的不公平（姜玲等，2017）。其治理主体的范围和权责划分难以实现科学定论，大气污染合作治理的政策功能边界就相对难以确定。也就是说，行政边界的清晰程度要大于功能边界，而治理边界的明晰程度与交易成本风险的高低对应，即行政区域内合作比大气污染治理功能区域内合作的交易成本与风险更低。

从边界选择的动机来看，大气污染合作治理的行政边界是以属地考核目标为核心，以行政区划为界的大气污染治理边界。同一行政辖区的地方政府具有深厚的历史关联以及纵横交错的科层管理体制，共同构成了同辖区内地方政府合作的优势。大气污染合作治理的功能边界是指以治理问题为导向，立足大气污染外溢性的生态治理边界。地方政府之间依靠合作协议或合作机制来处理大气污染区域内的外部性，以实现大气污染治理的功能。此外，介于行政边界与功能边界之间，还存在一种更微观的治理边界——地理边界，调节着跨域大气污染合作治理。地理边界指在地理邻近性原则下，相邻地区之间的大气污染联防联控。地理位置的相邻则会降低环境合作的执行成本，提高地方政府与周边地区合作的期望，因此地缘关系也是地方政府构建合作关系时的重要衡量因素。总的来说，行政边界、功能边界和地理边界反映了地方政府环境合作的三种治理区域范围。行政边界、功能边界和地理边界除了为地方政府之间形成的环境合作网络提供了有效的合作对象选择依据外，还具有嵌套性，同一大气污染治理区域往往会存在嵌套关系，同一行政边界或同一功能边界内，都会存在地理相邻关系，也会对地方政府合作选择产生重要影响。

治理边界通过地方政府间合作的交易成本来影响合作行为决策以及最终的合作网络形成。区域大气合作治理是多元行为主体为实现区域大气污染治理目标，通过协商、沟通、谈判等合作方式，依托"联席会议""议事协调机制""合作协议"以及"共同宣言"等合作机制，打破行政边界而形成的制度性集体行动过程。然而这些基于生态区域的大气合作模式在组织合法性、政策权威性以及资源保障性上都不如传统的属地管理模式。因此，地方政府往往出于交易成本、交易风险和合作收益的衡量，探索形成边界选择不同的多种实践治理模式。在交易成本风险以及合作收益的共同作用下，三种治理边界对大气污染合作行为的影响也呈现出一定的差异。

现有研究中指出城市群区域公共事务的特征与区域治理"边界排斥"困境存在内在关联（陈亮，2019），大气污染治理受地理条件的影响，其污染源扩散的空间关联性和不可控程度更高，利益相关主体的权责义务难以合理界定，不易形成稳定的合作关系，也很难积累起有利于实现可持续治理的合作关系资本（锁利铭等，2020）。所以地方政府往往以大气污染重点防治区域为核心，延伸更大的治理范围。大气污染功能边界难以清晰地界定，使得地方政府在合作过程中用于权责划分与合作机制建立的协作信息成本、谈判成本以及监督成本上升。就算建立起合作协议与合作机制之后，由于信息的不完全容易滋生机会主义行为，大气污染合作流于形式，合作收益难以保障。相对而言，行政边界下的大气污染合作依靠行政权力的强制性驱动，权责划分相对明晰，这大大地减少了合作过程中信息交流与磋商谈判的成本，省级区划内的问责考核体系也会极大地降低合作的不确定性。地理边界由于地缘上的邻接性，相互之间的熟悉程度较高，更容易建立信任关系，降低合作的交易成本。并且，地方政府在相邻城市的合作过程中，能更快速地获得合作相关的信息，以供地方政府做出有效准确的决策，降低地方政府违背合作协议的风险。由此可见，在交易成本与契约风险方面，行政边界的交易成本风险低于地理边界和功能边界。

从合作收益来看，不同治理边界下的选择性合作收益和集体性合作收益对地方政府的驱动作用有所不同。选择性收益是各地方政府在参与大气污染合作治理时个体所能获得的社会声誉、信任关系累积以及城市影响力扩散，而这些收益对于地方政府的政治资源获取和地方长远发展具有重要的贡献。这种优势对行政边界区划范围内的城市来说体现得更为直接，因为同省城市的大气污染合作治理不仅体现了地方政府对划分到自身大气污染治理目标的有效执行，更是对省级层面行政任务的积极响应，这有利于地方政府获取上级政府的资源投入与政策倾斜。因此，行政边界内的地方政府更倾向于获取选择性收益来增强地方竞争能力。集体性收益是参与大气污染合作治理的地方政府所能获得的整体收益，其关注的重点在于大气污染治理的整体效益，以及收益分配的均等性。同一行政辖区内以及相邻城市间大气污染的严峻情况各不相同，如果属地内城市本身空气质量较好，并不需要进行区域合作，但由于行政命令的驱动，不得不投入资源与其他污染严重的城市进行合作。对于该城市来说，参与治理的成本将是不经济的，而能获得的治理收益也是不对等的。而同为大气污染重点防控区域的合作，则是以问题为导向将污染严峻的地区集合起来，在降低治理成本的同时也有助于取得污染治理的规模效益，提升区域大气污染的整体性治理水平。由此可见，功能边界下的大气污染治理更有利于取得集体性收益。

总的来看，地方政府会综合衡量交易成本与契约风险的制约条件，以及选择性收益与集体收益的驱动因素。基于个体维度考虑地方政府选择性收益的影响下，地方政府更可能倾向于选择交易成本风险低、选择性收益高的行政边界合作。如果基于整体性的集体性收益角度，功能边界则更符合跨域大气污染治理的整体效益。在"一亩三分地"的传统属地管理模式下，如果没有有效的制度安排，打破地方政府在大气污染合作中对自身选择性收益的追求，拓展区域大气污染集体性收益对地方政府的驱动能力，那么"单一行政边界"下的区域大气污染治理模式仍将持续，"多重治理边界"驱动下的精细化治理模式也无法实现。

7.2　案例分析一：长三角大气污染协同治理的边界影响

7.2.1　案例选取与研究设计

长三角一体化发展已经上升为国家战略，是我国经济最发达、城镇集聚程度最高的城市化地区，是研究城市群合作的重要案例样本。本章节研究中长三角城市群环境治理合作网络的边界范围涵盖了长江三角洲城市经济协调会的 30 个会员城市，这与《长江三角洲城市群发展规划》中的 26 个城市有一定的差异，这些城市在平等自愿的原则下加入该地区的城市经济协调会，对区域合作行为的体现会更全面。ICA 是数据收集和数据分析的重要理论支撑，相关文献表明地方政府间集体行动的有效描述可通过使用较为规范的府际协议来量化。本章节从中华数字书苑报纸数据库收集了长三角城市群 30 个城市 2009—2018 年的大气污染合作行为日报数据。通过数据筛选与编码处理，最终得到 198 条有效合作文本数据。

本章节将治理边界分为三种类型，分别为行政边界、功能边界以及地理边界。从污染治理来看，行政边界是指界线为行政管理辖区的大气污染治理的边界；从测量来看，行政边界是指是否属于同一省级行政区划。按照行政边界的划分，属于同一行政边界（同省）的两两城市合作为合作的主要类型，从样本匹配来看，江苏省有 78 种两两省内城市组合，浙江省有 55 种两两省内城市组合，安徽省有 10 种两两省内城市组合，上海市不管与谁合作都是跨行政边界的合作。功能边界是指以治理问题为核心，立足大气污染外溢性的生态治理边界。为此，中央政府根据污染的严重性、扩散性，污染治理的紧迫性以及城市发展的可持续性，确定了若干大气污染重点防控城市，这些重点防控城市不管是在污染情况的严峻程度以及污染治理目标的要求上都高于其他城市[①]。本章节使用规划中的大气污染重点防控城市作为间接测量大气污染治理功能边界的依据，具体选用了 2011—2015 年的《重点区域大气污染防治"十二五"规划》（下称"规划"）作为政策文本参考。该规划中明确规定了长三角地区位于大气污染重点防控区的 14 个城市，就测量来说，是否属于重点防控城市是区分是否属于功能边界的标准，这 14 个重点防控城市共有 91 种两两城市组合方式满足功能边界的要求。地理边界是指在地理邻近性原则下，相邻地区之间的大气污染联防联控。就测量来说，以两两城市是否在地理上接壤作为判断的依据，这 30 个城市中，共有

---

① 《重点区域大气污染防治"十二五"规划》：依据地理特征、社会经济发展水平、大气污染程度、城市空间分布以及大气污染物在区域内的输送规律，将规划区域划分为重点控制区和一般控制区，实施差异化的控制要求，制定有针对性的污染防治策略。对重点控制区，实施更严格的环境准入条件，执行重点行业污染物特别排放限值，采取更有力的污染治理措施。

63 个同属于相邻关系的两两城市组合。

　　合作网络主要体现为两个方面，一个是合作频度，一个是合作形式。最直接衡量合作频度的方式就是依据合作次数，但是直接使用合作次数难以有效比较不同治理边界下城市合作选择的相对值。因为长三角城市群中不同边界范围内的城市对数并不相同，为了能对不同边界范围内的城市合作情况进行比较，本章节参考网络分析中常用指标网络"密度"的计算思路，进行标准化处理，即用 1 对城市的平均合作次数作为比较的数值。具体计算公式为：平均 1 对城市合作次数=对应边界范围内两两城市合作总次数/城市对数，其他边界范围内的合作情况以此类推。合作形式方面，考虑到"合作"存在正式性与非正式性的分类，本章节根据合作正式程度的差异将合作形式分为考察、召开和签订 3 类，正式程度最高的是签订协议，最低的是"考察"。"考察"是指地方政府就大气污染问题到另一城市实地考察和参观学习，如宿迁市宿豫区环保局主要负责人赴徐州市铜山区考察学习大气污染防治情况；"召开"是指就大气问题开展府际合作交流活动等，如 2012 年上海、江苏、浙江、安徽三省一市环保部门召开了区域合作例会，并明确了完善区域大气污染联防联控机制、完善跨界污染应急联动机制、加强重点流域区域环境综合治理等重点合作事项；"签订"是指签订府际合作协议，如《"绿色青奥"区域大气环境保障合作协议》。

7.2.2　长三角大气污染治理协同的概况

　　长江三角洲地区工业化程度高，区域性大气污染问题时有发生，例如 2011 年发生的沙尘暴污染，2012—2013 年出现的雾霾天气，暴露出长三角城市群受到了严重的环境资源约束，尤其是在大气污染领域，形势不容乐观。2002 年是长三角城市群区域环境合作的开始，江浙沪两省一市就生态环保问题签订合作协议。2003 拉开区域生态治理合作的帷幕，成立了长江三角洲地区环境安全与生态修复研究中心。2004 年宣言提出打破行政边界，开展区域环境合作，建成国内首个跨省、跨地区气候环境监测评估网络——长三角气候环境监测评估网络，同年签订《长江三角洲区域环境合作倡议书》，探索建立排污权交易市场。自此，长三角区域建立起大气污染防治协作小组、领导小组、联席会等重要的组织机制，并签订一系列大气污染合作协议，跨行政区的环境合作活动日益增加，具体见表 7-1 和表 7-2。

表 7-1　长三角城市群大气污染合作重要组织机制梳理

时间（年）	机构/制度名称	意义/标志
2002	沪苏浙提出建设"绿色长江三角洲"	开始着手加强区域生态保护与治理方面的合作
2003	成立长江三角洲地区环境安全与生态修复研究中心	拉开区域生态治理合作的帷幕
2004	建成长三角气候环境监测评估网络	国内首个跨省、跨地区气候环境监测评估网络
2005	启动长三角地区主要领导座谈会	长三角区域合作的决策机制
2008	浙东经济合作区第 18 次市长联席会议设立环保合作专题	省内经济合作区向环保合作区域延伸
2009	第一次召开长三角环境保护合作联席会议	苏浙沪三地环保部门合作交流平台
2010	构建长三角两省一市区域空气质量监测数据共享平台	环保部牵头的跨省信息共享平台的建立
2013	成立沪苏浙皖三省一市长三角地区跨界环境污染纠纷处置和应急联动工作领导小组	安徽省首次加入跨省协调、处置重大跨界环境污染纠纷和突发环境事件
2014	成立长三角区域大气污染防治协作小组	长三角城市群大气污染防治协作机制正式启动
2014	成立长三角大气污染预测预报中心	跨省大气合作运作逐步常态化
2015	召开合肥经济圈大气污染防治联防联控小组成员联席会议	经济圈基础上建立的大气污染合作机制
2017	开展三省一市大气污染源清单调查，建立重污染天气预警应急处置协作机制	跨省专项行动
2018	设立三省一市跨行政区域的常设机构——长三角区域合作办公室	从行政体制上突破三省一市干部统一集中办公

资料来源：各省市环保部门官方网站。

表 7-2　长三角城市群大气污染重要合作协议梳理

时间（年）	合作者	协议名称
2002	国家海洋局牵头、苏浙沪三地海洋行政主管部门	《沪苏浙"长三角"海洋生态环境保护与建设合作协议》
2004	苏浙沪三地环境主管部门	《长江三角洲区域环境合作倡议书》
2008	苏浙沪	《长江三角洲地区环境保护工作合作协议》
2009	苏浙沪	《长三角地区跨界环境污染事件应急联动工作方案》
2010	苏浙沪 9 市	《世博会期间长三角区域空气质量联动监测方案》
2011	杭州、湖州、嘉兴、绍兴环保部门	《关于加强杭湖嘉绍边界区域环境监管协作的共同宣言》
2012	苏皖 8 市	《"绿色青奥"区域大气环境保障合作协议》
2013	长江三角洲城市经济协调会 22 个成员城市	《长三角城市环境保护合作宣言》
2014	沪苏浙	《沪苏浙边界区域市级环境污染纠纷处置和应急联动工作方案》

资料来源：各省市环保部门官方网站。

具体而言，2009—2018 年，长三角 30 个城市两两之间共开展 7074 次大气污染合作活动，从演变趋势来看（见表 7-3），整体合作频度基本低于三种治理边界范围内的合作频度，表明这三种边界范围确实起到了促进地方政府合作的作用；并且，长三角城市群的合作频次呈现震荡上升趋势，出现两次峰值，分别在 2014 年与 2018 年，其中 2018 年的整体合作频次为 4.96 次，该年长三角设立了首个三省一市跨行政区域的常设机构，开始融合行政事务，不断支撑长三角区域的深化合作；作为"十二五"规划的起始年度与收官之年，2011 年与 2015 年的合作最少，原因在于各地方政府在这些年份往往会将工作的中心放在规划目标制定或总结规划期内工作成果方面，从而导致开展新活动的需求较少。从三种治理边界的比较来看，总体上行政边界的合作频次大于地理边界、大于功能边界，体现行政边界范围内的地方政府合作在长期的发展过程中始终占据主导地位；但在 2014 年地理边界高于行政边界，受南京召开青奥会的影响，南京分别与其他相邻长三角城市签订大气污染协同治理协议，以保证该重大活动的顺利召开。因此在重大活动影响下，地方政府会更倾向于与可控性与应对性更高相邻城市合作，即地理边界内的大气污染治理合作会更加有效；功能边界在 2012 年与 2017 年划分后出现急剧上升，这可能与 2012 年出台的大气污染"十二五"规划以及 2016 年底颁布的"十三五"生态环境保护规划有关。

表 7-3　2009—2018 长三角 30 城市合作频度

年份	行政边界合作频度	功能边界合作频度	地理边界合作频度	整体合作频度
2009	0.94	1.08	0.76	0.71
2010	1.42	1.38	1.19	0.91
2011	0.08	0.12	0.14	0.03
2012	1.87	1.48	1.83	1.34
2013	1.72	1.4	1.81	1.27
2014	3.87	3.81	3.11	3.45
2015	0.5	0.11	0.46	0.17
2016	2.64	2.63	2.65	1.97
2017	2.16	2.16	2.1	1.46
2018	6.75	5.56	6.22	4.96

资料来源：作者通过搜集各省市环保部门官方网站资料整理。

7.2.3　多重边界的影响

具体来看，行政、功能、地理三种治理边界对大气污染的合作影响是否真的有效？具有怎样的影响呢？本章节进一步探讨三种治理边界，从跨省级行政边界、跨功能边界以及相邻三个方面细化分析地方政府在区域大气污染治理中的合作情况。

第一，三种治理边界在不同合作形式中的影响作用有所差异。如表 7-4 所示，就不同合作形式的合作频度比较而言，考察类活动最为灵活，主要是起到信息分享和政策学习等功能，考察形式中合作频度最高的依次是相邻城市、相同功能区域以及同省的合作，平均合作次数分别是 0.63、0.54 和 0.41，合作频度最少的是不同功能区域；签订形式中合作频度最高的治理边界情况与考察形式相同，合作频度最少的是跨省合作；召开会议中合作频度最高的是同省合作，相邻城市与同一功能区域差距不大，最少的是不同功能区。另外，就不同治理边界的合作频度来看，行政边界中合作频度最高的是召开会议，有 17.66 次，功能边界和地理边界中合作频度最高的是签订协议，分别有 7.47 次和 7.78 次。这表明，合作形式更为灵活的考察活动往往发生在功能事项相近的城市或者合作成本较小的相邻城市，而这些城市则根据自身大气污染治理需求和合作成本收益考虑，倾向于通过签订合作协议的形式稳固相互之间的合作关系。召开会议这种合作形式在行政辖区交易成本更低，更为便捷。

表 7-4　三种治理边界的合作频度统计

合作形式	合作频度					
	同省	跨省	同功能区	不同功能区	相邻区	不相邻区
考察	0.41	0.22	0.54	0.21	0.63	0.22
签订	7.35	6.01	14.84	12.38	16.73	12.24
召开	17.66	10.56	7.47	6.18	7.78	6.23

资料来源：作者自制。

第二，同一行政边界整体上促进了城市间合作，而功能边界与地理边界在与行政边界嵌套时却呈现出差异化的合作结果。图 7-1 展示了是否跨省对平均每对城市合作次数的影响，并比较分析了是否跨省的合作、是否跨省的同功能区合作、是否跨省的相邻城市合作以及是否同省的相邻功能区合作的 4 种跨行政边界情况。如图 7-1 所示，首先在召开和签订活动中，4 种跨行政边界的合作情况都为同省合作大于跨省合作，且召开活动中是否跨省对合作的影响较大，签订活动相对平缓，表明行政边界内的合作活动仍是区域合作中重要的一环。并且，不管是否跨省，两个城市属于同一功能区、相邻城市或同功能相邻城市都对其合作具有促进作用，如召开会议活动中，随着同一治理边界关系的嵌套叠加，每对城市间的合作次数略有上升，其中省内合作平均召开次数为 17.66，省内同功能区为 19.53，省内同功能相邻区为 20.53。值得注意的是，省内同功能区的平均召开次数高于省内相邻区合作，分别为 19.53 和 18.43，说明同一省级行政区划内，具有同样污染问题困扰的大气污染重点防控区域比同省相邻城市更容易形成正式合作。与之相反，在跨省签订和召开活动中，相邻关系却同一功能区域更能促进合作。这说明，失去行政边界内的行政命令与目标考核驱动后，地方政府更愿意选择与执行和监督成本更低的相邻城市进行合作。此外，与正式程度较高的签订和召开活动不同，在相邻城市以及相邻的重点控制区城市的考察合作活动中，跨省合作却高于同省合作，这表明行政边界对相邻城市的合作起到负向的影响作用。这可能与同省辖区内的"锦标赛"竞争关系有关，同省相邻城市之间往往存在较强的竞争关系，达成合作的难度相对较高。而与签订协议、召开会议相比，考察活动的合作成本较低，参与跨省合作也有助于拓展地方政府间的合作事项，提升地方政府的区域影响力。

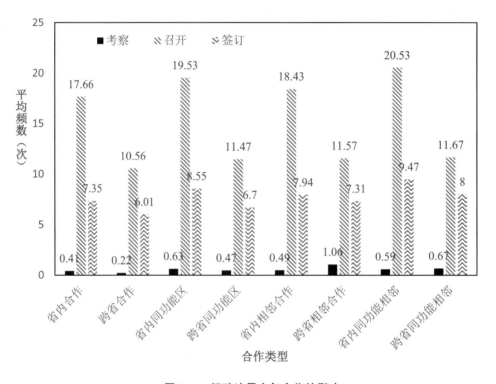

图 7-1　行政边界大气合作的影响

资料来源：作者自制。

第三，同一功能边界能够在整体上促进大气污染合作。图 7-2 展示了是否跨功能区对平均每对城市合作次数的影响，并比较分析了是否跨功能区的合作、是否跨功能区的同省合作、是否跨功能区的相邻城市合作以及是否跨功能区的同省相邻城市合作等 4 种跨功能边界情况。如图 7-2 所示，是否同功能区的 4 种边界情况下，考察活动、召开活动以及签订活动基本都是同属于重点控制区城市的合作高于非重点控制区城市的合作。因此，功能边界对区域大气污染合作具有正向的影响作用。此外，在签订活动中，不管是否在同一功能区，相邻城市的平均合作次数高于同省城市的平均合作次数。召开活动与之相反，即召开会议在同一行政辖区内比在相邻城市之间更容易达成。

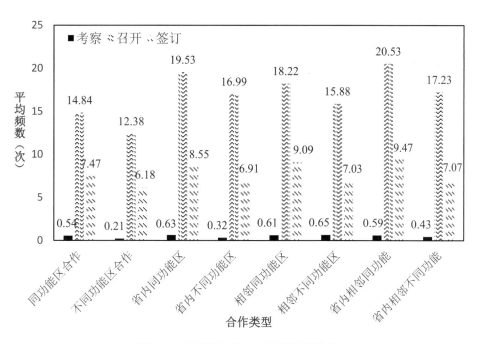

图 7-2 功能区边界对大气合作的影响

资料来源：作者自制。

第四，相邻城市的大气污染合作水平比不相邻城市更高。图 7-3 展示了是否相邻对平均每对城市合作次数的影响，并比较分析了是否相邻的合作、是否相邻的同省城市合作、是否相邻的同功能区合作以及是否相邻的同省同功能区合作等 4 种跨地理边界情况。

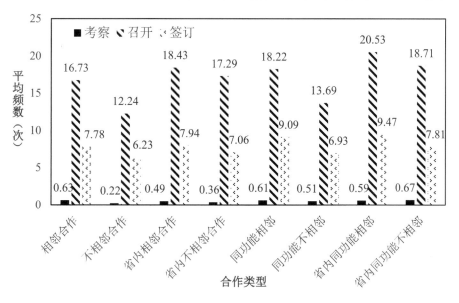

图 7-3 地理边界对大气合作的影响

资料来源：作者自制。

如图 7-3 所示，是否相邻的 4 种边界情况下，考察、召开以及签订基本都是相邻城市和合作大于不相邻城市合作，可见，地理边界对区域大气污染合作具有正向的促进作用。此外，同省城市是否相邻在平均合作次数上差异较小，说明同一省级辖区内，城市之间是否相邻并不会大幅度提升大气污染合作。

总结起来：首先，行政边界提供的竞争激励机制在大气合作治理中，依然起到主要作用，抑制了潜在"竞争者"之间的合作。行政管辖为同省城市之间达成合作交流行为提供较强的平台作用，也就是说省级政府能够为地方政府之间的合作提供降低交易成本和风险的有力作用，然而这种作用依然会受到相邻城市以及相同功能城市之间竞争格局的较大影响，甚至抵消。其次，国家提供的政策功能边界，为实现走出行政边界的合作提供了正向的促进作用。尤其是在 2012 年规划出台才开始明确划分重点防控区域，同功能区的跨省合作频度在 2012 年之后呈现波动上升趋势，这表明大气污染重点控制区的设置一定程度上提高了重点控制区城市突破属地管理范围，实现跨省行政区合作的能力。然而，波动的发展趋势也表明重点防控区跨行政区合作的影响因素较为复杂，单靠中央的政策规划驱动而没有地方配套的制度机制是难以持续的。最后，不同正式化程度的合作形式受到边界的影响作用不同。根据各合作形式在三种边界下影响程度的数据结果发现：功能边界和地理边界对地方政府考察活动和签订协议的正向影响作用比行政边界大；行政边界对促进召开类合作活动的作用最为显著。此外，相对于正式程度较高的签订类活动，召开类合作活动往往对大气治理的各方起到"协调"作用，说明行政边界的重要功能体现在协调各方利益与行动上。

7.3　案例分析二：功能边界下大气污染与水污染治理比较

7.3.1　功能边界、领域差异与合作网络

功能边界的差异源于治理领域内在属性特征差异，也就是合作领域资产专用性和绩效可测量性的不同。资产专用性是指在不牺牲生产价值的条件下，资产可用于不同用途和由不同使用者利用的程度（Riordan & Williamson，1985）。也就是说，当某种资产在某种用途上的价值大大高于在其他用途上的价值时，那么该资产在这种用途上就具有专用性。在区域协作治理中，各地方政府可以通过合作的积累形成关系资本，这种合作关系相对于其他合作而言具有不可替代性，也就是说这种合作关系的资本投入只能用于形成这种合作关系的合作对象之间，一旦任何一方的合作对象发生改变，其合作关系资本的价值都会受到影响。绩效可测量性是指合作方测量服务成果的困难程度以及监控供应方提供服务的困难程

度，即服务绩效产出和实施管理成本的测量难度（Brown & Potoski，2003）。容易测量的服务可以通过服务的数量或质量等易于量化和可识别的性能指标来验证，但其他服务就需要创建有利于有效测量、监控和管理供应方行为的机制（Carr et al.，2008）。资产专用性指是否需要专业投资来生产服务，指向服务所需的专业程度和服务对象的不可替代性；绩效可测量性是衡量服务执行或服务效果的困难程度（锁利铭、李雪，2018）。

　　资产专用性和绩效可测量性作为衡量合作领域中地方政府行为的重要影响因素，分别通过合作对象选择的不可替代性和合作执行与效果的可测量性对地方政府的区域合作产生影响。当资产专用性和绩效可测量性高时，地方政府采用市场方式或与其他性质的组织合作的方式，交易成本会更低、交易风险小，合作收益的不确定性较低，地方政府更倾向于形成稳定的、正式程度较高的、合作关系紧密的集体关系；当资产专用性降低以及绩效可测量性变小，但都在可协调的情况下时，为防范交易风险带来的成本可能会超过市场交易的收益，地方政府会更倾向于进行地区间合作。地方政府通过制定府际协议来有效解决资产专用性困境，同时地区间合作在评估和协调交易方面更具有灵活性，从而进一步增加了地方政府间合作的可能性。随着资产专用性的进一步降低以及绩效可测量性较低时，带来的交易成本与风险也会很高，地方政府之间合作收益的不确定性也更高，在此情况下，地方政府更倾向于形成形式灵活、网络松散的区域合作方式。并且上级政府也会倾向于选择采取统一管理或政策干预的方式，这比继续增加监督成本和执行成本以维持地区间合作更有效。

　　行动者选择什么样的方式参与也会在很大程度上受到网络中既有结构的影响（Degenne & Forse，1999）。地方政府面对跨区域、多主体的公共事务治理，需要实现不同行政区域以及不同类型主体之间的协调，以获取信息、专业知识或资源的共享（锁利铭、阚艳秋，2019），涉及多个主体间的交流与合作构成的相互交织关系使得城市群形成合作网络，即府际之间的联结以及通过分享目标而开展的行动是基于网络进行，表现出府际合作网络关系（张康之、程倩，2010）。从而，城市群环境协作本质上是府际间网络治理的体现，网络治理是面对环境治理困境、促进不同利益相关者有效合作的重要途径。因此，网络结构的探讨对于解释区域治理的微观动机与宏观结构有着重要的作用，不同合作领域合作水平、合作方式以及网络结构的差异也成为理解区域治理多样性的有效途径。整体而言，领域差异对地方政府合作行为与网络结构的影响机理如图 7-4 所示。

　　在实践中，具有负外部性的环境领域需要地方政府之间的协调合作（张紧跟，2013；杨龙，2015；锁利铭等，2018）。同时，在跨界污染的府际合作治理中，基于"有限权力让渡"而实施的外部治理行为，符合行政管辖权让渡理论关于行政管辖权之间交换和让渡的基本条件，因而也应当具备正当性（黄喆，2019）。但回归实践层面的机制选择，地方政府往往会在环境污染治理的不同领域，如大气污染治理和水污染治理，应用不同的网络结构，并根据实际合作需求采取联席会、委员会、协作小组等具体的合作机制。同时，在参与主体特征、治理领域特征以及既有的网络治理结构的影响下，不同领域的治理结构将会发生变化，这也是本章节研究的重点。本章节以长三角环境治理为例，将网络关系限定到特定合作区内的地方政府合作，强调在同一组网络成员中，当合作关系涉及的环境治理领域不同时，成员个体特征以及合作领域的商品（服务）特征将决定网络结构的类型以及网络成员的角色。

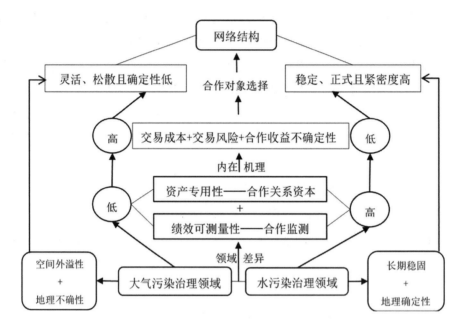

图 7-4　领域差异对地方政府合作行为与网络结构的影响机理

资料来源：作者自制。

7.3.2　大气污染与水污染的合作比较

在上述案例分析的大气污染协同治理数据基础上，补充了水污染领域协同治理数据。通过数据整理与分类，最终得到 380 条有效合作文本数据，其中大气污染治理府际合作数据 198 条，水污染治理府际合作数据 182 条，并从合作水平、合作方式与合作网络等维度进行了功能边界下的环境治理领域间比较。

（1）合作水平比较

通过长三角 30 个城市大气与水污染合作次数比较可见（如图 7-5），2009—2018 年，长三角城市群大气和水污染合作治理活动累计分别有 198 和 182 次，10 年间呈现出波动上升趋势，说明城市群内部跨地级市的环境合作在逐步加强。具体来看，大气污染合作中，2009—2011 年城市群大气污染的合作次数都低于 10 次，2011 年之后，长三角城市群的合作活动整体呈现"M"型变化，其中 2012 年与 2017 年是两个峰值，2012 年突增到 31 次，又在 2017 年达到合作的最高值 40 次。这可能与 2012 出台的大气污染"十二五"规划以及 2016 年底颁布的"十三五"生态环境保护规划有关，此外 2017 年还是"气十条"的收官之年，全国大气污染协同治理的热度整体较高。2015 年是低值，2015 年作为"十二五规划"的收官之年，各地方政府往往会将工作的中心放在总结规划期内工作成果方面，开展新活动的需求较少。由此可见，大气污染的合作活动虽然整体也是上升趋势，但其合作在短期内的变动不稳定，每年的合作水平差异较大。

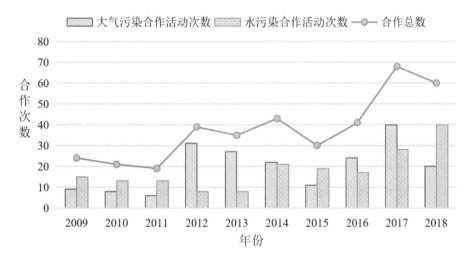

图 7-5　2009—2018 年长三角 30 个城市大气与水污染合作次数比较

资料来源：作者自制。

水污染合作治理基本呈现为"U"型发展，2012 年和 2013 年合作次数最少，仅有 8 次，2013 年之后，水污染合作次数急剧增加并趋于缓步上升，在 2018 年达到合作次数的峰值 40 次。总的来看，这是一个水污染跨区域合作治理逐步加深联系的过程，地方政府在水污染的合作中关于"河长制""五水共治"等实践考察的活动相对频繁，也有不少地方政府开始探索实行流域生态补偿机制。

总之，从整体合作水平来看，大气污染与水污染合作次数的差距并不大，这也表明了大气污染和水污染治理是长三角环境治理中的两个重要方面；但在合作的演变趋势上，绩效可测量性较低的地方政府的大气污染治理，由于合作不确定性高，风险较大，合作关系并不稳定，会极大地受到政策行政命令以及重大活动的影响。而地方政府的水污染合作治理是不断巩固合作关系的过程，通过合作活动的积累以及合作关系的加深，积累地方政府间的信任关系，降低合作的成本，从而提升水污染治理中的合作水平。

（2）合作方式比较

府际协议的范围相当广泛，从政府部门间的规范协议签订到为执行协议而签署的备忘录、会议、论坛、考察等都可以概括为府际协议。由此，本章节依据考察、召开、签订为行为关键词识别环境治理合作行为，可以划分出考察活动、会议召开以及协议签订三种不同方式的府际协议，他们的合作程度由低到高增加，签订协议是最具正式性、规范性与目标性的合作行为。通过这三种合作方式行为活动的区分，可以明晰资产专用性和绩效可测量性影响下具体环境治理领域的合作程度差异。

通过 2009—2018 年长三角 30 个城市大气与水污染合作方式比较（如图 7-6）可见：考察活动中，大气污染的考察活动几乎是水污染考察活动的两倍，分别占比大气污染治理合作方式的 53.54% 和水污染治理合作方式的 33.17%。说明地方政府在资产专用性和绩效可测量性低的大气污染治理领域，更容易参与合作正式程度较低的、更为松散灵活的考察活动。召开会议中，水污染治理的召开次数高于大气污染治理，分别占比水污染治理合作方式的 49.75% 和大气污染治理合作方式的 31.86%。水污染治理对于治理效果和治理行为的监控相对于大气污染治理来说更快速精确，绩效可测量性较强，地方政府能够运用监测网点，及时查清污染源，明确各参与主体的责任与权益。合作过程中合作伙伴关系的正式化程度愈高，且资产专用性愈高，双方的合作关系亦愈稳定，组织也更能通过交换资源提升自身能力（Hansen，1999）。因此，水污染治理领域利益分配的协调成本，组织、实施和监督的治理成本都更低，更容易达成稳固的合作。合作正式程度最高的签订活动次数占比均低于考察活动和召开活动，水污染和大气污染治理的签订活动占比差距微弱，分别占比水污染治理合作方式的 17.09% 和大气污染治理合作方式的 14.60%。可见长三角城市群在环境污染合作治理方式的选择上，更偏向灵活性更强的非正式合作方式，而不是选择约束性更强的正式合作机制。就签订协议的内容来说，地方政府签订的水污染协议主要是关于流域生态补偿、跨区域排污权、联合执法、合作工作机制以及责任目标等，如 2018 年芜湖市政府与铜陵市政府、马鞍山市政府签订了《关于长江流域地表水断面生态补偿的协议》，苏州和嘉兴 2017 年签署《交界区域水环境保洁联防联治联席工作机制协议》等；大气污染因污染外溢性和流动性的影响，其合作协议主要是关于重大活动空气质量保障、联合执法、应急联动方案、信息共享等平台机制等，如 2012 年苏皖 8 市签订的《"绿色奥运"区域大气环境保障合作协议》和 2014 年两省一市签订的《沪苏浙边界区域市级环境污染纠纷处置和应急联动工作方案》等。由此可见，水污染合作治理在正式化程度较高的协议签订中，会更倾向于常态化、稳定性、长效性较高的合作内容；而大气污染合作则更倾向于对紧急性、短时性的事务签订合作协议。

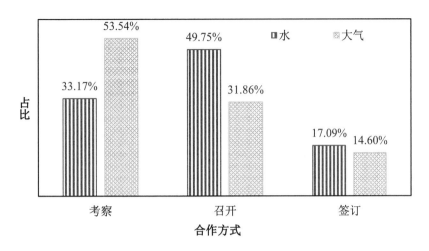

图 7-6　2009—2018 年长三角 30 城市大气与水污染合作方式比较

资料来源：作者自制。

（3）合作网络比较

具有不同属性特征的环境合作领域会形成不同的网络结构特征，那么长三角大气污染与水污染合作治理网络有何差异？城市群环境治理网络中，地方政府（城市）是行动者，网络中的关系是城市之间采取的考察交流、召开会议以及签订协议等合作行为。本章节通过合作关系以及合作对象的识别，对两类合作文本进行编码，经过数据格式转换得到 2 个长三角城市群网络矩阵。通过社会网络分析软件 UCINET 绘制出 2009—2018 年长三角城市群大气污染和水污染的合作治理网络结构图。

网络密度测量的是相对于所有关系的平均关系强度，密度越大代表图内各节点城市连线的总和越大，各地方政府间的合作关系就更紧密。由表 7-5 可见，水污染治理的密度是23.264，代表平均一对城市会产生 23.264 次合作，同理，大气污染合作治理中平均一对城市会产生 16.195 次合作。

表 7-5　2009—2018 年水污染与大气污染合作治理网络密度与中心势对比

合作领域	样本总量（个）	合作次数（max）	合作次数（min）	密度
水污染治理	182	苏州（884）	宣城（378）	23.264
大气污染治理	198	南京（568）	宣城（329）	16.195

资料来源：作者整理。

这两个环境治理领域的密度值都比较高，说明长三角城市群各成员城市合作广泛，都愿意通过集体行动的方式来治理水污染和大气污染问题，通过府际协作降低治理不确定性的风险；并且，水污染合作治理中苏州合作次数最多，共计达到 884 次，可能是因为苏州位于太湖流域和长江流域，水污染治理难度大，寻求合作的意愿更为强烈。大气污染合作治理中南京的合作次数最多，可能是因为南京空气质量在长三角城市群中处于中低水平，以及亚青会、青奥会等重大活动都在南京召开，对南京空气质量的要求较高。

地方政府合作地位的分析有助于发现其在合作网络中所属的地位特征，核心—边缘网络结构分析有助于破解不同环境合作治理网络中合作紧密或合作疏远的地方政府间政策扩散机理。通过对长三角城市群环境污染合作治理网络结构特征的比较发现，如图 7-7 所示，大气污染合作网络的核心城市较少，核心城市与边缘城市的合作密度差异较小，城市间合作水平相对均衡。由此可见，空间外溢性更强的大气污染治理中，为降低交易成本和交易风险，地方政府间更倾向于建立广泛松散以及地缘关系明显的合作网络结构。

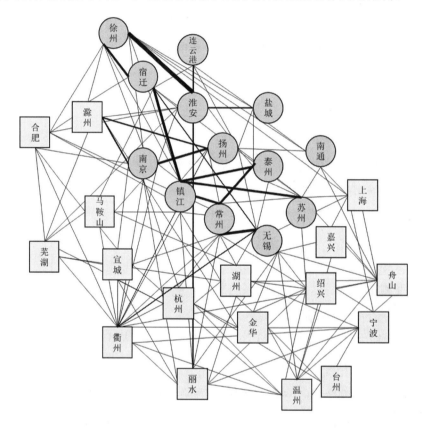

图 7-7　2009—2018 年长三角城市群环境大气污染合作治理网络结构图

资料来源：作者自制。

注：圆环代表核心城市，方块代表边缘城市。

流经长三角城市群的河流主要有长江流域、淮河流域以及浙闽片河流流域，此外还有太湖、巢湖等湖泊水域。而这些流域/湖域大部分集中于江苏省，如图 7-8 所示，长三角水污染治理合作紧密的核心城市都在江苏省。由于水污染治理的流域范围更明确，因此，地方政府间更倾向于形成核心治理城市关系紧密、分布集中的合作网络。边缘城市合作关系相对薄弱，核心城市与边缘城市合作关系差异明显。

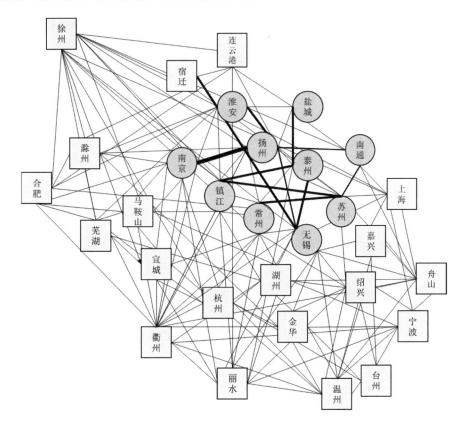

图 7-8　2009—2018 年长三角城市群环境水污染合作治理网络结构图

资料来源：作者自制。

注：圆环代表核心城市，方块代表边缘城市。

综上，大气污染治理与水污染治理的领域差异主要表现为四点：一是合作水平上，地方政府大气污染治理的合作水平并不稳定，而水污染治理则倾向于不断加深合作关系以形成稳固的合作水平；二是合作方式上，大气污染合作相对于水污染合作，会更倾向于正式程度较低、灵活性更强的合作方式；三是合作协议上，大气污染合作则更倾向于对紧急性、短时性的事务签订合作协议，水污染合作协议会更倾向于常态化、稳定性、长效性较高的合作内容；四是合作网络方面，大气污染合作网络结构相对松散，城市间合作水平差异较小。水污染合作网络核心城市结构紧密，城市间合作水平差异较大。

7.4　面向多重边界的治理创新

7.4.1　基于治理边界的环境协同治理启示

首先，从大气污染合作治理的角度来看，我国 2010 年起就不断强调大气污染的区域联防联控，然而当前的区域大气污染仍然处于行政辖区主导下的地方合作治理。这与我国传统大政府、强政府的治理模式息息相关，在这种制度惯性的作用下，地方政府的区域环境治理会在属地治理的基础上，依赖行政力量逐步突破"属地"单一行政边界。这就需要综合考虑多重治理边界的影响，实行区域组织、地方政府、职能部门间多元化的责任主体分工和问责机制，提升区域环境治理能力和合作绩效。

其次，功能边界是纵向嵌入区域治理的重要体现，但对区域大气污染治理的影响还没有达到与重点防控区域大气污染治理需求相匹配的程度，许多合作机制流于形式，对合作行为的约束力依然较弱。因此，地方政府可以以环境污染重点防治城市为核心主体，进一步突出重点区域、行业和污染物，有效防范生态环境风险，构建起以功能边界为核心的专业化区域环境合作治理机制，促进治理要素在区域内的流动。此外，要实现区域大气污染的整体性治理，需要在功能区域范围内的地方政府合作中引入行政化的约束力与强制性，即功能区域的行政化。例如，2016 年，国家环保部成立大气、水、土壤污染防治司，反映了环保部门意识到环保问题整体性治理的需求，并希望通过行政化的专业机构统筹跨区域的污染问题。2018 年长三角区域合作办公室的成立就是对解决跨省公共问题合作、推进区域合作机制行政化的有效探索。

最后，虽然重点防控城市的考核目标来源于中央，但重点防控城市所在的省份会将其作为中央对本省的一个重要考核任务，这层考核压力则由省政府下压给重点防控城市，因此不同省级辖区的重点防控城市就构建起了相应的"政治锦标赛"竞争体系。在这种情况下，地方政府对选择性收益的追求高于集体性收益。各省重点防控城市之间的竞争关系更为明显，为了获取中央以及省级政府的资源投入、政策支持以及地方政绩，地方政府并不会倾向于在外部性较强的公共领域合作。地方政府对选择性收益和集体性收益等合作收益的追求，实质上是围绕上级政府（省级和中央）考核问责体系所展开的系列行动。要实现环境等公共问题的区域合作，地方政府要立足区域环境治理问题的整体性、协同性和联动性，建立起以环境污染问题为导向的常态化绩效考核体系，实现地方政府层面选择性收益与集体性收益的调适。

7.4.2　区域环境污染协同治理的优化路径

十九届六中全会指出我国的制度优势之一在于"坚决维护党中央权威和集中统一领导，确保全党步调一致向前进的需要"，这也是和西方国家区域协同治理本质差异之一。可见，边界问题并不仅仅只是一个地方治理的问题，而是关系到我国国家治理制度的重大议题。长三角的案例数据，从一个侧面揭示出中国区域治理的多重边界结构。在区域发展与治理中，存在的多重边界都在不同程度上发挥着不同作用。城市的"一亩三分地"就是城市本行政区的利益格局，这一利益格局构成了促进发展的基本行政单元，这个"一亩三分地"为区域治理提供了一个小边界，这个小边界除了能够有效的促进发展，在政策规划、绩效考核、职务晋升等方面也具有较强的治理优势。在它之上，同时存在着省级行政辖区为边界的中边界，这个中边界也能够有效地进行制度和政策设计，为小边界之间融合起到较强的协调功能。在它们之外，还存在以更大的"公共利益"与"国家使命"为主要目标划定的政策性大边界，这个大边界又为打破中边界提供了渠道、平台和工具。于是对于"区域"的边界应该重新认识。在国家治理的实践中，通过国家的力量进行规划，充分调动小边界地方政府的积极性，极力发挥中边界地方政府的协调优势，形成多边界共同发挥作用，促进区域治理的格局。这就为理论和实践均提出了大的问题，如何从"单一边界"走向"多重边界"。

（1）以合作领域属性为依据，实现差异化的制度安排

根据环境污染合作治理领域属性的不同，地方政府应在大气与水污染等环境合作治理领域实现差异化的制度安排。环境污染治理是一项复杂的治理工程，其治理过程涉及地方政府、企业、第三方组织机构、常住居民在内的多元利益主体，根据资产专用性和绩效可测量性的不同，大气与水污染领域中各主体的参与程度和协同重点也有差异。

区域水污染治理的资产专用性与绩效可测量性高，意味着区域水污染治理的利益相关主体较为明确，地方政府在参与流域水污染治理时能较为准确地预测其合作治理效益，因此，区域水污染合作治理存在的关键困境本质上是以流域内城市主体为核心的地区协同问题。为了加强流域生态环境共治共享，则需要实现河流上下游邻接省市的有效联系，建立相关省市地方政府间的发展对接机制、协商合作机制以及生态补偿机制，从而协调地区间的合作发展规划，推动上下游地区协调发展。此外，在高资产专用性和高绩效可测量的双重作用下，签订合作协议这种正式程度较高的合作方式也成为提高治理绩效的有效途径之一，因此，在流域水污染治理的过程中，地方政府可在技术要求高、目标易量化以及可规模化生产的服务项目中，引入公私合营治理模式（PPP）、政府外包、委托代理等市场运行机制，将灵活的市场机制与正式的制度安排结合起来，以实现治理效益最大化。

区域大气污染合作治理资产专用性与绩效可测量性较低，受益主体不明确，治理成效

分配不均衡，且参与治理的主体比较多，治理中心较为分散，治理的复杂性和协同的难度更高。因此，责任主体成本分摊标准难以衡量，治理规则难以合理量化，市场化治理方式难以在区域大气污染治理领域取得成绩。现有区域大气污染治理是在行政命令（考核）驱动下的地方政府主导的合作模式，为了实现大气污染联防联控的治理目标，保证不同利益主体的协同沟通，集中大量及时可靠的数据资源，地方政府间的合作机制还需要引入更多元的利益相关主体，形成政府、社会、企业之间的合作伙伴关系，建立多元协同的网络治理机制。在这个机制中，地方政府间的协同机制担任核心治理主体，社会和企业则参与贡献大气污染治理相关的海量信息资源，全方位多层次的实时监测治理工作。并且，大气污染合作治理过程本质上是一个多元主体之间的利益协调过程，因此需要在网络合作机制的基础上建立一个权威性高的利益分配机制，协调主体之间的利益冲突。

（2）以功能边界为核心，构建专业化的区域环境合作治理机制

首先，区域环境合作网络的建立往往以功能边界为基础，因此，地方政府可以以环境污染重点防治城市为核心主体，进一步突出重点区域、行业和污染物，有效防范生态环境风险，构建起以功能边界为核心的专业化区域环境合作治理机制，促进治理要素在区域内的流动。具体来说，专业化主要体现在两个方面：

需要建立专业化的区域环境合作治理组织和部门。目前长三角三省一市已建立起区域大气和水污染防治协作机制，并成立相应的大气与水污染治理工作领导小组、领导座谈会、协作小组、联席会等区域性治理组织机制。但这些组织的运作模式还不成熟，在权限划分、职能分工、人员编制以及权力分配等方面还未形成统一的、正式的、有约束力的规范性制度。此外，各地区环境治理工作在实际操作层面仍遵循传统的属地分管制，负责执行环境治理工作的部门之间职能交叉现象突出，条块分割严重。因此，必须培育起专业化的区域环境合作治理组织或部门以及一批优秀的干部人才队伍，统筹区域环境治理工作。

此外还需要构建专业化的数据信息共享平台。当前，区域环境信息监测与发布的精准化程度不高，还存在地区间、部门间的信息壁垒，特别是对企业排污、机动车排气、工业扬尘等污染源监测、环境质量监测以及气象监测等环保监测信息共享，还存在共享实时性、共享程度以及共享可及性严重不足等问题。因此，建设专业化的环境信息监测平台和数据共享平台势在必行。通过构建健全的大气污染和水污染等环境监测网络，从污染源头确定、污染扩散过程到污染治理结果全方位的监测获取环保信息，从而实现地方政府间环境监测数据的统一发布、及时预警和精确治理。此外，地区间监测信息的共建共享需要打造统一的、公开的、透明的、实时的区域性信息共享平台。这就需要地方政府在大数据和信息化的技术手段下，构建起跨地区、跨部门、跨层级的信息集成系统。当污染发生时，区域内的地方政府能通过该平台迅速查明污染源，确定污染范围，从而采取有效的环境应急联动措施，防止污染问题扩散。

（3）以多重治理边界基础，实行多元化的责任主体问责机制

地方政府在区域环境合作中遵循地理边界、功能边界以及辖区边界等三重治理边界的影响，那么在区分责任主体时也应综合考虑三重边界的影响，实行多元化的责任主体分工和问责机制。地方政府区域性治理组织或部门应负责污染治理相关事务性和操作性的工作，保证治理任务的完成；地方政府负责相应规章制度的完善和对治理组织和污染源头的监察。上述考核体系的良好运行需要对应的问责机制，对于额外完成考核目标的地区应给予一定的奖励和政策优惠，而未完成治理任务的地区则要有相应的问责机制。当前区域环境问责机制的制度保障水平明显不足，主要表现为缺乏一个区域内共同的环保执法、行政处罚、监督考核组织或机制，虽然当前有开展区域环境联合执法、区域环保督察，但这些都是阶段性的，约束效力和威慑效果难以常态保持。并且，新出台的环境法中对区域环境合作体制机制的规定也比较模糊，缺乏基本原则、操作性不强，责任主体也不明确。

基于此，根据不同区域的主体功能定位，应建立起区域组织、地方政府、职能部门间的多元问责机制，遵循"共同但有差别的责任"原则。在综合考虑环境污染区域治理与地区经济协调发展的条件下，建立合理的责任分担机制，构建具有科学性和操作性的区域环境污染治理责任分担指标。针对污染治理指标采取地方罚款、区域生态补偿等治理问责手段；针对政策制定、行政过程、执行效率采取行政问责机制、领导干部责任问责机制和终身追责制等问责制度，以防地方政府官员在"政治锦标赛"过程中，盲目追逐经济效益，忽视环境污染问题。

（4）以环境污染问题为导向，建立常态化的绩效考核体系

实行区域环境合作的初衷是为了更好地实现区域性环境污染问题的治理，保证治理绩效，因此要地方政府建立起以环境污染问题为导向的常态化的绩效考核体系。当前环境治理中"运动式治理"与"短期治理"现象较为突出，为了实现环境污染治理效果的可持续性与常态保持，地方政府应建立起常态化的多元绩效考核机制，从而将目标导向与问题导向结合起来。该考核机制要立足区域环境治理问题的整体性、协同性和联动性，实现由经济指标向绿色指标、属地考核向区域协同考核转变。

具体来说，建立以环境可持续发展为导向的目标体系和考核办法已成为健全经济社会评价体系，弥补单纯追求经济指标的重要发展趋势。周黎安（2007）在"政治锦标赛"理论分析中也提出要构建以绿色 GDP 为核心的地方政府绩效考核机制，实现绿色生态发展。此外，各地区环境治理多数基于属地管理体系，其污染标准、防治规划、监测体系、监督体制、考核机制都不统一，地区差异较大。而地方政府之间由于治理基础、核心利益诉求以及目标设置的不同，使得其在污染治理的合作过程中产生集体行动的困境。因此，区域环境合作必须有全面、完备的考核依据才能减少合作中的交易成本，形成有约束力的合作机制。也就是说，环境治理相关区域只有制定出统一的、常态化的、区域性的绩效考核体制才能促使地方政府产生合作动力。

7.4.3　面向"多重边界"的公共事务治理创新

由"单一边界"治理走向"多重边界"的治理，需要回答"边界形成、边界范围、边界强弱、边界弹性、边界演化以及边界耦合"等诸多基础问题，从而进一步夯实基于边界的区域治理框架创新。

（1）边界的形成问题

边界是由相关行动者共同组成的共同体，中国制度优势里的"调动各方面积极性"，实际上是尊重了中央和地方多个层面的积极性，在理论上要注重以"理性选择"为基础的微观模型，将"集体性收益"和"选择性收益"放置于区域治理研究的基础框架之中。城市间关系要放在行政边界内的"锦标赛"和晋升压力的体制下去思考，即使在地方政府实施合作行为的背景下，也不能忽略城市间潜在的竞争偏好，充分利用城市的竞争动力，形成"有序"的城市间竞争格局和治理边界。

（2）边界的范围问题

关于区域经济的范围问题，在 20 世纪 90 年代起就被学者深入关注，最有影响的就是关于"行政区经济"与"经济区经济"的讨论，这就是要回答经济资源的配置究竟应该在何种范围内展开。经济资源配置的关键在于，资源以最小的成本进行匹配获得最大的产出，行政区经济显然会存在资源匹配不充分和难以最优化的问题。那么这个范围，可以进一步延伸新的范围，就是"治理边界"，从"行政区治理"走向"治理区治理"。无论市级还是省级地方政府在面向跨区域、不确定性的公共事务治理时，都可能存在着治理失灵的问题，于是"治理区治理"的范围如何确定，应该进入到治理研究的议题之中。

（3）边界的强弱问题

强弱是指某种边界对行动者在这一边界内，进行理性"合作选择"的激励约束影响程度大小。近年来国家先后将京津冀、粤港澳大湾区、长三角、长江经济带等上升为"国家战略"，这些战略性区域其实就是在突破小边界和中边界的基础上，形成的新的大边界。城市群或者经济带，实际上已经正在成为类似"省域"下多行政区管理的管理单元。其中统一性的政策和资源配置，又和案例中的"功能边界"类似，只是其对其中成员城市间合作关系的建立具有更大的促进作用。这类边界给予了地方政府一个更强的激励和约束，进而又重塑了其中的"央地关系"，比如在党的十九届四中全会的文件中也明确提到适当加强中央在跨区域生态环境保护等方面事权，减少并规范中央和地方共同事权，这也是加强了在这个领域规划边界的强度。

（4）边界的弹性问题

这里的弹性只是边界随着功能目标的需要而进行"适应性"调整。这个在"行政区经济"的讨论中已经有过探讨。比如有学者提出行政区的边界是有形的、刚性的，而经济区的边界则是无形的、弹性的（刘生、邓春玲，2008）。后来公共管理学者进一步提出了"区域公共管理""复合行政"的理念（陈瑞莲，2003；王健等，2004）。所谓"行政区经济"是与区域经济一体化相对应的一个概念，行政区政府在区域经济发展中起主导性或决定性作用，各行政区形成封闭的经济系统，行政区划边界对区域经济横向联系产生刚性约束（刘君德、舒庆，1993）。复合行政是指"为了促进区域经济一体化，实现跨行政区公共服务，跨行政区划、跨行政层级的不同政府之间，吸纳非政府组织参与，经交叠、嵌套而形成的多中心、自主治理的合作机制"（王健等，2004）。复合行政的核心在于行政职能的整合与调适，实现政府管理体制创新，而非盲目扩展行政区划范围。但是，这里仍然没有明确究竟这种弹性变化受什么因素影响。威廉姆森的交易成本理论提供了新的依据，就是影响交易成本的因素之一——交易物的资产专用性和绩效可测量难度。笔者在此基础上，提出过引申的推论，那就是在不同的合作领域中，其形成的合作网络是有显著差异的（锁利铭等，2020），而这种差异正是来自于治理事务的不同特征对合作边界的影响，例如在我国同一个区域往往同时进行着交通、卫生、环境等区域合作，其成员范围也应根据其合作领域属性决定其边界的范围、结构和大小。

（5）边界的演化问题

治理边界并不是一成不变，它处于一种动态演变的过程，这种变化一方面体现为范围的变化，比如研究案例中的长三角已经在 2019 年 11 月将其"长三角城市经济协调会"扩充到了 41 个成员，对于治理边界的拓展机理，马捷等人已使用网络决策模型分析了成都平原城市群从"1+7"到"8+3"的结构变迁过程（马捷等，2019）。但是其中功能边界的演变，如从《重点区域大气污染防治"十二五"规划》的 13 个重点区域到《打赢蓝天保卫战三年行动计划》中首次将汾渭平原纳入重点防控区域的原因及其潜在的影响仍然值得关注。边界的演化除了范围的变化，还有能级的变化，如从非战略性区域升级为战略性区域，这一过程的内在机理与外在影响可以深入研究。

（6）边界的耦合问题

不同领域治理边界不同，受到行政边界影响程度也不同，那么当存在多个领域功能区嵌套的时候就需要一个治理边界的耦合问题的研究。比如对于长三角而言，城市经济协调会起初也是以经济合作为主的功能，随后也逐渐拓展到其他领域。但是在这个协调会之外，还存在着"长三角区域大气污染防治协作小组"等单项治理边界，这些多重边界的存在是否应该集中整合还是分开治理，是边界耦合需要关注的重要问题。

本章小结

本章讨论了单一边界下的区域公共事务治理困境以及多重边界交互作用的理性选择趋势，进而讨论行政边界、治理边界与地理边界影响机理的基础上，以长三角环境治理为案例，选择大气污染治理领域进行单领域的多边界分析，反映出中国大气污染中的边界界定、打破和重构的治理过程。继而提炼了功能边界中资产专用性与绩效可测量难度对于协同网络的影响机理，并比较了大气污染与水污染协同治理领域的差异，资产专用性较低的大气污染治理绩效可测量性低，形式则更灵活、网络更松散；而资产专用性较高的水污染治理绩效可测量性更高，治理主体则倾向于签订协议明确各方的权责划分。此外，从制度安排、治理机制、问责机制以及考核体系等角度围绕边界影响提出优化区域环境治理的路径，并从面向"多重边界"的公共事务治理创新讨论了边界形成、强弱、范围、弹性、演化及耦合等研究重点。

第 8 章　环境共治网络议题的未来走向

8.1　环境共治的拓展思考

总体而言，未来我国区域环境共治研究可以从理论构建、实践指导、动态比较、分类探讨、量化评估、信息化治理、网络治理等方面进行更为深入的发展（赵斌、王琰，2022）。

第一，从行政主导、行政区考核、柔性化治理等实际出发，构建符合我国现实国情的区域环境共治理论并应用于指导实践。区域环境治理是理论与实践相互促进而发展的，而区域环境共治机制的选择，是基于政治、经济、社会、历史、问题属性等多方面因素综合考虑的结果，因此从现实国情出发构建中国特色区域环境治理理论尤为重要。如，行政力量主导下完善环境协同治理理论更好地发挥社会和市场作用，行政区考核和非正式治理手段下构建激励相容理论更好地调动环境治理积极性等，都是亟须拓展的方向（Yi et al.，2018）。此外，中国数十年丰富的区域环境合作治理实践亦为理论研究的创新奠定了良好基础。

第二，从国际经验借鉴、治理组织安排、利益分配机制设计等角度，对我国区域环境共治的理论和实践进行与时俱进的动态补充。区域环境治理本质上是一个现实问题，应将国外区域环境治理的实践转化为操作性较强的借鉴经验，从治理主体及其职能安排、治理主体关系、组织架构等角度系统研究治理组织安排，探讨协同治理组织特征与客观条件之间的相互作用关系、协同治理组织制度化以及如何进一步适应区域协调发展新机制（锁利铭、阚艳秋，2019），从经济社会指标分享、激励相容、考核评估等方面理顺利益分配机制等，均值得深入探讨。

第三，应进一步加强对区域环境共治内在机制的比较和动态分析，尤其是结合时代背景、现实基础梳理、分析和总结其演变的历程、原因、经验和启示。如，多元治理格局中社会和市场力量的发展演变、横向与纵向行政力量的竞合关系演变、协同中纵向协调的关键功能、区域竞争环境差异下的制度设计、中央与地方积极性与竞争合作有序性的统一、环境治理组织的实体化趋势、区域合作契约向协同立法演变等（锁利铭，2020）。

第四，区域环境治理所处阶段和水平不同、面临的资源和任务不同、合作目的及层次不同、合作各方发展实力对比差异程度不同、合作区自身特点以及所承担的主要功能不同等，决定了区域环境共治分类探讨的合理性和必要性，如环境细分领域的差异是否会带来治理结构的差异，资产专用性和绩效可测量性等方面的差异如何有效排序和测量等等（锁利铭等，2020）。最终将主体差异、结构差异与治理绩效衔接起来系统讨论，找到区域环境治理的一般性规律。

第五，参照认可度较高的国家治理或政府治理评估方法，对我国区域环境共治绩效的有效性进行量化评估和比较。在新形势下，如何适应和利用大数据手段完善区域环境治理机制，并建立与此相适应的分析框架，需要持续深入的研究。如，依托大数据分析和共享，治理主体层级是否会更加扁平化，区域环境治理组织实体化的必要性是否会降低，等等。

第六，目前对于环境共治中的主体、机制特征以及区域比较的探讨还不够，区域环境多元主体参与共治的网络结构、网络特征以及网络路径等均有待深入。现有文章多从整体网络形态分析，但忽略了单个主体组成的网络结构形态，以及不同主体网络对于其他主体网络的影响程度。同时，关于环境多元协同治理网络模式演变的影响因素、发展趋势、绩效测量等也需要借助前沿的实证工具开展更具体的研究（锁利铭等，2021）。

8.2　环境共治网络的未来议题

8.2.1　正式制度安排与区域环境共治网络

协作的正式化程度是区域协作治理制度的重要组成部分（Emerson et al.，2012）。过程层面的协作产出主要表现为各种正式制度安排。现实中，成功的协作治理都有一定的秩序，协作主体行为受到各种制度安排的影响。既有研究发现，当治理网络变得多样化，就需要正式化协作机制来保障协同任务的执行（Kwon & Feiock，2010；Feiock，2013；Kwon et al.，2014；邢华，2014；郑思齐等，2012）。理性选择制度主义认为集体行动之所以成为可能，还在于制度对于个体行为的约束作用。制度能够推动行动者之间的合作、保障合约的履行（Shepsle，1989），一方面，正式化协作机制有助于避免不确定因素的发生，同时可以保障协作治理的稳定性（Feiock，2007）；另一方面，正式化制度安排更具约束力，可以让协作治理行动在一定程度上具备问责效力（Page，2004）。同时，亦有实证研究发现环境协作治理的正式化程度越高，则治理效果越佳（Scott，2015）。在环境协作治理实践中，共识达成的一个重要标识就是任务协同制度的产生，其可以表现为环评会商、联合执法、应急协同等集体行动，但任务协同制度的建立并不等同于形成真正有效的治理合力（赵树迪、周显信，2017）。一个重要原因在于缺乏资源共享与沟通协商的制度化保障。一方面，过程层面的资源要素共享是互惠的重要保障，协作治理的优势之一在于能够打破界限，实现跨部门互联互通与资源共享。资源要素共享可以降低环境协作治理集体行动的不确定性（Wondolleck et al.，2000）。另一方面，过程层面的沟通交流则是协作各方互信的基础。Heikkila 研究发现环境协作治理过程的沟通协商十分重要，尤其是面对面的沟通（Heikkila et al.，2016）。良好的沟通可以让自然资源的协作管理更为有效地运转（Davies & White，2012）。然而，在实践中，缺乏责任约束，任务协同制度可能沦为形式主义。协作治理理论认为协作自主权的不受约束是协作治理举步维艰的重要原因（Freeman，1997）。缺乏约束力的协作行动容易出现"搭便车"等机会主义行为，最终导致集体行动失灵。当协作缺乏约束力时，任何一方都可能抛弃协作（Mccrimmon & Fanning，2020）。既有研究发现规范约束对于环境协作治理意愿和行动具备积极影响（张航、邢敏慧，2020）。同时，亦有研究发现抑制行动主体的自利性是决定环境协作治理是否取得实质成效的关键（崔晶，2019）。未来研究要进一步探索在区域环境治理过程中，正式制度安排的建立与区域环境共治网络执行的关系。

8.2.2　识别区域环境共治网络主体异质性的影响

区域环境共治网络中协作主体异质性是协作主体特征的主要表现，它体现为协作主体在资源、权力、能力等属性的差异。这种网络中主体异质性对多元主体缔结的网络结构的影响是值的探讨的议题。首先，环境共治网络主体异质性与缔结制度化的正式协作机制之间的关系。一般而言，正式化协作机制更适合于高协作主体异质性的情况。一方面，协作主体的非均衡性容易导致冲突。正式化协作机制通过责任约束机制的建立可以协调冲突。另一方面，资源越多的协作主体拥有更强的讨价还价能力（O'Leary & Vij，2012）。讨价还价引起的分配不均需要正式化协作机制进行约束。正式化协作机制通过预先达成共识的利益分配机制规避此问题。其次，环境共治网络主体异质性与环境协作治理效果的关系。在区域环境治理领域，一种观点认为协作主体异质性会影响环境协作治理效果（Leach et al.，2013；Brummel et al.，2010）：多样化的协作主体意味着多样化诉求，在诉求无法满足的情况下协作主体随时可能放弃协作（O'Leary & Vij，2012）；异质性的协作主体进行协作将增加交易成本，因为多样化的协作主体会增加达成共识的困难（Varda & Retrum，2015），造成误解或知识共享的扭曲（O'Brien et al.，2013）；协作主体异质性通常意味着权力不平衡。权力不平衡是对有效协作的一种威胁（O'Leary & Vij，2012）。另一种观点认为协作主体异质性将推动协作治理有效运转：异质性的协作主体网络将迫使协作主体开始重视内部差异并建立和实现新的协作目标和任务（Bidwell & Ryan，2006）；此外，差异化的协作主体有利于新知识的生产（Leach et al.，2013），以及推动学习（Brummel et al.，2010）。这些理论假设在区域环境共治实践中的效应如何，有待进一步研究探索。

8.2.3　迈向共同体的环境共治网络

区域环境本身具有公共资源属性、外部性、空间外延性等多重属性，这就要求区域环境治理摆脱简单线性治理思维，形成相互联系、相互依存的系统治理思维。区域环境治理系统内聚集了大量的区域环境资源需求主体、区域环境问题治理主体等利益相关者，但是系统内的区域环境资源却极其有限，这就决定了区域环境治理多元主体合作网络存在无序熵增的演化风险。此外，环境资源稀缺性约束条件下政府部门、市场、社会公众、社交媒体等区域环境治理主体的利益诉求差异又进一步增加了异质行动者间的理念疏离，形成回音室（Echo Chambers）现象，即阶层、属性相近或相同的行动者之间倾向于形成紧密交互，预期共同应对治理议题的多元行动者之间却并未产生多元关联。合作网络中这种趋同性限制多样性的特征，也称为网络疏离（Network Segregation），使得多元主体间的合作难以建立或难以维系，未来的区域环境治理研究不仅要针对区域环境问题进行深入探讨，还要针对区域环境治理展开治理探讨。复杂性科学的长足发展，为理解和刻画各类复杂系统提供了有力的工具，借助复杂系统思想推动区域环境治理模式在科层管理向区域合作治理转变的基础上，进一步向区域环境治理共同体蝶变：区域环境治理既要跨越行政区划、自然边界等实体界限，更要跨越治理理念、组织框架、公私部门、信息壁垒等虚体界限，分化区域环境治理中各类疏离风险。区域环境治理共同体的特征是在保持最大自主性的情况下，构建复杂全面的主体结构和功能结构，有效还原现实网络的复杂性，推动多网络耦合，最大限度地提升多元主体合作治理的能力及其稳定性，加强条块联动并进一步明确相关职能部门之间的职责定位和权责清单，构建赋权增能的行动者网络，吸纳政府、专业人士的精准注意力与市场、民众等的广谱治理回应。未来研究可以从理论视角出发，结合共建、共治、共享理念，探讨中国区域环境治理共同体的基本内涵、结构特征、成长机制等理论议题。

8.2.4　融合社会系统与生态系统的复合型环境共治网络

环境治理是涉及社会系统与生态系统的交互型复杂议题。多元主体间的复杂关系深刻影响公共事务的运行，作为一种成熟的社会关系计算方法，网络分析方法为厘清多元化治理主体交互关系提供了直观的观测视角，区域环境治理研究中也有广泛应用，如区域大气污染协同治理网络、水污染协同治理网络、雾霾污染空间扩散网络、环境治理城市群网络等。现有区域环境治理网络研究更多是对治理网络的抽象化分析，通过网络节点分析不同治理主体的治理能力、通过网络结构分析区域环境治理网络的主体关联状态，这种"节点能力"与"嵌入关系"结合的研究思路为理解区域环境治理系统提供了较为契合的切入点。

但是一个长期未解决的问题是，现有区域环境共治网络研究更多地集中在行动者网络关系的描述层面，忽视了区域环境治理网络中问题本身流动引发的网络关联议题，呈现社会与生态分化的趋势，或以自然生态系统为焦点、把人视为外部主体；或以人的互动为焦点、把自然生态系统视为研究背景，忽视了人与自然间的复杂互动，陷入构造一套简单规则适配所有复杂议题的思维陷阱。进一步研究中可以以地理空间为链接，从两个维度发展区域环境共治的"社会-生态"复合网络（见下图 8-1 所示）：一是，对区域环境治理研究领域的网络分析类文献进行系统性的荟萃分析，明确网络分析方法应用在区域环境治理问题研究中时是基于环境问题自身的流动网络，还是基于多元主体互动策略的架构网络，提升网络分析方法在区域环境治理研究中的适用性；二是，对区域环境共治的"社会-生态"复合网络进行微观拆解，探讨网络结构中社会与生态交互影响下互惠、传递、循环、干预响应、鲁棒性等效应对区域环境治理绩效改善的影响。

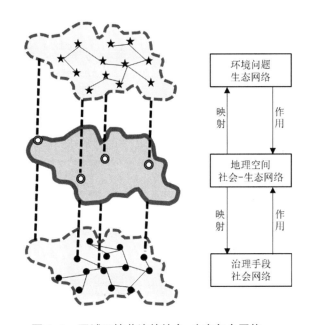

图 8-1　区域环境共治的社会–生态复合网络

资料来源：作者自制。

8.2.5　环境共治网络绩效的动力传导过程

环境共治网络是一个由多元行动者组成的复杂系统，治理系统内的多元行动者根据自身对外部刺激及所处环境的感知差异选择相应的行为方式和适应策略，进而形成了复杂的行动者网络结构。区域环境治理是一个包含"行动-产出-效果"三层递进的治理过程，以制度安排为焦点的中间产出，是理解区域环境治理行动改善环境绩效的关键，而识别影响环境绩效的权变因素，是理解环境协作治理效能差异的关键（林民望，2022）。系统运行的结果输出不是各个单元子系统投入的简单加总，而是多因素的非线性交织，同样区域环境协同治理投入与协同治理产出之间的关系也具备这种非线性特征，在探索区域环境协同治理目标实现与协同治理过程中各种条件特征之间的关系时要重视治理系统的整体性。中国区域环境共治网络是跨层级、跨部门、跨区域的系统工程，当前研究对环境共治网络的系统传导逻辑却关注不足，为了更进一步理解中国情景下的区域环境共治网络，未来可以吸收复杂系统思想构建由"外部刺激-系统环境-系统输入-系统演化-系统产出"组成的中国情景下区域环境共治网络效应的系统传导（见下图 8-2），其中外部刺激是应对的生态环境问题，系统环境是环境治理的制度环境，系统产出是环境治理目标的实现，系统输入是不同城市地方政府依据自身资源禀赋做出的行动选择，系统演化则反映了环境治理系统的动态调试，系统环境、系统输入及系统演化是本文理解区域环境协同治理的三个核心环节，系统边界表明了该治理系统的生态环境取向。

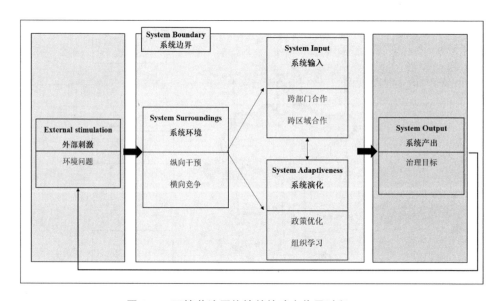

图 8-2　环境共治网络绩效的动力传导过程

资料来源：作者自制。

参考文献

一、外文参考文献

Agranoff, R. & McGuire, M. (1998). Multinetwork Management: Collaboration and the Hollow State in Local Economic Policy. *Journal of Public Administration Research & Theory*, 8(01), 67-91.

Agranoff, R. & McGuire, M. (2001). Big Questions in Public Network Management Research. *Journal of Public Administration Research & Theory*, 11(03), 295-326.

Agranoff, R. & Mcguire, M. (2003). *Collaborative Public Management: New Strategies for Local Government*. Washington D. C.: Georgetown University Press.

Albright, E.A. (2011). Policy Change and Learning in Response to Extreme Flood Events in Hungary: An Advocacy Coalition Approach. *Policy Studies Journal*, 39(03), 485-511.

Alt, J.E., Levi, M. & Ostrom, E. eds. (1999). *Competition & Cooperation: Conversations with Nobelists about Economics and Political Science*. New York: Russell Sage Foundation.

Anderson, T.L. & Leal, D. (1991). *Free Market Environmentalism*. San Francisco: Westview Press.

Andersen, O.J. & Pierre, J. (2010). Exploring the Strategic Region: Rationality, Context, and Institutional Collective Action. *Urban Affairs Review*, 46(02), 218-240.

Andrew, S.A. & Hawkins, C.V. (2013). Regional Cooperation and Multilateral Agreements in the Provision of Public Safety Services. *American Review of Public Administration*, 43(04), 462-477.

Andrew, S.A. (2009). Regional Integration Through Contracting Networks, An Empirical Analysis of Institutional Collection Action Framework. *Urban Affairs Review*, 44(03), 378-402.

Andrew, S.A. & Carr, J.B. (2012). Mitigating Uncertainty and Risk in Planning for Regional Preparedness: The Role of Bonding and Bridging Relationships. *Urban Studies*, 50(50), 709-724.

Andrew, S.A. & Hawkins, C.V. (2012). Regional Cooperation and Multilateral Agreements in the Provision of Public Safety. *The American Review of Public Administration*, 43(04), 460-

475.

Andrew, S.A. & Kendra, J.M. (2012). An Adaptive Governance Approach to Providing Disaster Behavioral Services. *Disasters: The Journal of Disaster Studies*, 36(03), 514-532.

Ansell, C. & Gash, A. (2008). Collaborative Governance in Theory and Practice. *Journal of Public Administration Research and Theory*, 18(04), 543-571.

Argyris, C. & Schon, D.A. (1997). *Organizational Learning : Theory, Method and Practice, Reading*. Massachusetts: Addison Wesley Publishing Company.

Arrow, K.J. (1951). *Social Choice and Individual Values*. New York: JohnWiley.

Au, C.C. & Henderson, J.V. (2006). Are Chinese Cities Too Small ? *Review of Economic Studies*, 73(03), 549-576.

Axelrod, R. (1984). *The Evolution of Cooperation*. New York: Basic Books, Inc., Publishers.

Bardach, E. (1998). *Getting Agencies to Work Together: The Practice and the Theory of Managerial Craftsmanship*. Washington D. C.: Brookings Institute Press.

Barnes, S.J. & Mattsson, J. (2016). Building Tribal Communities in the Collaborative Economy: An Innovation Framework. *Prometheus*, 34(02), 95-113.

Berardo, R. & Scholz, J.T. (2010). Self-Organizing Policy Networks: Risk, Partner Selection, and Cooperation in Estuaries. *American Journal of Political Science*, 54(03), 632-649.

Bidwell, R.D. & Ryan, C.M. (2006). Collaborative Partnership Design: The Implications of Organizational Affiliation for Watershed Partnerships. *Society & Natural Resources*, 19(09), 827-843.

Blythe, J.L., Cohen, P.J., Eriksson, H., et al. (2022). Do Governance Networks Build Collaborative Capacity for Sustainable Development? Insights from Solomon Islands. *Environmental Management*, 70(02), 229-240.

Bodin, Ö. & Crona, B.I. (2009). The Role of Social Networks in Natural Resource Governance: What Relational Patterns Make a Difference? *Global Environmental Change*, 19(03), 366-374.

Bodin, Ö., & Prell, C. (2011). *Social Networks and Natural Resource Management*. Cambridge: Cambridge University Press.

Brenner, N. (2002). Decoding the Newest "Metropolitan Regionalism" in the USA: A Critical Overview. *Cities*, 19(01), 3-21.

Brown, T.L. & Potoski, M. (2005). Transaction Costs and Contracting: The Practitioner Perspective. *Public Performance & Management Review*, 28(03), 326-351.

Brown, T.L. & Potoski, M. (2003). Transaction Costs and Institutional Explanations for

Government Service Production Decisions. *Journal of Public Administration Research and Theory*, 13(04), 441-468.

Brummel, R.F., Nelson, K.C., Souter, S.G., et al. (2010). Social Learning in a Policy-mandated Collaboration: Community Wildfire Protection Planning in the Eastern United States. *Journal of Environmental Planning & Management*, 53(06), 681-699.

Bryson, J.M., Crosby, B.C. & Stone, M.M. (2006). The Design and Implementation of Cross-Sector Collaborations: Propositions from the Literature. *Public Administration Review*, 66(s1), 44-55.

Burt, R.S. (1992). *Structural Holes: The Social Structure of Competition*. Cambridge, Massachusetts: Harvard University Press.

Carlisle, K. & Gruby, R.L. (2019). Polycentric Systems of Governance: A Theoretical Model for the Commons. *Policy Studies Journal*, 47(04), 927-952.

Carr, J.B. & Feiock, R.C., eds. (2004). *City-County Consolidation and Its Alternatives: Reshaping the Local Government Landscape, Armonk*. New York: M. E. Sharpe.

Carr, J.B., Hawkins, C.V. & Westberg, D.E. (2017). An Exploration of Collaboration Risk in Joint Ventures: Perceptions of Risk by Local Economic Development Officials. *Economic Development Quarterly*, 31(03), 210-227.

Carr, J.B., Leroux, K. & Shrestha, M. (2009). Institutional Ties, Transaction Costs, and External Service Production. *Urban Affairs Review*, 44(03), 403-427.

Chan, C.K. & Yao, X. (2008). Air Pollution in Mega Cities in China. *Atmospheric Environment*, 42(01), 1-42.

Chen, B., Ma, J. & Suo, L. (2017). Bilateral and Multilateral Co-Participation of Interprovincial Agreements: Homophily or Heterophily? Evidence from China's Pan Pearl River Delta. *Working Paper*.

Chisholm, D. (1989). *Coordination Without Hierarchy: Informal Structures in Multiorganizational Systems*. Berkeley: University of California Press.

Coleman, J.S. (1988). Social Capital in the Creation of Human Capital. *American Journal of Sociology*, 94, S95-S120.

Comfort, L.K. (1999). *Shared Risk: Complex Systems in Seismic Response*. New York: Pergamon.

Crona, B. & Ernstson, H. (2006). Social Networks in Natural Resource Management: What Is There to Learn from a Structural Perspective? *Ecology and Society*, 11(02), 473-482.

Davies, A.L. & White, R.M. (2012). Collaboration in Natural Resource Governance:

Reconciling Stakeholder Expectations in Deer Management in Scotland. *Journal of Environmental Management*, 112, 160-169.

Degenne, A. & Forse, M. (1999). *Introducing Social Networks*. London: Sage Publications.

Deslatte, A., Tavares, A. & Feiock, R.C. (2018). Policy of Delay: Evidence from a Bayesian Analysis of Metropolitan Land-Use Choices. *Policy Studies Journal*,46(03), 674-699.

Dietz, T., Ostrom, E. & Stern, P. (2003). The Struggle to Govern the Commons. *Science*, 302(5652), 1907-1912.

Emerson, K., Nabatchi, T. & Balogh, S. (2011). An Integrative Framework for Collaborative Governance. *Journal of Public Administration Research and Theory*, 22(01), 1-29.

Ewing, R., Pendall, R. & Chen, D. (2003). Measuring Sprawl and Its Transportation Impacts. *Transportation Research Record*, 1831, 175-183.

Feiock, R.C. (2002). A Quasi-Market Framework for Development Competition. *Journal of Urban Affairs*, 24(02), 123-142.

Feiock, R.C., eds. (2004a). *Metropolitan Governance: Conflict, Competition, and Cooperation*. Washington D. C.: Georgetown University Press.

Feiock, R.C. (2004b). *Institutional Choice, Collective Action, and Governance. City-County Consolidation and Its Alternatives: Reshaping the Local Government Landscape, Armonk*. New York: M.E. Sharpe.

Feiock, R.C. (2007). Rational Choice and Regional Governance. *Journal of Urban Affairs*, 29 (01), 47-63.

Feiock, R.C. (2013). The Institutional Collective Action Framework. *Policy Studies Journal*, 41(03), 397-425.

Feiock, R.C. & Scholz, J.T. (2010). *Self-organizing Federalism: Collaborative Mechanisms to Mitigate Institutional Collective Action Dilemmas*. New York: Cambridge University Press.

Feiock, R.C., Lee, I.W. & Park, H.J. (2012). Administrators and Elected Officials' Collaboration Networks: Selecting Partners to Reduce Risk in Economic Development. *Public Administration Review*, 72(01), 58-68.

Feiock, R.C. & Stream, C. (2001). Environmental Protection Versus Economic Development: A False Trade-Off? *Public Administration Review*, 61(03), 313-321.

Feiock, R.C., Steinacker, A. & Park, H.J. (2009). Institutional Collective Action and Economic Development Joint Ventures. *Public Administration Review*, 69(02), 256-270.

Folke, C. (2006). Resilience: The Emergence of a Perspective for Social-ecological Systems Analyses. *Global Environmental Change*, 16(03), 253-267.

Folke, C., Hahn, T., Olsson, P., et al. (2005). Adaptive Governance of Social-ecological Systems. *Annual Review of Environment and Resources*, 30(01), 441-473.

Fountain, J.E. (2001). *Building Virtual State: Information Technology and Institutional Change*. Washington D.C.: Brookings Institution Press.

Frederickson, H.G. (1991). Toward a Theory of the Public for Public Administration. *Administration & Society*, 22(04), 395-417.

Frederickson, H.G. (1999). The Repositioning of American Public Administration. *Political Science and Politics*, 32(04), 701-711.

Fredriksson, P.G. & Millimet, D.L. (2002). Strategic Interaction and the Determination of Environmental Policy across U.S. States. *Journal of Urban Economics*, 51(01), 101-122.

Freeman, J. (1997). Collaborative Governance in the Administrative State. *UCLA Law Review,* 45(01), 1-98.

Gottmann, J. (1957). Megalopolis or the Urbanization of the Northeastern Seaboard. *Economic Geography*, 33(03), 189-220.

Granovetter, M.S. (1985). Economic Action and Social Structure: The Problem of Embeddedness. *American Journal of Sociology*, 91(03), 481-510.

Gray, B. (1996). *Cross-Sectoral Partners: Collaborative Alliances among Business,Government and Communities*. London: Sage.

Green, D.P. & Shapiro, I. (1994). *Pathologies of Rational Choice Theory: A Critique of Applications in Political Science*. New Haven, Connecticut: Yale University Press.

Hahn, T., Olsson, P., Folke, C., et al. (2006). Trust-building, Knowledge Generation and Organizational Innovations: The Role of a Bridging Organization for Adaptive Comanagement of a Wetland Landscape around Kristianstad, Sweden. *Human Ecology*, 34(04), 573-592.

Hall, A.C. & Stuart, J. (2004). *Who Will Govern American Metropolitan Regions?* Burlington, Vermont: Ashgate Publishing Company.

Hamilton, D.K. (2010). Regimes and Regional Governance: The Case of Chicago. *Journal of Urban Affairs*, 24(04), 403-423.

Han, L., Zhou, W., Li, W., et al. (2014). Impact of Urbanization Level on Urban Air Quality: A Case of Fine Particles (PM (2.5)) in Chinese Cities. *Environmental Pollution*, 194(01), 163-170.

Hansen, M.T. (1999). The Search-Transfer Problem: The Role of Weak Ties in Sharing Knowledge across Organization Subunits. *Administrative Science Quarterly*, 44(01), 82-111.

Heikkila, T. & Gerlak, A.K. (2016). Investigating Collaborative Processes Over Time. *The American Review of Public Administration*, 46(02), 180-200.

Hill, C.J. & Lynn, L.E. (2005). Is Hierarchical Governance in Decline? Evidence from Empirical Research. *Journal of Public Administration Research & Theory*, 15(02), 173-195.

Holling, C.S. (1978). *Adaptive Environmental Assessment and Management*. Hoboken: John Wiley & Sons Ltd.

Huang, C., Chen, C.H., Li, L., et al. (2011). The Study of Emission Inventory on Anthropogenic Air Pollutants and VOC Species in the Yangtze River Delta Region. *Atmospheric Chemistry & Physics Discussions*, 11(01), 951-983.

Ingram, A. (1994). *A Political Theory of Rights*. Oxford: Clarendon Press.

Jacobs, B. (2000). *Strategy and Partnership in Cities and Regions: Economic Development and Urban Regeneration in Pittsburgh*. Birmingham and Rotterdam, New York: St. Martin's Press, Inc.

Johansson, C., Norman, M. & Gidhagen, L. (2007). Soatial & Temporal Variations of PM10 and Particle Number Concentrations in Urban Air. *Environmental Monitoring & Assessment*, 127(01-03), 477-487.

Juan Luis Suárez de Vivero, Juan Carlos Rodríguez Mateos. (2004). New Factors in Ocean Governance: From Economic to Security-based Boundaries. *Marine Policy*, 28(02), 185-188.

Kauffman, H. (1956). Emerging Conflicts in the Doctrines of Public Administration. *American Political Science Review*, 50(04), 1057-1073.

Kettl, D.F. (2002). *The Transformation of Governance: Public Administration for Twenty-First Century America*. Baltimore: Johns Hopkins University Press.

Kim, S.Y., Swann, W.L., Weible, C.M., et al. (2022). Updating the Institutional Collective Action Framework. *Policy Studies Journal*, 50(01), 9-34.

Klijn, E.H. & Koppenjan, J. (2015). *Governance Networks in the Public Sector*. London: Routledg.

Klijn, E.H. & Skelcher, C.K. (2007). Democracy and Governance Networks: Compatible or Not? Four Conjectures and Their Implications. *Public Administration Review*, 85(03), 587-608.

Knight, J. (1992). *Institutions and Social Conflict*. New York: Cambridge University Press.

Koppenjan, J.F.M. & Klijn, E.H. (2004). *Managing Uncertainties in Networks. A Network Approach to Problem Solving and Decision Making*. London: Psychology Press.

Kraatz, M.S. (1998). Learning by Association? Interorganizational Networks and Adaptation to Environmental Change. *Academy of Management Literature*, 41 (06), 621-643.

Krause, R., Feiock, R.C., & Hawkins, C. (2016). The Administrative Organization of Sustainability within Local Government. *Journal of Public Administration Research and Theory*,

26(01), 113-127.

Kwon, S.W., & Feiock., R.C. (2010). Overcoming the Barriers to Cooperation: Intergovernmental Service Agreements. *Public Administration Review*, 70(06), 876-884.

Kwon, S.W., Feiock, R.C. & Bae, J. (2014). The Roles of Regional Organizations for Interlocal Resource Exchange. *The American Review of Public Administration*, 44(03), 339-357.

Laumann, E.O. & Knoke, D. (1987). *Organizational State: Social Choice in National Policy Domains*. Wisconsin: University of Wisconsin Press, Medison.

Leach, W.D., Weible, C.M., Vince, S.R., et.al. (2013). Fostering Learning through Collaboration: Knowledge Acquisition and Belief Change in Marine Aquaculture Partnerships. *Journal of Public Administration Research & Theory*, 24(03), 591-622.

Lebel, L., Anderies, J.M., Campbell, B., et al. (2006). Governance and the Capacity to Manage Resilience in Regional Social-ecological Systems. *Ecology and society*, 11(01), 1-21.

LeRoux, K. (2006). *The Role of Structure, Function, and Networks in Explaining Interlocal Service Delivery: A Study of Institutional Cooperation in Michigan*. Ph. D Dissertation, Detroit, Michigan: Wayne State University.

Leroux, K. & Carr, J.B. (2007). Explaining Local Government Cooperation on Public Works: Evidence from Michigan. *Public Works Management and Policy*, 12(01), 344-358.

Lewis, P.G. (1996). *Shaping Surburbia: How Political Institutions Organize Urban Development*. Pittsburgh, Pennsylvania: University of Pittsburgh Press.

Li, Q., Jiang, J., Wang, S., et al. (2017). Impacts of Household Coal and Biomass Combustion on Indoor and Ambient Air Quality in China: Current Status and Implication. *Science of the Total Environment*, 576, 347-361.

Lin, B. & Zhu, J. (2018). Changes in Urban Air Quality during Urbanization in China. *Journal of Cleaner Production*, 188, 312-321.

Lindblom, C.E. (1993). *Inquiry and Change: The Troubled Attempt to Understand and Shape Society*. New Haven, Connecticut: Yale University Press.

Long, R. (2011). Legal Aspects of Ecosystem-based Marine Management in Europe. *Ocean Yearbook Online*, 26(01), 417-484.

Lubell, M., Robins, G. & Wang, P. (2011). *Policy Coordination in an Ecology of Water Management Games*. Illinois: Conference Proceedings at OpenSIUC.

Lubell, M., Robins, G. & Wang, P. (2014). Network Structure and Institutional Complexity in an Ecology of Water Management Games. *Ecology and Society*, 19 (04): 23-36.

Lynn, L.E., Heinrich, C. J. & Hill, C.J. (2001). *Improving Governance: A New Logic for*

Empirical Research. Washington D. C.: Georgetown University Press.

March, J.G. & Olsen, J.P. (1995). *Democratic Governance*. New York: Free Press.

Marin, A. & Wellman, B. (2010). *Social Network Analysis: An Introduction*. LosAngeles: SAGE publications.

Maser, S.M. (1998). Constitutions as Relational Contracts: Explaining Procedural Safeguards in Municipal Charters. *Journal of Public Administration Research and Theory*, 8(04), 527-564.

Mattessich, P.W. & Monsey, B.R. (2001). *Collaboration: What Makes it Work. A Review of Research Literature on Factors Influencing Successful Collaboration*. Amherst H. Wilder Foundation, 919 Lafond, St. Paul, MN 55104.

Mccrimmon, D. & Fanning, L. (2010). Using Memoranda of Understanding to Facilitate Marine Management in Canada. *Marine Policy*, 34(06), 1335-1340.

McGinnis, M.D. (1999). *Polycentricity and Local Public Economies: Readings from the Workshop in Political Theory and Policy Analysis*. Michigan: University of Michigan Press.

Michael, McCuire. (2006). Collaborative Public Management: Assessing What We Know and How We Know It. *Public Administration Review*, 66(s1), 33-43.

Milward, H.B. & Provan, K.G. (2000). Governing the Hollow State. *Journal of Public Administration Research and Theory*, 10(02), 359-380.

Miller, D.Y. (2002). *The Regional Governing of Metropolitan America*. Boulder, Colorado: Westview Press.

Morrison, T.H., Adger, W.N., Brown, K., et al. (2017). Mitigation and Adaptation in Polycentric Systems: Sources of Power in the Pursuit of Collective Goals. *Wiley Interdisciplinary Reviews: Climate Change*, 8(05), e479.

Newig, J., Gunther, D. & Pahl-Wostl, C. (2010). Synapses in the Network: Learning in Governance Netowrks in the Context of Environmental Management. *Ecology and Society*, 15(04), 24.

Newman, L. & Dale, A. (2005). Network Structure, Diversity, and Proactive Resilience Building: A Response to Tompkins and Adger. *Ecology and Society*, 10(01), 585-607.

O'Brien, K., Reams, J., Caspari, A., et al. (2013). You Say You Want a Revolution? Transforming Education and Capacity Building in Response to Global Change - sciencedirect. *Environmental Science & Policy*, 28(01), 48-59.

O'Leary, R. & Vij, N. (2012). Collaborative Public Management Where Have We Been and Where Are We Going? *American Review of Public Administration*, 42(05), 507-522

O'Toole, L.J. (1997). Treating Networks Seriously: Practical and Research-based Agendas in

Public Administration. *Public Administration Review*, 57(01), 45-52.

Olson, M. (1965). T*he Logic of Collective Action: Public Goods and the Theory of Groups*. Cambridge MA: Harvard University Press.

Olsson, P., Folke, C. & Berkes, F. (2004). Adaptive Co-management for Building Social-ecological Resilience. *Environmental Management*, 34, 75-90.

Ostrom, E. (1990). *Governing the Commons: The Evolutions of Institutions for Collective Action*. New York: Cambridge University Press.

Ostrom, V., Tiebout, C.M. & Warren, R. (1961). The Organization of Government in Metropolitan Areas: A Theoretical Inquiry. *American Political Science Review*, 55, 831-842.

Page, S. (2004). Measuring Accountability for Results in Interagency Collaboratives. *Public Administration Review*, 64(05), 591-606.

Parks, R.B. & Oakerson, R.J. (1993). Comparative Metropolitan Organization: Service Production and Governance Structures in St. Louis (MO) and Alleghany County (PA). *Publius: The Journal of Federalism*, 23, 19-39.

Parks, R.B. & Oakerson, R.J. (2000). Regionalism, Localism, and Metropolitan Governance: Suggestions from the Research Program on Local Public Economics. *State and Local Government Review*, 32(03), 169-179.

Perri, 6., Diana, L., Kimberly, S., et al. (2002). *Towards Holistic Governance: The New Reform Agenda*. New York: Palgrave.

Peters, B.G. (2001). *The Future of Governing, 2nd ed*. Lawrence, Kansas: University Press of Kansas.

Pfeffer, J. & Salancik, G.R. (1978). *The External Control of Organizations: A Resource Dependence Perspective*. New York: Harper & Row.

Pigou, A.C. (1932). *The Economics of Welfare(4th Edition)*. London: Macmillan.

Podolny, J.M. & Page, K.L. (1998). Network Forms of Organization. *Annual Review of Sociology*, 24, 57-76.

Powell, W.W. (1990). Neither Market nor Hierarchy: Network Forms of Organization. *Research in Organizational Behavior*, *12*, 295-336.

Powell, W.W. & DiMaggio, P.J., eds. (1991). *The New Institutionalism in Organizational Analysis*. Chicago, Illinois: The University of Chicago Press.

Provan K.G., Huang, H. & Milward, H.B. (2009). The Evolution of Structural Embeddedness and Organizational Social Outcomes in a Centrally Governed Health and Human Services Network. *Journal of Public Administration Research and Theory*, 19(04), 873-893.

Provan, K. & Kenis, P. (2008). Modes of Network Governance: Structure, Management, and Effectiveness. *Journal of Public Administration Research and Theory*, 18(02), 229-252.

Putnam, R. (1993). *Making Democracy Work: Civic Traditions in Modern Italy*. Princeton, New Jersey: Princeton University Press.

Ragin, C.C. (1987). *The Comparative Method: Moving Beyond Qualitative and Quantitative Strategies*. Berkeley, California: University of California Press.

Riordan, M.H. & Williamson, O.E. (1985). Asset specificity and economic organization. *International Journal of Industrial Organization*, 3(04), 365-378.

Rooney, M.S., Arku, R.E. & Dioniso, K.L. (2012). Spatial and Temporal Patterns of Particulate Matter Sources and Pollution in Four Communities in Accra, Ghana. *Science of the Total Environment*, 435-436, 107-114.

Rupasingha, A., Goetz, S.J. & Debrtin, D.L. (2004). The Environmental Kuznets Curve for U.S. Counties: A Spatial Econometric Analysis with Extensions. *Paper in Regional Science*, 83(02), 407-424.

Salamon, L.M. (2002). *The Tools of Government: A Guide to New Governance*. New York: Oxford University Press.

Schiffer, E., Hartwich, F. & Monge, M. (2010). *Who has Influence in Multistakeholder Governance Systems? Using the Net-map Method to Analyze Social Networking in Watershed Management in Ghana*. International Food Policy Research Institute, Washington D.C.

Scholz, J.T., Berardo, R. & Kile, B. (2008). Do Networks Solve Collective Action Problems? *Credibility, Search, and Collaboration*, 70(02), 393-406.

Scholz, J.T., Feiock, R.C. & Ahn, T.K. (2006). *Policy Network and Institutional Collective Action: A Research Agenda*. Wayne: Wayne State University.

Scott, R.W. (1995). *Institutions and Organizations*. Thousand Oaks, California: SAGE Publications.

Scott, T. (2015). Does Collaboration Make Any Difference: Linking Collaborative Governance to Environmental Outcomes. *Journal of Policy Analysis & Management*, 34(03), 537-566.

Scott, T.A. & Thomas, C.W. (2016). Unpacking the Collaborative Toolbox：Why and when Do Public Managers Choose Collaborative Governance Strategies. *Policy Studies Journal*, 45(01), 191-214.

Shepsle, K.A. (1989). Studying institutions. *Journal of Theoretical Politics*, 1(02), 131-147.

Shrestha, M.K. (2013). Self-Organizing Network Capital and the Success of Collaborative

Public Programs. *Journal of Public Administration Research and Theory*, 23(02), 307-329.

Shrestha, M.K., Berardo, R. & Feiock, R.C. (2014). Solving Institutional Collective Action Problems in Multiplex Networks. *Complexity, Governance, and Networks*, 1(01), 49-60.

Simon, H.A. (1947). *Administrative Behavior*. New York: Macmillan.

Simon, H.A. (1996). *A Science of Artificial, 3rd ed. Cambridge,* Massachusetts: The MIT Press.

Spragens, T.A. (1990). *Reason and Democracy*. Durham, North Carolina: Duke University Press.

Stephens, G.R. & Wikstrom, N. (2000). *Metropolitan Government and Governance: Theoretical Perspectives, Empirical Analysis, and the Future*. New York: Oxford University Press.

Sterling-Folker, J. (2012). *Theories of International Cooperation and the Primacy of Anarchy: Explaining US International Monetary Policy-making after Bretton Woods*. New York: State University of New York Press.

Sullivan, H. & Skelcher, C. (2002). *Working across Boundaries: Collabaration in Public Services*. Basingstoke: Palgrave Macmillan.

Sun, L., Wang, Q., Zhou, P., et al. (2015). Effects of Carbon Emission Transfer on Economic Pillover and Carbon Mission Reduction in China. *Journal of Cleaner Production*, 112, 1432-1442

Tavares, A.F. & Feiock, R.C. (2018). Applying an Institutional Collective Action Framework to Investigate Intermunicipal Cooperation in Europe. *Perspectives on Public Management and Governance*, 1(04), 299-316.

Tayanc, M. (2000). An Assessment of Spatial and Temporal Variation of Sulfur Dioxide Levels over Istanbul. *Environmental Pollution*, 107(01), 61-69.

Taylor, M. & Singleton, S. (1993). The Communal Resource: Transaction Costs and the Solution of Collective Action Problems. *Politics & Society*, 21(02), 195-214.

Thompson, G., Frances, J., Levacic, R., et al. (1993). *Markets, Hierarchies & Netrorks: The Coordination of Social Life*. London: SAGE Publications.

Thurmaier, K. & Wood, C.H. (2002). Interlocal Agreements as Overlapping Social Networks: Picket-Fence Regionalism in Metropolitan Kansas City. *Public Administration Review*, 62(05), 585-598.

Tiebout, C.M. (1956). A Pure Theory of Local Expenditure. *Journal of Political Economy*, 44, 416-424.

Trevor, L.B. & Matthew, P. (2003). Transaction Costs and Institutional Explanations for Government Service Production Decisions. *Journal of Public Administration Research and*

Theory, 13(04), 441-468

Tsebelis, G. (1990). *Nested Games: Rational Choice in Comparative Politics*. California: University of California Press.

Varda, D.M. & Retrum, J.H. (2015). Collaborative Performance as a Function of Network Members' Perceptions of Success. *Public Performance & Management Review*, 38(04), 632-653.

Wallis, A.D. (1994a). Evolving Structures and Challenges of Metropolitan Regions. *National Civic Review*, 83(01*)*, 40-53.

Wallis, A.D. (1994b). Inventing Regionalism: The First Two Waves. *National CivicReview*, 83(02), 159-174.

Wallis, A.D. (1994c). The Third Wave: Current Trends in Regional Governance. *National Civic Review*, 83(03), 290-310.

Wasserman, S. & Faust, K. (1994). *Social Network Analysis: Method and Applicatio*n. New York: Cambridge University Press.

Weible, C.M., Sabatier, P.A. & Mcqueen, K. (2010). Themes and Variations: Taking Stock of the Advocacy Coalition Framework. *Policy Studies Journal*, 37(01), 121-140.

Williamson, O.E. (1979). Transaction-cost Economics: The Governance of Contractual Relations. *The Journal of Law and Economics*, 22(02), 233-261.

Williamson, O.E. (1985). *The Economic Institutions of Capitalism: Firms, Markets, Relational Contracting*. New York: The Free Press.

Wise, L.R. (2002). Public Management Reform: Competing Drivers of Change. *Public Administration Review*, 62(05), 556-567.

Willi, Y., Pütz, M. & Müller, M. (2018). Towards a Versatile and Multidimensional Framework to Analyse Regional Governance. *Environment and Planning C*, 36(05), 775-795.

Wondolleck, J.M. & Yaffee, S.L. (2000). *Making Collaboration Work: Lessons from Innovation in Natural Resource Management*. Washington DC: Island Press.

Wood, C. (2004). *Metropolitan Governance in Urban America: A Study of the Kansas City Region*. Ph. D Dissertation, Lexington, Kansas: University of Kansas.

Wood, C. (2006). Scope and Patterns of Metropolitan Governance in Urban America: Probing the Complexities in the Kansas City Region. *American Review of Public Administration*, 36(03), 337-353.

Wood, D.J. & Gray, B. (1991). Toward a Comprehensive Theory of Collaboration. *The Journal of Applied Behavioral Science*, 27(02), 139-162.

Yi, H.T., Suo, L.M., Shen, R.W., et al. (2018). Regional Governance and Institutional

Collective Action for Environmental Sustainability. *Public Administration Review*, 78(04): 556-566.

二、中文参考文献

蔡岚. 空气污染治理中的政府间关系——以美国加利福尼亚州为例[J]. 中国行政管理, 2013，（10）：96-100.

蔡岚. 粤港澳大湾区大气污染联动治理机制研究——制度性集体行动理论的视域[J]. 学术研究, 2019，（01）：56-63+177-178.

操小娟, 龙新梅. 从地方分治到协同共治：流域治理的经验及思考——以湘渝黔交界地区清水江水污染治理为例[J]. 广西社会科学, 2019，（12）：54-58.

曹伊清, 翁静雨. 政府协作治理水污染问题探析[J]. 吉首大学学报（社会科学版）, 2017，38（03）：103-108.

陈桂生. 大气污染治理的府际协同问题研究——以京津冀地区为例[J]. 中州学刊, 2019，（03）：82-86.

陈亮. 城市群区域治理的"边界排斥"困境及跨界联动机制研究[J]. 内蒙古社会科学（汉文版）, 2019，40（01）：55-62.

陈瑞莲. 论区域公共管理研究的缘起与发展[J]. 政治学研究, 2003，（04）：75-84.

陈瑞莲, 刘亚平. 泛珠三角区域政府的合作与创新[J]. 学术研究, 2007（01）：42-50.

成丹丹. 大气污染区域协同治理研究——以京津冀为例[J]. 法制博览, 2019，（01）：17-19.

程雨燕. 地方政府应对气候变化区域合作的法治机制构建[J]. 广东社会科学, 2016，（02）：241-248.

褚添有. 地方政府生态环境治理失灵的体制性根源及其矫治[J]. 社会科学, 2020，（08）：64-75.

崔晶, 孙伟. 区域大气污染协同治理视角下的府际事权划分问题研究[J]. 中国行政管理, 2014，（09）：11-15.

崔晶. 京津冀都市圈地方政府协作治理的社会网络分析[J]. 公共管理与政策评论, 2015，4（03）：35-46.

崔晶. 跨域生态环境协作治理中的集体行动：以祁连山区域生态治理为例[J]. 改革, 2019，（01）： 132-140.

崔晶, 毕馨雨, 杨涵羽. 黄河流域生态环境协作治理中的"条块"相济：以渭河为例[J]. 改革, 2021，（10）：145-155.

戴亦欣, 孙悦. 基于制度性集体行动框架的协同机制长效性研究——以京津冀大气污染联防联控机制为例[J]. 公共管理与政策评论, 2020，9（04）：15-26.

冯慧娟，罗宏，吕连宏. 流域环境经济学：一个新的学科增长点[J]. 中国人口·资源与环境，2010，20（S1）：241-244.

高明，郭施宏，夏玲玲. 大气污染府际间合作治理联盟的达成与稳定——基于演化博弈分析[J]. 中国管理科学，2016，24（08）：62-70.

龚虹波. 海洋环境治理研究综述[J]. 浙江社会科学，2018，（01）：102-111.

赫尔曼·哈肯. 协同学——大自然构成的奥妙[M]. 凌复华，译. 上海：上海译文出版社，2013.

贺璇，王冰. 京津冀大气污染治理模式演进：构建一种可持续合作机制[J]. 东北大学学报（社会科学版），2016，18（01）：56-62.

何雪松. 外部性、公地悲剧与中国的环境污染治理[J]. 社会科学，1999，（01）：62-65.

黄喆. 跨界污染府际合作治理的正当性证成——逻辑起点、基本维度与理论谱系[J]. 现代法治研究，2019，（02）：72-78.

姜玲，汪峰，张伟，等. 基于贸易环境成本与经济受益权衡的省际大气污染治理投入公平研究——以泛京津冀区域为例[J]. 城市发展研究，2017，24（09）：72-80.

姜玲，叶选挺，张伟. 差异与协同：京津冀及周边地区大气污染治理政策量化研究[J]. 中国行政管理，2017，（08）：126-132.

金季威，母睿. 地方政府间环保合作机制研究——以海峡西岸城市群为例[J]. 中国环境管理，2019，11（02）：62-68.

李冰强. 区域环境治理中的地方政府：行为逻辑与规则重构[J]. 中国行政管理，2017，（08）：30-35.

李瑞昌. 从联防联控到综合施策：大气污染政府间协作治理模式演进[J].江苏行政学院学报，2018，（03）：104-109.

李涧旭，王贤文，刘兰剑. 府际合作有助于提升区域环境治理绩效吗？——基于结构差异视角的分析[J]. 经济体制改革，2022，（02）：18-25.

李康. 环境政策学[M]. 北京：清华大学出版社，1999.

李礼，孙翊锋. 生态环境协同治理的应然逻辑、政治博弈与实现机制[J]. 湘潭大学学报（哲学社会科学版），2016，（03）：24-29.

李奇伟. 从科层管理到共同体治理：长江经济带流域综合管理的模式转换与法制保障[J]. 吉首大学学报（社会科学版），2018，39（06）：60-68.

李庆保. 京津冀跨区环境纠纷化解的法制保障[J]. 河北大学学报（哲学社会科学版），2017，42（02）：88-95.

李细建，廖进球. 有限理性视角下的地方政府行为分析[J]. 社会科学家，2009，（10）：44-47+59.

李永亮．"新常态"视阈下府际协同治理雾霾的困境与出路[J]．中国行政管理，2015，（09）：32-36．

李云燕，殷晨曦，孙桂花．京津冀大气污染治理环境执法督察机制构建[J]．环境保护，2018，46（10）：44-48．

廖建凯，杜群．黄河流域协同治理：现实要求、实现路径与立法保障[J]．中国人口·资源与环境，2021，31（10）：39-46．

林民望．环境协作治理行动何以改进环境绩效：分析框架与研究议程[J]．中国人口·资源与环境，2022，32（05）：96-105．

刘厚凤，张春楠．区域性环境污染的自治理机制设计与分析[J]．人文地理，2001，（01）：95-96+87．

刘君德，舒庆．论行政区划、行政管理体制与区域经济发展战略[J]．经济地理，1993，（01）：1-5+42．

刘军．整体网分析：UCINET 软件实用指南[M]．上海：上海人民出版社，2014．

刘明．我国海洋经济安全现状与对策[J]．中国科技投资，2008，（11）：52-54．

刘平，吴小伟，王永东．全面落实河长制需要解决的重要基础性技术工作[J]．中国水利，2017，（06）：29-30．

刘生，邓春玲．复合行政：我国中部区域管理之模式[J]．中国行政管理，2008，（01）：85-87．

罗伯特·阿格拉诺夫，迈克尔·麦圭尔．协作性公共管理：流域政府新战略[M]．北京：北京大学出版社，2007．

罗文剑，陈丽娟．大气污染政府间协同治理的绩效改进："成长上限"的视角[J]．学习与实践，2018，（11）：43-51．

吕志奎，侯晓菁．超越政策动员："合作治理"何以有效回应竞争性制度逻辑——基于X县流域治理的案例研究[J]．江苏行政学院学报，2021，（03）：98-105．

吕志奎，刘洋．政策工具视角下省域流域治理的府际协同研究——基于九龙江流域政策文本（1999—2021）分析[J]．北京行政学院学报，2021，（06）：40-48．

马捷，锁利铭，陈斌．从合作区到区域合作网络：结构、路径与演进——来自"9+2"合作区 191 项府际协议的网络分析[J]．中国软科学，2014，（12）：79-92．

马捷，锁利铭．区域水资源共享冲突的网络治理模式创新[J]．公共管理学报．2010，（02）：107-128．

马捷，锁利铭．水资源多维属性与我国跨界水资源冲突的网络治理模式[J]．中国行政管理，2010，（04）：81-84．

马捷，锁利铭．城市间环境治理合作：行动、网络及其演变——基于长三角 30 个城市的府际协议数据分析[J]. 中国行政管理，2019，（09）：41-49.

马捷,位韦,阚艳秋. 地方政府区域合作边界拓展的行动与逻辑——以成都经济区"1+7"到"8+3"为例[J]. 甘肃行政学院学报，2019，（01）：47-55.

毛春梅，曹新福. 大气污染的跨域协同治理研究——以长三角区域为例[J]. 河海大学学报（哲学社会科学版），2016，18（05）：46-51+91.

孟庆国，魏娜. 结构限制、利益约束与政府间横向协同——京津冀跨界大气污染府际横向协同的个案追踪[J]. 河北学刊，2018，38（06）：164-171.

苗长虹，张建伟. 基于演化理论的我国城市合作机理研究[J]. 人文地理，2012，27（01）：54-59.

聂丽，张宝林. 大气污染府际合作治理演化博弈分析[J]. 管理学刊，2019，32（06）：18-27.

彭彬彬，杜慧滨，踪家峰. 大气污染联防联控跨部门协作影响因素研究——以移动源治理为例[J]. 经济与管理，2021，35（05）：44-52.

彭本利，李爱年. 流域生态环境协同治理的困境与对策[J]. 中州学刊，2019，（09）：93-97.

彭春华. 泛珠三角区域合作研究述评[J]. 岭南学刊，2008，（05）：102-105.

彭锦鹏. 全观型治理：理论与制度化策略[J]. 政治科学论丛（中国台湾），2005，（03）：61-62.

石晋昕，杨宏山. 府际合作机制的可持续性探究：以京津冀区域大气污染防治为例[J]. 改革，2019，（09）：149-159.

史献芝. 预防社会矛盾：理论框架与实现机制[J]. 理论探讨，2019，（04）：39-43.

苏梽芳，胡日东，林三强. 环境质量与经济增长库兹尼茨关系空间计量分析[J]. 地理研究，2009，28（02）：303-310.

孙涛，温雪梅. 动态演化视角下区域环境治理的府际合作网络研究——以京津冀大气治理为例[J]. 中国行政管理，2018，（05）：83-89.

锁利铭. 城市群地方政府协作治理网络：动机、约束与变迁[J]. 地方治理研究，2017，（02）：13-26.

锁利铭. 地方政府区域治理边界与合作协调机制[J]. 社会科学研究，2014，（04）：47-53.

锁利铭. 关联区域大气污染治理的协作困境、共治体系与数据驱动[J]. 地方治理研究，2019，（01）：57-69+80.

锁利铭. 区域战略化，政策区域化与大气污染协同治理组织结构变迁[J]. 天津行政学院学报，2020，22（4）：55-68.

锁利铭，冯小东. 数据驱动的城市精细化治理：特征、要素与系统耦合[J]. 公共管理学报，2018，15（04）：17-26+150.

锁利铭，阚艳秋. 大气污染政府间协同治理组织的结构要素与网络特征[J]. 北京行政学院学报，2019，（04）：9-19.

锁利铭，阚艳秋，李雪. 制度性集体行动、领域差异与府际协作治理[J]. 公共管理与政策评论，2020，9（04）：3-14.

锁利铭，阚艳秋，涂易梅. 从"府际合作"走向"制度性集体行动"：协作性区域治理的研究述评[J]. 公共管理与政策评论，2018，7（03）：83-96.

锁利铭，李梦雅，阚艳秋. 环境多元主体共治的集体行动、网络结构及其模式演变——基于杭州与合肥都市圈的观察[J]. 甘肃行政学院学报，2021，（01）：60-71+126.

锁利铭，李雪，阚艳秋，等. "意愿-风险"模型下地方政府间合作倾向研究——以泛珠三角为例[J]. 公共行政评论，2018，11（05）：99-116+188-189.

锁利铭，李雪. 区域治理研究中"商品（服务）特征"的应用与影响[J]. 天津社会科学，2018，（06）：82-86.

锁利铭，廖臻. 京津冀协同发展中的府际联席会机制研究[J]. 行政论坛，2019，26（03）：62-71.

锁利铭，马捷，陈斌. 区域环境治理中的双边合作与多边协调——基于2003—2015年泛珠三角协议的分析[J]. 复旦公共行政评论，2017，（01）：149-172.

锁利铭，马捷. "核心-边缘"视角下区域合作治理的逻辑[J]. 贵州社会科学，2014，（01）：53-57.

锁利铭，彭嘉颖. 以数据驱动构建大气污染共治体系[N]. 学习时报，2018-10-01（006）.

锁利铭，杨峰，刘俊. 跨界政策网络与区域治理：我国地方政府合作实践分析[J]. 中国行政管理，2013，（01）：39-43.

王红梅，邢华，魏仁科. 大气污染区域治理中的地方利益关系及其协调：以京津冀为例[J]. 华东师范大学学报（哲学社会科学版），2016，48（05）：133-139+195.

王健，鲍静，刘小康，等. "复合行政"的提出——解决当代中国区域经济一体化与行政区划冲突的新思路[J]. 中国行政管理，2004，（03）：44-48.

王金南，宁淼，孙亚梅. 区域大气污染联防联控的理论与方法分析[J]. 环境与可持续发展，2012，37（05）：5-10.

王娟，何昱. 京津冀区域环境协同治理立法机制探析[J]. 河北法学，2017，35（07）：120-130.

王俊敏，沈菊琴. 跨域水环境流域政府协同治理：理论框架与实现机制[J]. 江海学刊，2016，（05）：214-219+239.

王立平，管杰，张纪东．中国环境污染与经济增长：基于空间动态面板数据模型的实例分析[J]．地理科学，2010，30（06）：818-825．

王琪，丛冬雨．中国海洋环境区域管理的政府横向协调机制研究[J]．中国人口·资源与环境，2011，21（04）：62-67．

魏娜，范梓腾，孟庆国．中国互联网信息服务治理机构网络关系演化与变迁——基于政策文献的量化考察[J]．公共管理学报，2019，16（02）：91-104+172-173．

魏娜，孟庆国．大气污染跨域协同治理的机制考察与制度逻辑——基于京津冀的协同实践[J]．中国软科学，2018，（10）：79-92．

魏娜，赵成根．跨区域大气污染协同治理研究——以京津冀地区为例[J]．河北学刊，2016，36（01）：144-149．

吴月．技术嵌入下的超大城市群水环境协同治理：实践、困境与展望[J]．理论月刊，2020，（06）：50-58．

吴月，冯静芹．超大城市群环境治理合作网络：结构、特征与演进——以粤港澳大湾区为例[J]．经济体制改革，2021，（04）：80-87．

肖爱．整体性协作：区域环境纠纷解决机制的新视野[J]．中南大学学报（社会科学版），2019，25（05）：62-70．

肖黎明，李泂旭，肖沁霖，等．中国区域绿色创新与绿色发展的协同及互动——基于耦合协调与 PVAR 模型的检验[J]．科技管理研究，2019，39（20）：9-20．

谢庆奎．中国政府的府际关系研究[J]．北京大学学报（哲学社会科学版），2000，（01）：26-34．

邢华．我国区域合作治理困境与纵向嵌入式治理机制选择[J]．政治学研究，2014，（05）：37-50．

徐盈之，范小敏，童皓月．环境分权影响了区域环境治理绩效吗?[J]．中国地质大学学报（社会科学版），2021，21（03）：110-124．

阎波，武龙，陈斌，等．大气污染何以治理?——基于政策执行网络分析的跨案例比较研究[J]．中国人口·资源与环境，2020，30（07）：82-92．

杨江敏，黄耿志，薛德升．西方区域环境治理研究进展及其对粤港澳大湾区的启示[J]．热带地理，2022，42（02）：293-304．

杨龙．府际关系调整在国家治理体系中的作用[J]．南开学报（哲学社会科学版），2015，（06）：37-48．

杨龙，李培．府际关系视角下的对口支援系列政策[J]．理论探讨，2018，（01）：148-156．

杨丽娟，郑泽宇．大气污染联防联控法律责任机制的考量及修正——以均衡责任机制为视角[J]．学习与实践，2018，（04）：74-82．

杨妍，孙涛．跨区域环境治理与地方政府合作机制研究[J]．中国行政管理，2009，（01）：66-69．

杨志军．从非常规常态治理到新型常态治理[J]．探索与争鸣，2016，（07）：125-130．

易承志．超越行政边界：城市化、大都市区整体性治理与政府治理模式创新[J]．南京社会科学，2016，（05）：48-52+99．

张国磊，张新文．垂直管理体制下地方政府与环保部门的权责对称取向[J]．北京理工大学学报（社会科学版），2018，20（03）：18-25．

张航，邢敏慧．信任合作还是规范约束：谁更影响公众参与环境治理？[J]．农林经济管理学报，2020，19（02）：252-260．

张海如．规模经济：中国乡镇工业可持续发展的必然选择[J]．山西财经大学学报，2002，（02）：24-26．

张健，张舒．长三角区域环境联合执法机制完善研究[J]．中国环境管理，2021，13（02）：119-126．

张紧跟．府际治理：当代中国府际关系研究的新趋向[J]．学术研究，2013，（02）：38-45．

张紧跟．论粤港澳大湾区建设中的区域一体化转型[J]．学术研究，2018，（07）：58-65+177．

张康之，程倩．网络治理理论及其实践[J]．新视野，2010，（06）：36-39．

张文明．"多元共治"环境治理体系内涵与路径探析[J]．行政管理改革，2017，（02）：31-35．

张雪．城市群环境污染合作治理中府际责任分担机制探析——以大气污染为例[J]．治理现代化研究，2018，（06）：82-86．

赵斌，王琰．我国区域合作治理机制的研究进展[J]．经济体制改革，2022，（01）：43-50．

赵树迪，周显信．区域环境协同治理中的府际竞合机制研究[J]．江苏社会科学，2017，（06）：159-165．

赵新峰，吴芸．京津冀大气污染治理政策工具对大气质量的影响——基于政策文本数据（2004—2015）的统计分析[J]．复旦公共行政评论，2019，（02）：137-162．

赵新峰，袁宗威．京津冀区域大气污染协同治理的困境及路径选择[J]．城市发展研究，2019，26（05）：94-101．

赵新峰，袁宗威．京津冀区域政府间大气污染治理政策协调问题研究[J]．中国行政管理，2014，（11）：18-23．

赵新峰，袁宗威．我国区域政府间大气污染协同治理的制度基础与安排[J]．阅江学刊，2017，9（02）：5-14+144．

赵新峰，袁宗威，马金易. 京津冀大气污染治理政策协调模式绩效评析及未来图式探究[J]. 中国行政管理，2019，（03）：80-87.

赵勇，魏后凯. 政府干预、城市群空间功能分工与地区差距——兼论中国区域政策的有效性[J]. 管理世界，2015，（08）：14-29+187.

赵志华，吴建南. 大气污染协同治理能促进污染物减排吗?——基于城市的三重差分研究[J]. 管理评论，2020，32（01）：286-297.

郑石明，刘佳俊. 基于大数据的空气污染治理与政府决策[J]. 华南师范大学学报（社会科学版），2017，（04）：105-111+191.

郑思齐，孙聪. 中国环境库兹涅茨曲线的平移机会[J]. 探索与争鸣，2012，（10）：53-56.

周谷平，倪好，董雪兵. "绿水青山就是金山银山"理念促进区域协调发展的三重路径与要素支撑[J]. 浙江大学学报（人文社会科学版），2021，51（06）：149-156.

周黎安. 中国地方官员的晋升锦标赛模式研究[J]. 经济研究，2007，（07）：36-50.

周伟. 黄河流域生态保护地方政府协同治理的内涵意蕴、应然逻辑及实现机制[J]. 宁夏社会科学，2021，（01）：128-136.

周志忍. 整体政府与跨部门协同——《公共管理经典与前沿译丛》首发系列序[J]. 中国行政管理，2008，（09）：127-128.

周志忍，蒋敏娟. 整体政府下的政策协同：理论与发达国家的当代实践[J]. 国家行政学院学报，2010，（06）：28-33.

周志忍，蒋敏娟. 中国政府跨部门协同机制探析——一个叙事与诊断框架[J]. 公共行政评论，2013，6（01）：91-117+170.

朱春奎，毛万磊. 议事协调机构、部际联席会议和部门协议：中国政府部门横向协调机制研究[J]. 行政论坛，2015，22（06）：39-44.

朱春奎，申剑敏. 地方政府跨域治理的 ISGPO 模型[J]. 南开学报(哲学社会科学版)，2015，（06）：49-56.

竺乾威. 从新公共管理到整体性治理[J]. 中国行政管理，2008，（10）：52-58.

后　记

　　首先为什么会有这本书？一个系列的"年度报告"通常被视为一个"规定动作"的必然，然而其中的成型确实是诸多偶然因素的耦合之果。我认为这是一项非常有意义的工作，而且如果能长期坚持，多年后，它的价值将是复利的非线性增长，甚至将成为一个学术符号。据我了解，国内有关区域治理的系列年度报告仅此一项。年度报告的发起人和总策划人是南开大学周恩来政府管理学院的杨龙教授，他从 2016 年就启动这项工作，也对此寄予厚望，倾注了大量的心血。此前杨老师、柳建文老师、任维德老师等负责过这项工作，我曾作为参与者加入此项工作中来，但是未曾想自己也能有机会组织，并将自己的学术思考与成果完整地纳入其中，这是何其有幸的事情。

　　关于本书的结构内容设计，其实也是几经调整和优化，我的设计思想是既然是：年度报告，就需要对区域治理的研究做一个年度的回顾和展望，于是它们应该处于篇章的前后。中间的内容，是将我从 2018 年到 2021 年四年间从事的几项与环境协同治理有关的课题调研工作的成果做一个归纳和总结。全书贯穿着我从 2012 年起探索的研究思想："制度性集体行动框架下的地方政府跨界多重网络"，主要来源于 Feiock 教授的 ICA（制度性集体行动）框架和 Provan 等人提出的网络治理模型，以此为基础形成的若干理论命题和研究模型，并将其运用到中国城市治理、区域治理以及公共事务治理之中。在第三到第五章，按照空间尺度逐步展开，都市圈、城市群和合作区。按照原有的设计，第六到第九章分别是按照场景划分为：大气污染、流域水污染、海洋污染等，并已经形成了完整内容，但由于流域水污染和海洋污染的协作治理等内容包含了大量的数据表、网络图、地图等，对于后期编辑加工带来了大量的困难，后来几经调整，最终删除了大概全书四分之一的篇幅，当然这也构成了出版一再推迟的原因之一。

　　本书的调研内容主要是基于我主持的 2017 年国家自然科学基金面上项目"城市群环境政策的空间关联、治理网络与演变机制"、2021 年南开大学文科发展基金科学研究类项目"面向网络型城市群的协同治理机制、结构与模式创新研究"和我参与的上海交通大学的 2018 年教育部哲学社会科学研究重大课题攻关项目"大气污染政府间协同治理组织结构特征研究"等课题研究。这里也要向课题首席专家、上海交通大学吴建南教授表示感谢，正是他在课题研究的三年里，搭建良好的课题调研平台和交流机会，才使得我能在一定程度上了解和熟悉中国环境治理中的府际协作和网络，也感谢调研部门环保部（现生态环境部）大气司，以及上海、浙江、陕西、四川等地的环境管理部门提供的扎实而丰富的调研素材。

2019 年我从电子科技大学公共管理学院调入南开大学周恩来政府管理学院，本书的内容也集中承载了这时期前后的研究成果。在 2018—2021 年间参与到环境协同治理课题之中进行调研、数据分析和材料整理等工作的有马捷、刘龙、刘燕、李智超等老师，以及李雪、温雪梅、彭佳颖、万露云、阚艳秋、廖臻、雷雅茹、林家琦、李梦雅、曹一丹、吴婷、郭铭文、黄姁等同学。至于本书的成稿编辑文字重点在 2022 年，主要以博士生冷雪忠同学为主，他全程参与成稿内容的组织，包括为本书初稿新作的第一、二、八章的内容，以及大量的文字和数据核对修改，还有几乎重新制作的所有图表，工作量之大难以想象，另外李军同学、贾小岗同学等人也在积极配合协助，在此向团队的同学们一并表示感谢。

兜兜转转，此书的成稿交付出版可以说是漫长经历，从疫情前开始筹划、疫情中开始启动，疫情后才进入冲刺，虽然可以把本该在理想时间 2022 年一延再延至 2024 年才问世都归咎于"赶上了特殊时期"。一再拖延就有了 2021—2022 这样把两年当一年的方案，直至 2024 年才问世。在此，我要向杨龙老师表示衷心的感谢，能把此项重任交给我，能把南开年度报告的品牌赋能于我的成果。也感谢我所在的南开大学周恩来政府管理学院和由朱光磊教授领衔的中国政府发展联合研究中心的领导和同人们，提供了良好的学术生态和工作环境，以及南开大学出版社的编辑老师给予专业的指导和耐心的编校。

这里要感谢区域治理系列年度报告过去以及未来所有作者，是你们的坚持才使得这本书变得更有意义。

锁利铭
2024 年 2 月